Appunti sparsi di

Machine Learning

Nota alla versione 1.04

La presente versione corregge alcuni refusi ortografici e grammaticali, adatta alcune descrizioni di grafici alla visualizzazione del testo in device Kindle in bianco e nero, sistema la risoluzione di stampa di alcune immagini.

PARTE II

PARTE III

PARTE IV

L’autore

Mi occupo professionalmente di business intelligence dal 1995, dopo essermi laureato alla facoltà di scienze naturali, fisiche e matematiche di Milano con una tesi di laurea sull’analisi statistica delle influenze dei coleotteri Carabidae nella lotta biologica in alcuni agrumeti della Sicilia e della Calabria.

Mi sono ampiamente occupato in questi anni di progettualità ad ampio spettro, coprendo l’intera area della business intelligence: dalle tematiche di integrazioni dati a quelle legate alla progettazione e sviluppo di modelli dimensionali per sistemi back end come i data warehouse; dalla definizione di soluzioni front-end di analisi dati e reporting alla implementazione di modelli di analisi statistica legati a temi di data mining; dalla gestione di progetti legati allo “stack” Big data (con il variegato ecosistema caratterizzato da Hadoop, Spark, Pig, Hive, ecc…) allo studio e sviluppo di modelli legati in particolar modo al machine learning e alle reti neurali artificiali.

Contribuisco con orgoglio alla realizzazione di progetti innovativi per alcuni dei più importanti clienti italiani e internazionali, sempre con uno spirito concreto e pionieristico allo stesso tempo.

https://www.linkedin.com/in/luca-rodolfi-bi-bigdata-ml/

Premessa

Confrontandomi quotidianamente con tematiche tecnologiche legate all'analisi e alla comprensione dei dati, è sorta in me quasi una necessità impellente di provare a raccogliere e organizzare appunti di varia natura sul tema del machine learning, che mai come in questi anni sembra essere decollato come "strumento" in grado di aumentare ulteriormente la competitività aziendale.

Naturalmente il web è una fonte sterminata di informazioni su una tematica cosi in voga e, altrettanto naturalmente, la possibilità di "perdersi" tra le troppe informazioni o ritrovarsi con descrizione troppo tecniche o troppo semplicistiche è dietro l'angolo.

Ogni competenza necessità della giusta astrazione e questi appunti sono pensati per un target specifico che include:

- I curiosi, appassionati di tecnologia che vogliono avere una descrizione chiara e sufficientemente esaustiva della materia.
- Uomini di business che non hanno il background tecnico e che non sono interessati a sapere cosa c'è "sotto il cofano", ma vogliono capire con un buon livello di dettaglio caratteristiche, funzionalità, esemplificazioni di cosa è il machine learning e perché dovrebbero valutarlo per rendere più competitive le aziende in cui operano.
- Tecnici informatici che si occupano "d'altro" e che vogliono come primo passo avere una descrizione del tema (sbirciando anche in qualche esempio tecnico che, al contrario, altre tipologie di lettori potranno saltare a piè pari).

Sarà per me l'occasione di descrivere alcuni "casi" interessanti (e per alcuni versi affascinati) che hanno fatto scuola e altri che consentono di risolvere "problemi" semplicemente impossibili fino a pochi anni fa.

Il volume è suddiviso in 4 parti che ho cercato di rendere il più possibile autoconsistenti e tra loro indipendenti:

1. La prima parte è un'introduzione al machine learning, per tentare di fare chiarezza su cosa sia, quale terminologia e strumenti ne compongono le basi, come funziona da un punto di vista del processo.

2. La seconda parte è decisamente quella più utile per un lettore interessato al "valore" che il machine learning può dare: esplicita con casi concreti come il business può trarre vantaggio dall'applicazione di tecniche di machine learning nel proprio contesto, per aumentare la velocità di risposta al mercato, per essere più competitivi, per avere strumenti più efficaci e non mancano in questa parte anche alcuni casi interessanti di applicazione del machine learning; questa parte, per come è congeniata, potrebbe anche essere letta autonomamente senza il supporto delle altre parti del libro.
3. La terza parte è una descrizione dei principali tipi e algoritmi di machine learning è una parte per la quale è impossibile non fare qualche riferimento tecnico anche se il tipo di spiegazioni è sempre pensato per un lettore senza particolari background informatico, alcuni algoritmi risulteranno più comprensibili di altri, ma l'obiettivo principale resta quello di dare una panoramica del complesso dominio tecnico che fa da base per tutte gli algoritmi di machine learning.
4. L'ultima parte è un'appendice con alcuni esempi di cosa c'è sotto il cofano, nulla di inutilmente complesso (per quello le risorse web sono molto più utili poiché consentono di verificare il codice descritto direttamente negli ambienti di sviluppo con semplici copia/incolla) ma qualche spunto per poter apprezzare logica e implementazione di alcune idee basilari.

Legenda dei simboli utilizzati:

Indica una breve descrizione di un'esperienza personale legata al tema trattato, con l'obiettivo di condividere qualche curiosità in merito.

Indica un punto di attenzione o un particolare suggerimento relativamente al concetto espresso

Luca Rodolfi

PARTE I

MACHINE LEARNING, DI COSA PARLIAMO?

Un'introduzione alle tematiche trattate dal libro con lo scopo di spiegare che cosa è il machine learning, su quali assunti si basa e cosa serve per poter progettare e sviluppare soluzioni di machine learning.

Un po' di tassonomia

Google ritorna 112 milioni di risultati se si cerca la frase esatta "Machine Learning" e 95 mila se si cerca la frase esatta "Machine Learning in italiano", numeri che dovrebbero scoraggiare chiunque dal solo vago pensiero di scrivere un solo capitolo sul tema: c'è già tutto basta cercare!

Tuttavia, condividere le proprie conoscenze, idee o dubbi rappresenta una delle poche modalità che conosco per migliorare le mie competenze e, sperabilmente, lasciare ad altri qualcosa di utile.

Per prima cosa esiste una definizione di machine learning fornita dallo studioso americano Tom Mitchell, che rende secondo me molto bene e in poche parole il concetto di Machine Learning (che abbreviamo in ML...)

"*Si dice che un programma apprende dall'esperienza E con riferimento a alcune classi di compiti T e con misurazione della performance P, se le sue performance nel compito T, come misurato da P, migliorano con l'esperienza E.*"

In buona sostanza, possiamo ritenere che il sistema apprende se per ogni ciclo di lavorazione eseguito le prestazioni migliorano e se questo fosse vero allora, dopo un certo numero di "cicli", il sistema dovrebbe riuscire a svolgere il compito assegnato nel miglior modo possibile.

Dietro una definizione apparentemente così semplice si nasconde un concetto estremamente sofisticato e potente, tanto più potente e utile quanto più la capacità computazionale dei sistemi di elaborazione è alta e oggi, grazie anche al cloud computing, è possibile accedere a capacità di calcolo spaventosamente grandi.

Di cosa stiamo parlando?

Le applicazioni potenziali sono sterminate e toccano ogni ambito del business e della nostra vita: cosa c'è di più potente e affascinante di una macchina che è in grado di svolgere un compito apprendendo dalla propria esperienza mentre tenta di svolgerlo?

Un paio di anni fa è stato pubblicato su youtube un video che mostra i cicli necessari perché un sistema automatico imparasse dai propri errori e dalla propria esperienza a giocare con il videogame "Mario Bros", è solo un esempio "simpatico" di applicazione del ML ma che consente di comprendere piuttosto bene di cosa si parla...

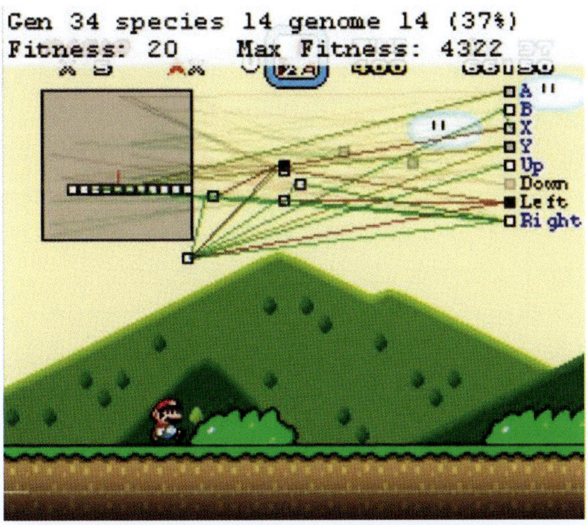

Anche da un esempio ludico come questo, si evince come il campo di applicazione sia pressoché illimitato e pensando alle implicazioni legate al business non si può che rimanere colpiti dalla numerosità di contributi concreti che tale metodologia può fornire.

Recentemente (febbraio 2017) uno studio scientifico della National Academy of Sciences degli Stati Uniti ha evidenziato come la combinazione di algoritmi di analisi predittiva, ML e studio del genoma umano abbia consentito di dare indicazioni (con un'affidabilità di circa l'80%) sull'aspetto fenotipico di un individuo rispetto al suo patrimonio genetico, al di là delle implicazioni etiche e di privacy di tale possibilità, risulta certamente affascinante il risultato generato da tecniche di analisi come il ML.

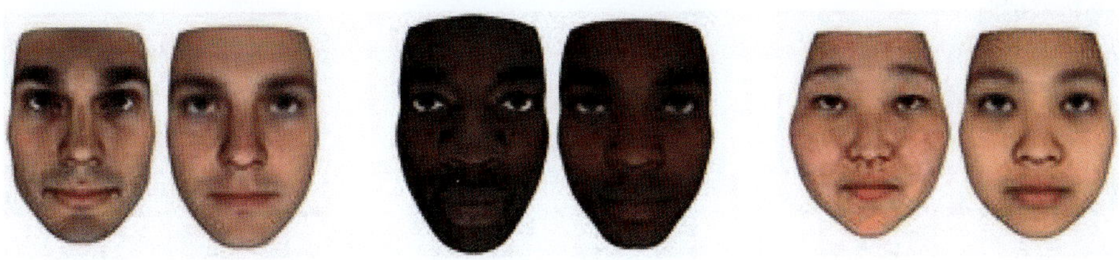

Per quanto il tema legato al ML sia argomento per "specialisti" è indubbio che rappresenti un ambito (per quanto vasto) che è opportuno comprendere almeno ad alto livello, dato che sempre di più questo ha un impatto diretto sulle nostre vite e sul business con il quale molti di noi quotidianamente devono confrontarsi: aziende che si dotano di strumenti "intelligenti" diventano più competitive di aziende che non se ne dotano.

Esistono centinaia (se non migliaia) di studi autorevoli che evidenziano quanto disruptive sia ormai diventato il mondo legato all'intelligenza artificiale (AI) e poiché il ML è un sottoinsieme importante della più vasta categoria della AI, anch'esso è nell'occhio del ciclone degli investimenti presenti e futuri che le aziende effettueranno in ambito ICT.

Non mi resta quindi che partire dall'inizio provando a "categorizzare" le diverse "tipologie" di ML con l'idea di raccontarle ed esemplificarle un po' per volta; naturalmente quest'ambito è in continua evoluzione e alcuni termini diventano rapidamente obsoleti...

Classificazione

Per prima cosa classifichiamo, in un rapporto "gerarchico", alcuni termini ricorrenti come Intelligenza artificiale (AI), ML, Reti Neurali e Deep learning (scegliamo i più noti e quelli di maggior interesse dal mio punto di vista rispetto ai contributi divulgativi obiettivo di questo libro)

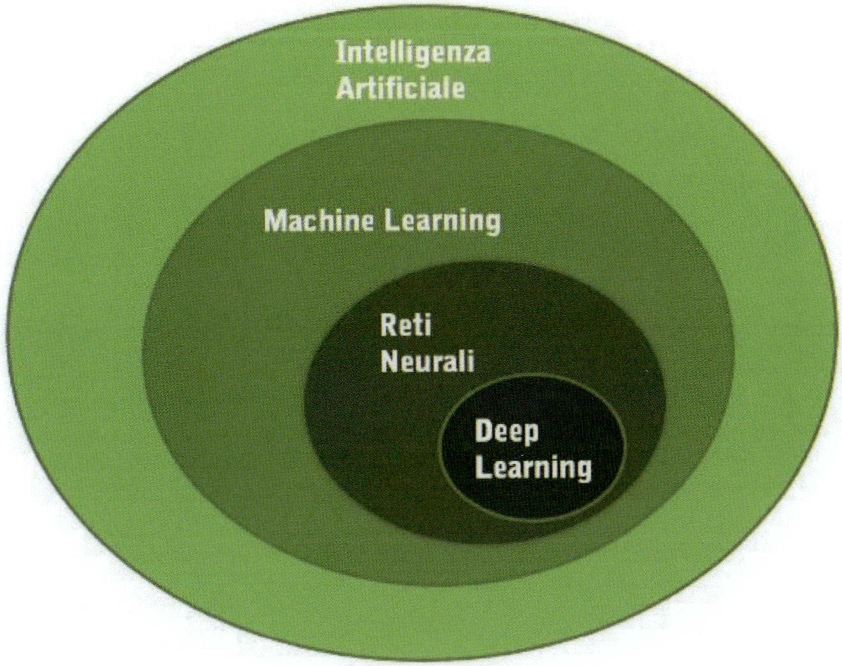

L'intelligenza artificiale (AI) è il nome dell'intero campo di conoscenza.

il Machine Learning è una parte della AI. Una parte fondamentale ma non esclusiva (ad esempio nella AI trovano posto altri domini come il Natural language processing, NLP, caratterizzato dal trattamento informatico del linguaggio naturale per generare conoscenza specifica rispetto ad uno scopo particolare, ad esempio il ben noto Siri di Apple...)

Le reti neurali sono uno dei tipi di ML, molto popolare, estremamente efficace e duttile per molte operazioni, ma esistono anche altre tipologie di ML che descrivo poco sotto...

Deep Learning è un metodo rilevante e in continua evoluzione di costruzione, addestramento e utilizzo delle reti neurali. In realtà questa suddivisione è un po' "pleonastica" perché sarebbe sufficiente parlare di reti neurali per includere la parte legata al deep learning, è corretto però evidenziare che "deep learning" è oggi (2020) una buzzword di tutto rispetto.

Supervised ML

A questo punto è possibile entrare nel dettaglio del ML schematizzando in una sorta di forma tassonomica le diverse componenti (quelle più note e rilevanti), affronterò con esempi e dettagli ogni singola area più avanti nel libro

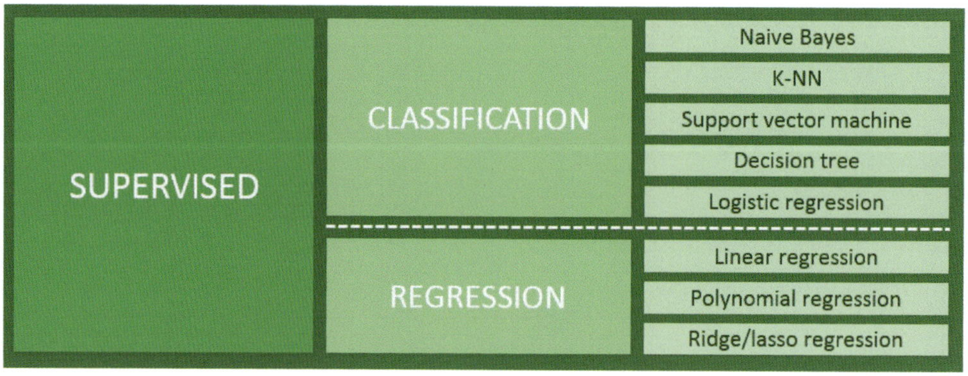

Si definisce ML Supervised (supervisionata) quando un sistema è istruito utilizzando una base dati costituita da esempi e modelli decodificati di riferimento (già corredati da tutti gli attributi utili che possano aiutare il sistema di apprendimento a catalogare e classificare gli esempi correttamente). In questa maniera, gli algoritmi di ML potranno analizzare i dati in maniera più precisa e risolvere problemi o compiti in modo autonomo, basandosi sulle esperienze precedenti e sugli esempi forniti indicati come "appropriati". Un algoritmo di apprendimento supervisionato è in grado di produrre un'ipotesi induttiva, ovvero un modello di risoluzione per problemi generali, partendo da una serie di problemi particolari: un esempio classico dell'era Internet, è la capacità di una procedura ML di riconoscere in un'immagine la presenza (ad esempio) di un gatto grazie all'esperienza generata dalla fornitura di un set di dati rappresentanti inequivocabilmente immagini di gatti...

Unsupervised ML

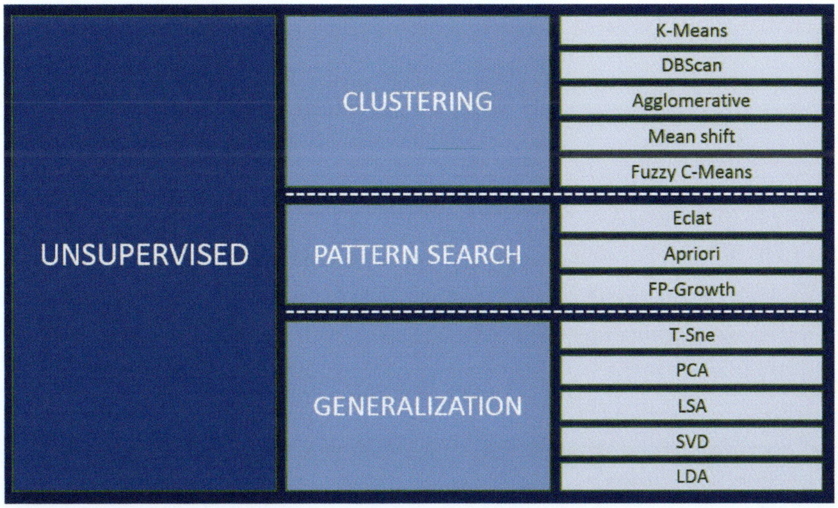

Si definisce ML unsupervised (non supervisionato) quando in un sistema vengono inseriti una serie di input non classificati né decodificati. Il compito di "isolare conoscenza" da questi input è demandato al sistema stesso, che li organizza in base ad aspetti e caratteristiche comuni per cercare di effettuare previsioni sugli input successivi. In questo caso le classi (o categorie) di dati non sono conosciute a priori, ma sono costituite in una fase successiva e apprese autonomamente. L'apprendimento senza supervisione è quindi un tipo di algoritmo di apprendimento automatico che mette ordine nel set di dati e dà un senso ai dati attraverso il "raggruppamento" di dati non strutturati in base alle somiglianze e ai modelli distinti nel set di dati. Il termine "non supervisionato" si riferisce perciò al fatto che l'algoritmo non è guidato da esempi di riferimento (golden data). Un esempio di ML unsupervised è rappresentato dai sistemi di raccomandazione in grado di proporre i migliori consigli di acquisto grazie alle sofisticate "aggregazioni" di dati "simili".

Reinforcement ML

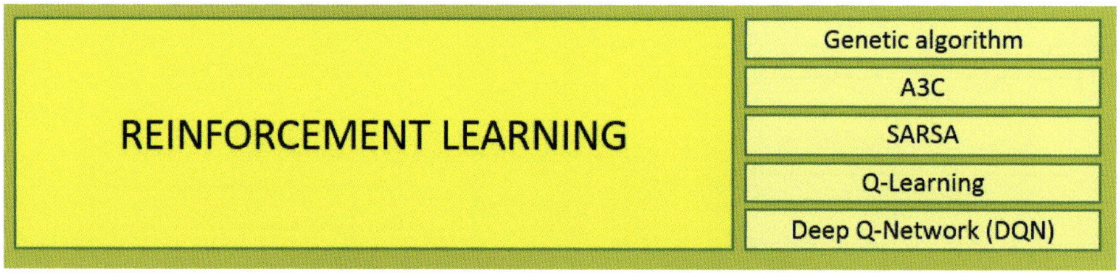

Il Reinforcement learning (apprendimento per rinforzo) cambia un po' il paradigma fin qui descritto, perché a differenza dei precedenti non utilizza set di dati per apprendere ma utilizza l'ambiente in cui il sistema è immerso, le risposte all'ambiente che il sistema genera possono essere oggetto di "premi" o "penalità" dipendentemente dalla tipologia della risposta, in buona sostanza un sottosistema X propone degli output sulla base degli input che riceve dall'ambiente, un sottosistema Y, rispetto ad attributi di riferimento, è in grado di premiare o penalizzare X e un sottosistema Z interviene modificando direttamente il comportamento di X con l'obiettivo di ricevere più premi possibili e meno penalità possibili... ho usato troppe lettere ma tutto sommato l'enunciato mi sembra piuttosto comprensibile, un classico esempio di reinforcement learning che va molto di moda riguarda la guida autonoma delle automobili.

Neural Network e Deep Learning

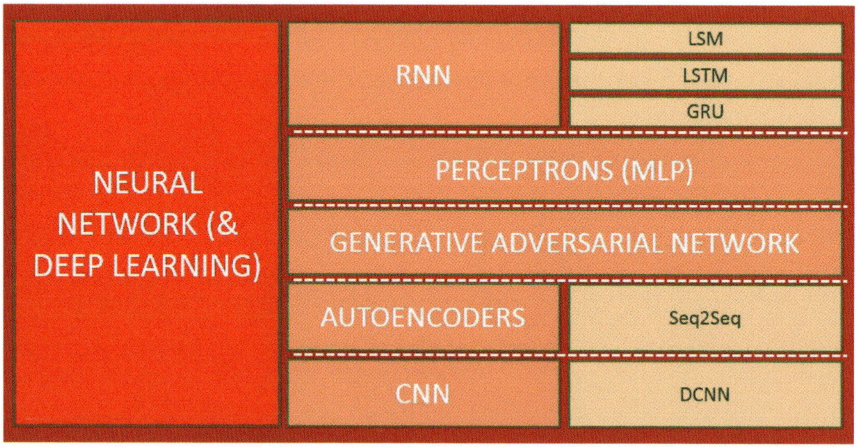

Le Neural Network (reti neurali o NN) sono un modello computazionale nell'area del ML ispirate (in modo estremamente semplificato) alle reti neurali biologiche, sono composte da neuroni artificiali interconnessi in grado di acquisire dati di input (nello strato di neuroni d'ingresso, input layer) e fornire dati di output (attraverso lo strato di neuroni in uscita, output layer), fra questi strati possono essere presenti uno o più strati "nascosti" che si occupano della vera e propria elaborazione informativa rispetto a specifiche funzioni di calcolo (strati nascosti, hidden layer), una NN, addestrata in maniera appropriata, può svolgere attività di auto apprendimento come e meglio degli algoritmi descritti finora. Il Deep learning è l'altra faccia della medaglia (anzi la stessa!) delle NN (e se non fosse perchè è diventata una notevole buzzword è un termine che potrebbe tranquillamente essere accantonato), il termine Deep indica che gli "strati" nascosti, che sono il luogo dei calcoli nella rete neurale, sono come minimo, maggiori di uno. Gli esempi riguardano praticamente la gran parte di tutti i possibili esempi ipotizzabili nel mondo ML (riconoscimento di immagini, di audio, guida autonoma, analisi di tipo predittivo e prescrittivo, ecc.).

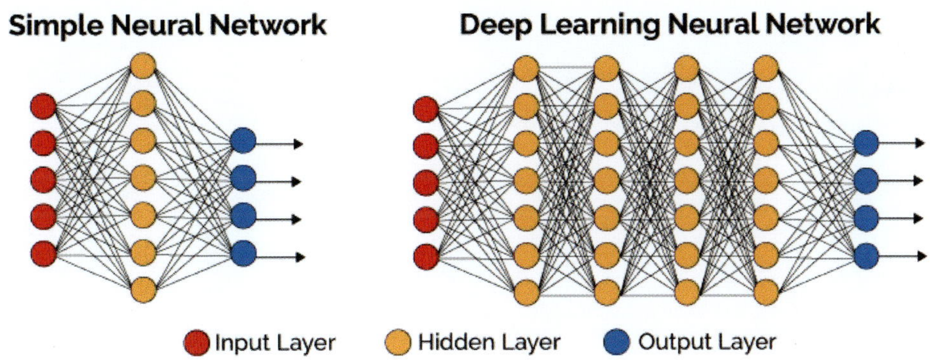

E' importante sottolineare che la suddivisione di tipologie di machine learning non significa suddivisione delle tipologie di compiti che possono essere risolti da algoritmi di machine learning: non esistono compiti specifici risolvibili solo da una specifica tipologia di machine learning.

Un workflow di riferimento

Approccio e metodologia sono sempre la strada migliore per affrontare un problema indipendentemente dalla sua natura e, anche quando è necessario pensare all'applicazione del machine learning (ML) per rispondere ad una specifica sfida, è importante avere un chiaro workflow di attività da innescare in maniera strutturata per portare a buon fine il proprio intento.

Come sempre esistono moltissime risorse che descrivono compiutamente come affrontare un processo di costruzione e addestramento di un modello di ML che, al netto di peculiarità dovute alla tipologia di problema/sfida, grosso modo è articolato come riassumo nello schema qui riportato.

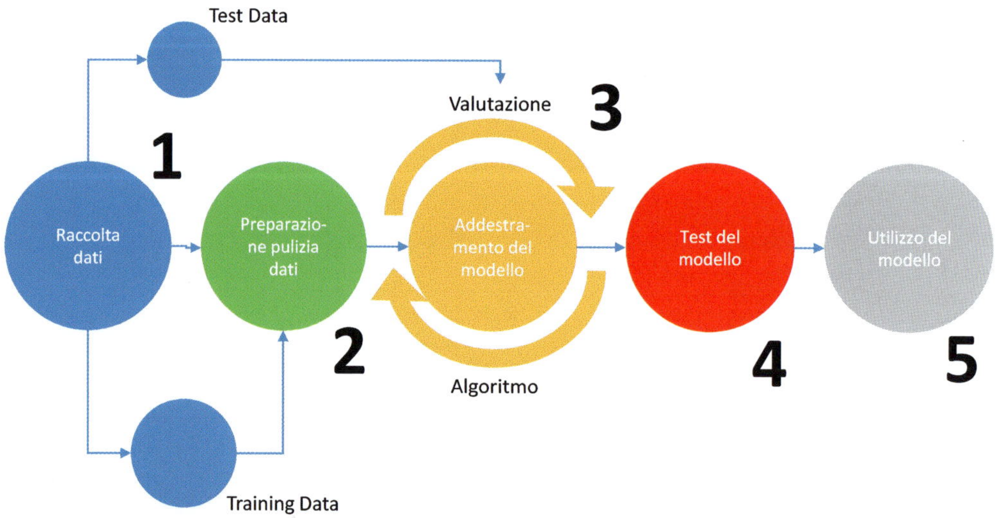

Naturalmente lo schema è sufficientemente generico per poter essere applicato alle diverse classi di ML rapidamente descritte in precedenza, indipendentemente dalle possibili variazioni legate alla tipologia di ML utilizzata (ovviamente la parte con il riferimento ai dati di test per l'addestramento del modello ha senso in tutti i sistemi ML supervisionati, decisamente meno in altri...)

Descriverò più avanti alcuni degli strumenti che il mercato (e il mondo open source in particolare) offre agli specialisti per progettare, sviluppare e istruire modelli di ML, in questo capitolo il focus è sul processo di sviluppo di un modello ML piuttosto che sugli strumenti che (fra i molti) si possono utilizzare.

1 - La raccolta dei dati

La raccolta dei dati è il primo step critico del processo perché è solo con i dati (di qualunque forma essi siano) che diventa possibile l'attività di progettazione e sviluppo di una soluzione ML.

In questo step però faccio ricadere anche la tematica legata ai requisiti espressi che il modello ML dovrà soddisfare, rispondendo a domande come:

- Qual è la necessità che sta alla base della richiesta di ipotizzare, valutare e produrre un modello di ML per quello specifico set di dati?
- Perché si ipotizza che sia proprio un modello di ML a poter fornire un qualche tipo di risposta?

In questo primo step ricade quindi anche il tema di "cosa" si vuole "risolvere" applicando un sistema ML, è una fase critica perché una delle possibili risposte è che, in realtà, non sia un sistema di ML il più opportuno per rispondere a una specifica richiesta.

Ricordo che, per quanto possibile, è opportuno cercare di legare sempre un nome (come ML) ad un concetto e se è vero che la definizione di ML prevede il fatto che il sistema possa, attraverso un modello, apprendere autonomamente in base alla "propria esperienza", è altrettanto vero che, se utilizziamo algoritmi statistici avanzati per risolvere il nostro problema, senza che sia necessario la messa in atto dell'apprendimento autonomo è probabile che l'ambito in cui ci si muove non sia propriamente quello del ML ma quello più legato al campo del Data Mining.

Il Data Mining riguarda l'utilizzo di analisi statistiche e di specifici metodi di programmazione per trovare schemi nascosti nei dati, in modo da poter spiegare/categorizzare alcuni fenomeni. Il Data Mining "scopre" relazioni nascoste o misconosciute nel set di dati e si avvale in modo particolare della matematica e della statistica, il ML utilizza anche tecniche di Data Mining con l'obiettivo di allenare un modello che migliori grazie all'esperienza acquisita, ma i due ambiti anche se hanno diversi punti di contatto sono diversi.

E' forse superfluo ricordare che la profonda conoscenza dei dati e del problema che vogliamo risolvere è il requisito fondamentale per poter fare ipotesi su una possibile strategia per poter progettare e realizzare un modello ML sufficientemente affidabile

Volendo posizionare il data mining rispetto allo schema della AI riportato precedentemente, possiamo rappresentare il data mining così posizionato:

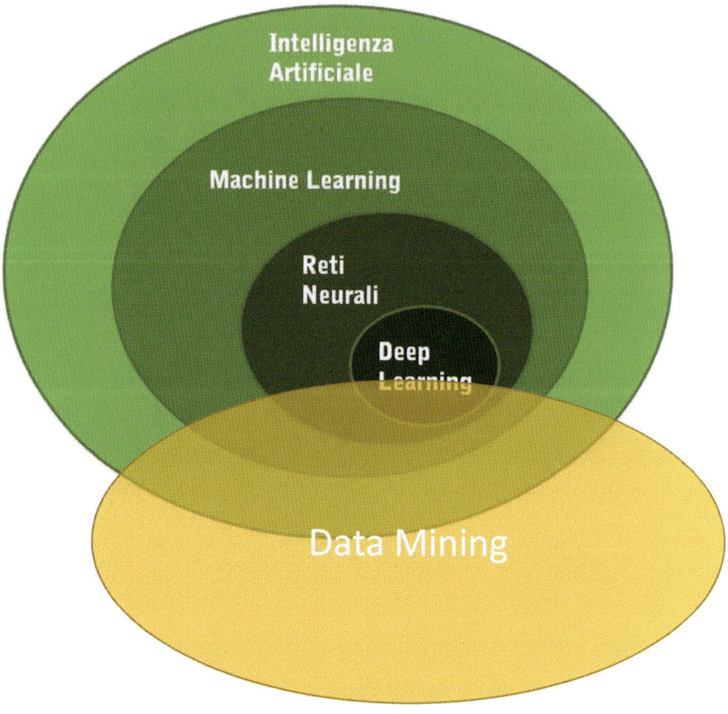

Dopo questa digressione, torno al tema del primo step del workflow legato alla raccolta dei dati. Chiarito che il set di dati è determinante e che la natura del problema lo è altrettanto, il punto successivo, su cui è necessario confrontarci, riguarda la tipologia di fornitura dei dati, in particolare come vengono forniti e in che tempi, il tipo di architettura e anche infrastruttura necessaria possono variare moltissimo (dati forniti in tempo reale, batch schedulati, formati particolare, ecc...) è necessario dotarsi di un framework tecnologico che possa recepire e trattare i dati, un'opportuna analisi tecnica "preventiva" sullo specifico punto è indispensabile per la fattibilità progettuale.

Come già anticipato il set di dati è il santo Graal da cui dipende la possibilità di fare un "buon" lavoro costruendo un modello ML efficace che possa contribuire all'esigenza espressa dal "committente", è da questi dati che si dovrà identificare una parte (corposa) di dati necessari al training del modello (Training data) e una parte (più contenuta) di dati necessari alla verifica dell'efficacia del modello in "allenamento" (Test data) per lo meno per tutti gli algoritmi ML classici definibili come "supervisionati".

Per rendere più allettante la lettura dei 5 step provo ad esemplificare, in modo da avere una sorta di caso concreto da seguire in tutto il workflow, l'esempio che voglio utilizzare è un esempio classico, ben conosciuto che si presta perfettamente alla costruzione di un modello ML predittivo, ossia costruire un sistema di analisi predittiva relativamente al tasso di abbandono di un cliente rispetto ad uno specifico servizio: la Churn Prediction.

In tal caso la raccolta dati deve avere:

- Attributi specifici dei clienti potenzialmente sensibili all'analisi, (per intenderci l'età può essere influente, il nome e il cognome difficilmente lo saranno, ma anche in questo caso è fondamentale il tipo di business e contesto in cui la churn prediction è richiesta: un attributo come il colore dei capelli è ininfluente nel 99% dei casi ma se stiamo analizzando la propensione all'abbandono di un cliente e il business riguarda un'azienda di shampoo o di tinte per capelli ecco che tale attributo può diventare rilevante).
- Informazioni legate alle attività (e quindi riferibili ad una "freccia del tempo") in modo da poter "ritrovare" nei dati specifici comportamenti (pensiamo ad esempio ad un'azienda che propone giochi on-line come poker, slot machine, ecc... è indispensabile che le azioni dei clienti siano tracciate e analizzabili: l'accesso al tal gioco, l'utilizzo per N minuti di uno specifico gioco, i soldi/punti vinti o persi per ogni singola azioni, ecc...).
- La presenza inequivocabile del momento dell'abbandono (ad esempio con una data di ultima attività...).

Questi sono solo alcuni esempi delle caratteristiche dei dati necessari, ma rendono subito l'idea che la qualità, completezza e veridicità dei dati è indispensabile per previsioni accurate, la possibilità di costruire un modello efficace (dando per scontata la capacità professionale del data scientist che costruirà il modello) dipende quasi esclusivamente dall'affidabilità dei dati forniti.

2 – Preparazione e pulizia dei dati

Uno step altrettanto critico e spesso foriero di preoccupazioni perché, una volta recuperati i dati e condiviso quali tipi di informazioni servono per poter progettare e verificare un modello ML, diventa indispensabile "capire" cosa contengono i dati. Infatti, possiamo identificare diversi livelli di qualità del dato e ogni livello può rivelarsi determinante per la riuscita progettuale:

- Potremmo avere errori che non rispecchiano la struttura dati condivisa (ad esempio informazioni palesemente errate, come campi vuoti e informazioni mancanti dove invece è previsto che ci siano, o campi compilati in maniera errata, ad esempio un testo in un campo dove è previsto un numero, ecc...).
- Potremmo avere errori che formalmente rispettano la struttura dati ma riportano valori errati che possono incidere sul modello che vorremo costruire (ad esempio il campo "peso in Kg" riferito a una persona e come valore 750 invece di 75 per un errore di compilazione, oppure una data 12/12/2029 invece di 19 o 09, ecc...).
- Potremmo avere errori più subdoli che rispettano strutture e regole specifiche per il campo ma che da un punto di vista "semantico" sono errate (ad esempio avere una data di chiusura dell'account antecedente alla registrazione di qualche tipo di attività, ecc...).

In questa fase l'attività di pulizia e normalizzazione è determinante e merita il giusto tempo e il giusto impegno, può essere anche l'occasione per scrivere componenti software ad hoc di "pulizia del dato" se si immagina (come dovrebbe essere) che il set di dati verrà aggiornato e sottomesso nel tempo al sistema ML non avrebbe senso apportare correzioni non ingegnerizzate se il giorno dopo si rischia di avere un nuovo set di dati non affidabili.

È un tema questo per cui non si scriverà mai abbastanza, spesso, in buona fede, viene sottovalutato con gravi rischi progettuali.

Prima di scegliere l'algoritmo ML candidato, i dati vanno studiati e radiografati in modo da poterci fare un'idea sufficientemente precisa di "cosa abbiamo tra le mani".

Tornando all'esempio della churn prediction il set di dati andrebbe analizzato in modo da essere certi di:

- Avere individuato i campi rilevanti non compilati ed essere intervenuti completandoli (ove possibile) o magari eliminando righe e colonne dipendentemente dalla necessità del modello, in particolare è opportuno che le righe "sporche" vengano eliminate se non possono essere corrette, anche in questo caso è necessaria grande attenzione, se abbiamo un set di dati dove ogni riga ha la stessa dignità delle altre (ossia uno vale uno...) possiamo eliminare le righe inadeguate, ma se avessimo delle righe "golden" (ad esempio riferita ad un cliente TOP) allora prima dell'eliminazione vanno seguite tutte le possibili vie per poter aggiornare la riga con dati più affidabili.
- Avere eliminato tutti gli attributi non necessari al modello: fornire dati non legati al tipo di analisi che si vuole costruire può essere molto "pericoloso" e "confondere" il sistema ML che potrebbe dare pesi ad attributi non utili al tipo di obiettivo che abbiamo.
- Avere convertito opportunamente i dati del nostro dataset ove possibile, è bene avere sempre a che fare con numeri (specie se vengono coinvolti algoritmi legati alle reti neurale dove l'input numerico diventa mandatario) in generale le trasformazioni a livello dati di questo tipo non sono particolarmente complesse (ad esempio sostituire con 1,2 e 3 le categorie clienti Top, Medium, Bottom).
- Avere dedicato del tempo ad analizzare i dati, verificando come si distribuiscono rispetto a specifici attributi, utilizzando rappresentazioni grafiche di sintesi che praticamente tutti gli strumenti offrono.

A questo punto avremo il set di dati ripulito e lo divideremo in due parti, un 70/80% di dati per la parte di training del modello e un 30/20% di dati per la parte di verifica, nel caso del nostro esempio della churn prediction emerge in maniera abbastanza intuitiva a cosa serve il set di dati per il test: questi saranno una porzione di dati (magari i più recenti dell'intero set) che conterrà una serie di clienti che hanno abbandonato, il modello potrà analizzare il set di dati di training e proporre una previsione dei clienti ad alto rischio di abbandono per poi verificare del set di test la % di correttezza della previsione.

3 – Addestramento del modello

Dati disponibili, normalizzati e ripuliti e idee chiare su cosa "stiamo cercando" sono gli elementi indispensabili per poter costruire un modello ML da "addestrare", anche su questo punto faccio una breve digressione: penso sia chiaro perché questo ambito è stato chiamato "data science" ossia scienza dei dati... e chi opera in questo dominio è definito un data scientist (scienziato dei dati) dal mio punto di vista pochi termini sono cosi azzeccati come questi, infatti proprio come nella scienza di altri domini, a fronte di "problemi", si fanno ipotesi ed esperimenti e solo al termine di osservazioni e analisi (e fallimenti) si arriva ad una teoria (dimostrabile con il galileiano metodo scientifico). Anche nella scienza dei dati l'approccio è questo: non esiste l'algoritmo perfetto per lo specifico problema ma solo l'abilità, la competenza e l'intuizione del data scientist che, con un approccio scientifico, affronta la sfida per trovare la combinazione migliore e il sistema più affidabile, tenendo sempre in considerazione che data la tipologia dei dati e della richiesta non è sempre garantita la possibilità di identificare una soluzione, dato che non tutte le relazioni causali tra i dati possono essere di tipo deterministico (ad esempio si potrebbe avere a disposizioni centinaia di miliardi di transazioni legate alla borsa valori, ma nessun algoritmo potrebbe prevedere movimenti che non dipendono solo dalla storia del dato ma da elementi esogeni non controllabili).

Nell'esempio della churn prediction (fra i diversi approcci possibili) scegliamo un modello ML supervisionato in particolare la logistic regression.

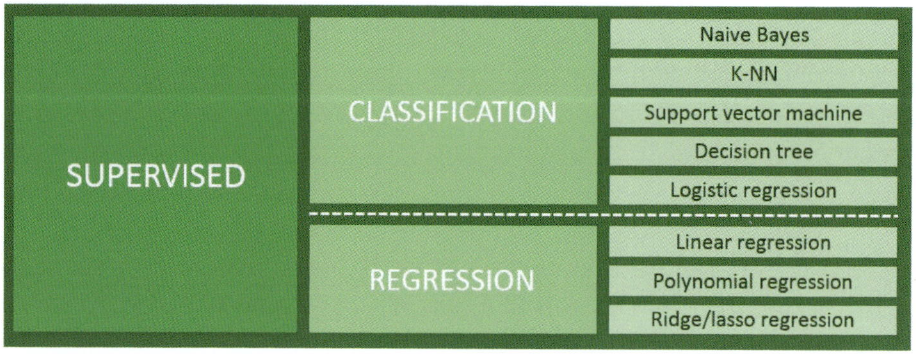

Non entro nel merito di come funziona la logistic regression è sufficiente in questo caso "seguire" la logica del nostro workflow: infatti in un caso come quello della churn prediction, la logistic regression è uno degli algoritmi di ML più utilizzati e utilizzato principalmente quando la variabile dipendente (questo caso churn 1 o churn 0) è di tipo categoriale a due stati.

4 - Il test del modello

Il data scientist a questo punto con lo strumento appropriato costruisce il modello basato sull'algoritmo prescelto (nel mondo open source esistono moltissime librerie ML da utilizzare con linguaggi come Python e R, per citare i più trendy...) lo esegue sui dati di training e poi confronta le previsioni con i dati di test.

Per comodità ipotizziamo che la previsione sia corretta al 87%, significa che il modello è stato in grado di indicare correttamente l'87% dei clienti che hanno abbandonato i servizi del committente nei dati di test. A questo punto, con l'obiettivo finale di ridurre il tasso di abbandono e prendere le giuste azioni di prevenzione nel tempo (ad esempio con un contatto diretto con i clienti maggiormente a rischio, con un omaggio, ...), vogliamo sapere quali variabili indipendenti hanno più influenza sul nostro risultato previsto, chiedendo al modello di evidenziarci i pesi relativi delle variabili rispetto alla "forza predittiva". .

In questo modo è possibile avere la carta d'identità delle variabili e scoprire magari che l'uso da parte di un cliente di una particolare piattaforma di gioco (ad esempio il poker online) incide maggiormente di un'altra, piuttosto che la frequenza di gioco o la durata delle partite. Al contrario altre variabili non incidono per nulla (ad esempio il saldo del conto di gioco).

5 - Utilizzo del modello

Alla fine del nostro workflow, preparati i dati, individuato e testato l'algoritmo da applicare, il modello di ML può essere utilizzato dal committente, nel caso dell'esempio della churn prediction, il committente potrebbe ogni giorno avere un report aggiornato con la classifica dei clienti "più a rischio" e magari anche con alcuni dettagli specifici (ad esempio quali variabili sembrano più sensibili per quel cliente), il committente potrà così organizzare un'azione di contenimento gestendo i clienti scontenti con azioni commerciali ad hoc e coccolandoli nel modo giusto in modo da scongiurare il rischio di abbandono.

Il toolkit del data scientist

Non importa quanto affascinante sia la teoria... perché la pratica può esserlo molto di più... non so in quanti campi questo può essere applicato, ma nel caso specifico della AI e del ML credo che il poter "toccare con mano" quello che è possibile fare, applicando algoritmi e funzioni, abbia un fascino semplicemente straordinario, non mancheranno parti dedicate proprio ad esplorare le meraviglie che alcuni algoritmi riescono a creare, specie in temi di manipolazione di immagini, video e audio.

Per stare sul tema della pratica e pensando al workflow descritto precedentemente, provo a riassumere quali sono gli strumenti (e anche il tipo di competenze) che il data scientist (per definizione la figura professionale legata cuore e cervello alle tematiche AI) può e deve avere a propria disposizione.

Sulle competenze richieste ad un data scientist non c'è molto da dire che non sia già stato detto, faccio solo un'osservazione su come si è modificata nel tempo la descrizione di questa professionalità: all'inizio la descrizione un po' superficiale definiva il data scientist come uno specialista con forti competenze matematico/statistiche dotato anche di specifica competenze di business, acume fuori dalla norma, in grado di "estrarre" dai dati aziendali eterogenei informazioni di rilievo per il miglioramento del business...

Per carità definizione se non altro "gradevole" ma, consentitemi di scrivere, forse un po' troppo generica... eravamo però ad alcuni anni fa, all'inizio dell'avventura della data science, oggi le cose si sono maggiormente assestate e, pur mantenendo un qualche tipo di validità come definizione, oggi possiamo precisarla meglio dato che al data scientist è assegnato un compito concreto e pratico ossia (fra l'altro) individuare la strada migliore possibile per far sì che il dato aziendale (da mero dato a consuntivo da analizzare) diventi esso stesso un "suggeritore" della strategia aziendale, attorno a questo concetto si muove l'onda dell'azienda Data-driven...

Approfitto anche io dell'immagine top nella ricerca google, resa disponibile da Marketing Distillery, per riassumere le caratteristiche del moderno data scientist.

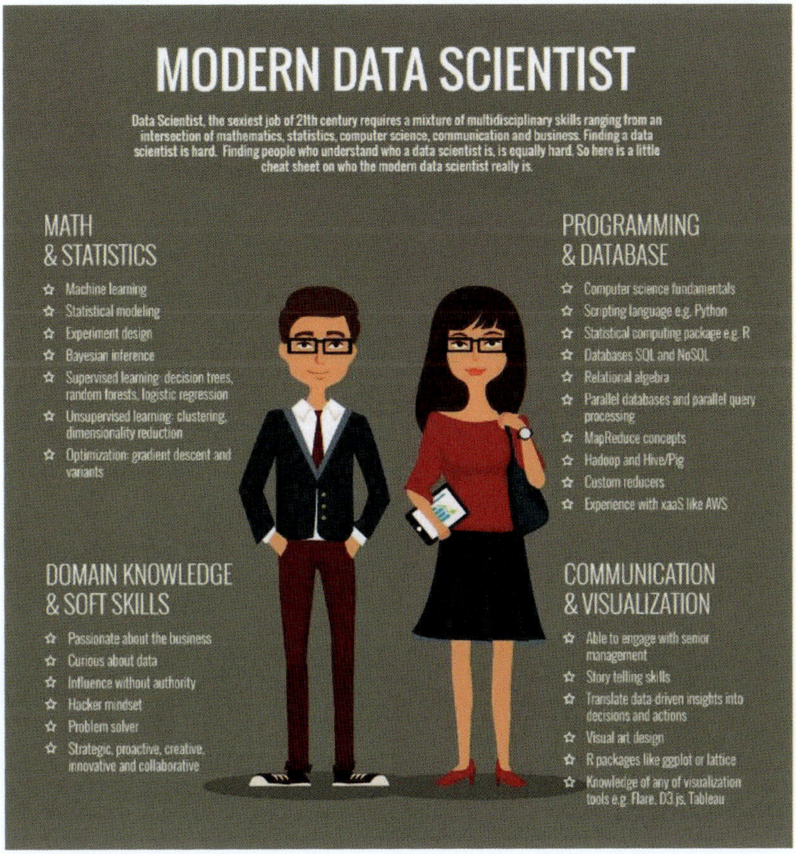

Come si evince dalla rappresentazione sopra, sono necessari molti skill eterogenei, personalmente ho una preferenza su quale gruppo di skill vorrei avesse il data scientist coinvolto su un "mio" progetto ed è quello legato a "Math & statistics" seguito a pari passo dal gruppo "Programming & Database", sopporterei il fatto di avere un data scientist che non eccelle negli altri due gruppi di skill...

Veniamo ora alla borsa degli attrezzi al toolkit del bravo data scientist, inutile dire che la vastità di strumenti disponibili mi obbliga a fare una sintesi che per l'obiettivo del capitolo credo possa andare bene.

Propongo una rapida panoramica su questi punti:

- I linguaggi di programmazione.
- Gli ambienti di sviluppo a supporto.

- I framework e le librerie di machine learning di riferimento.
- Gli strumenti di data visualization.

Evito qualunque tipo di focus che rischia di portarmi fuori strada e di rendere l'articolo inutilmente dispersivo (nello specifico mi riferisco alla componente Big Data che spesso rappresenta uno degli ambiti strettamente legato alle tematiche di AI) non farò focus sul dato e sulla sua fondamentale importanza che diamo per sottintesa.

I linguaggi di programmazione

Sono gli "strumenti" la cui padronanza è fondamentale per poter sviluppare soluzioni di ML, i linguaggi di programmazione utilizzabili per questo scopo sono molti, ne descriverò un paio.

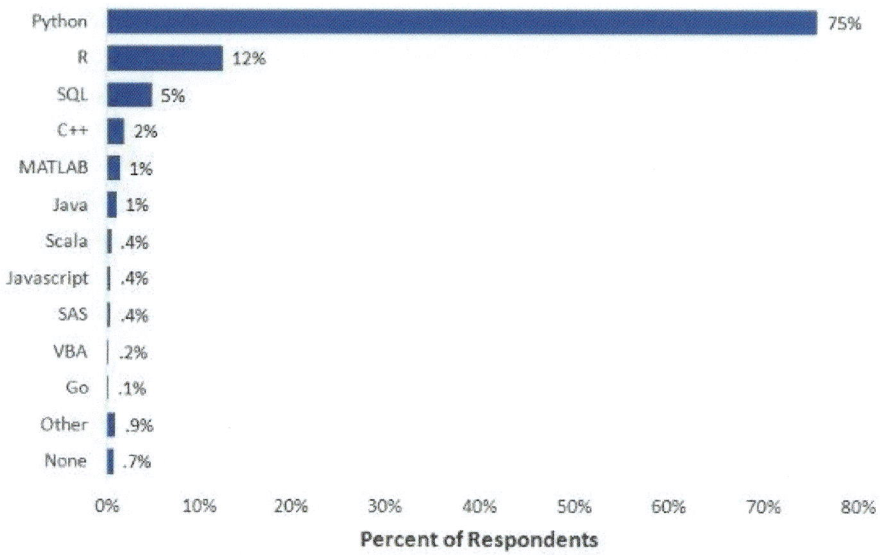

Python e R sono i linguaggi in assoluto più utilizzati e di maggior successo, con Python che conquista sempre più terreno e R che ne perde sempre di più.

Python

Python è un linguaggio di programmazione interpretato disponibile su una vasta varietà di piattaforme, inclusi Linux, MacOS X e Microsoft Windows, è un linguaggio orientato agli oggetti e utilizzabile per molti tipi di sviluppo software. Python supporta diversi paradigmi di programmazione, a partire dall'object-oriented, dispone di una libreria built-in molto ricca, una gestione automatica della memoria e importanti "costrutti" per la gestione delle eccezioni che contribuiscono a fare di Python uno dei linguaggi più versatili da usare.

Python è distribuito con licenza Open-Source approvata dalla OSI. Il suo utilizzo è gratuito ed è libero anche per prodotti commerciali.

Ricordo la prima volta che ho utilizzato Python circa 15 anni fa in un prodotto commerciale di rendering 3D chiamato Vue Pro 4.5, questo software aveva il limite di non avere funzionalità per generare l'illuminazione globale, con Python scrissi una funzionalità che creava una semisfera con punti luci "deboli" distribuite per generare nell'ambiente 3D una sorta di illuminazione globale "fake" ma plausibile.

Negli ultimi anni Python ha guadagnato enormi consensi anche come linguaggio di programmazione principale per la data science e nel tempo sono state sviluppate e rilasciate diverse librerie come NumPy, SciPy, Pandas, Matplotlib e Plotly per citare le più note e utilizzate, anche l'area del Deep Learning beneficia della flessibilità di Python, soprattutto con librerie specifiche.

Se sei interessato ad approfondire il linguaggio il punto di riferimento iniziale è il volume "Pensare da informatico - imparare Python" che puoi liberamente scaricare ed utilizzare.

R

R è un linguaggio di programmazione e un ambiente di sviluppo specifico per l'analisi statistica dei dati. Si tratta di un software libero che viene distribuito con la licenza GNU GPL, ed è disponibile per diversi sistemi operativi (ad esempio Unix, GNU/Linux, macOS, Microsoft Windows).

R, tramite l'immenso numero di librerie statistico-matematiche disponibili, è stato da subito uno dei linguaggi più apprezzati ed utilizzati in ambito data science. Ci sono tuttavia alcuni punti di attenzione, come la gestione della memoria e la mancanza della parallelizzazione automatica, che lo rendono più adatto allo sviluppo di prototipi che alla realizzazione di modelli da rilasciare in produzione, infatti R resta un linguaggio molto di nicchia, utilizzato principalmente in un contesto universitario e di ricerca. La tendenza nel mondo della data science è quella di privilegiare sempre di più Python, è un punto importante per chi si accosta alla data science e ha qualche dubbio su quale linguaggio studiare: Python ad oggi è il candidato ideale su cui investire le proprie risorse formative.

Gli ambienti di sviluppo a supporto

È evidente che poter programmare in un ambiente in grado di gestire attività di debug, eseguire moduli, gestire progetti, è fondamentale per poter sviluppare con ordine e produttività. Gli ambienti di sviluppo sono numerosi ed esistono sia free che commerciali, di seguito ne descrivo brevemente alcuni.

Jupyter Notebook

Jupyter Notebook è un'applicazione web open source che permette di creare e condividere documenti che contengono codice, equazioni, visualizzazioni e anche testo. Si tratta di uno strumento utilizzato per moltissime attività. A livello di notebook lo strumento supporta oltre 40 linguaggi di programmazione, tra i quali anche Python e R.

Dal punto di vista operativo i notebook possono essere condivisi con altri utenti. Inoltre, il codice può produrre un output ricco e interattivo a livello di HTML, di immagini, ma anche di video, LaTeX e tipi MIME personalizzati.

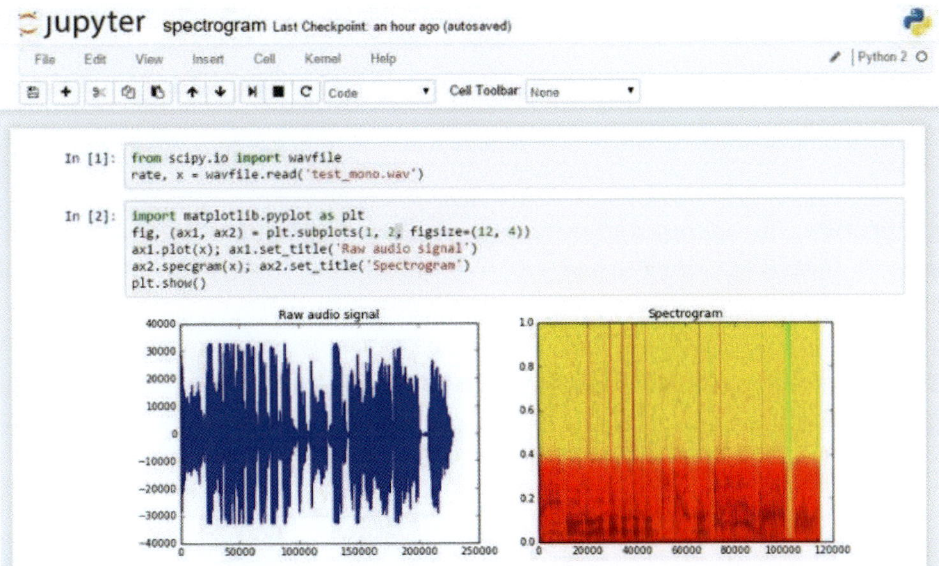

PyCharm

PyCharm è sviluppato dalla società JetBrains e fornisce l'analisi del codice, un debugger grafico, un tester unità integrato, l'integrazione con i sistemi di controllo versione, non è un prodotto free ma commerciale anche se esiste una versione "community" priva di costi.

	PyCharm Professional Edition	PyCharm Community Edition
Editor di Python intelligente	✓	✓
Debugger grafico e runner di test	✓	✓
Navigazione e Refactoring	✓	✓
Ispezioni di codice	✓	✓
Supporto VCS	✓	✓
Strumenti scientifici	✓	
sviluppo web	✓	
Framework web Python	✓	
Python Profiler	✓	
Funzionalità di sviluppo remoto	✓	
Supporto per database e SQL	✓	

PyCharm fornisce il completamento di codice intelligente, analisi del codice, evidenziazione immediata degli errori e correzioni rapide, insieme a refactoring di codice automatizzati e funzionalità di navigazione avanzate.

PyCharm ha una console Python interattiva e supporta molteplici pacchetti scientifici tra cui Matplotlib e NumPy.

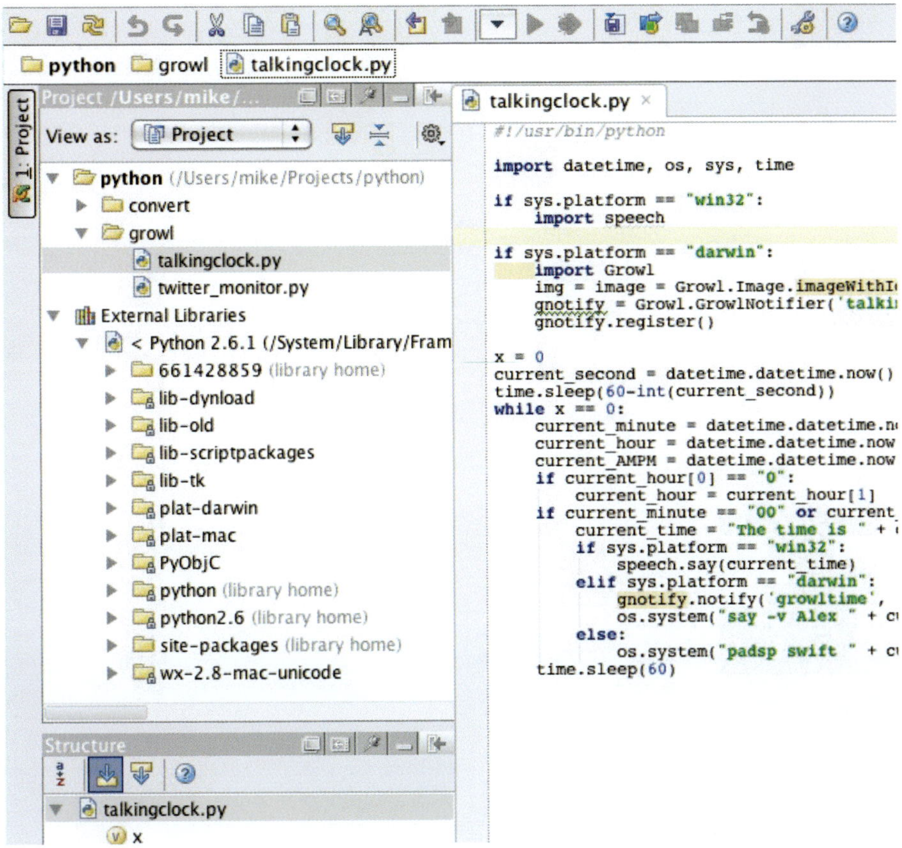

Microsoft Visual Studio Code

Visual Studio Code è un editor di codice sorgente leggero e potente che gira sul desktop ed è disponibile per Windows, macOS e Linux. Viene fornito con il supporto integrato per JavaScript, TypeScript e Node.js e ha un ricco ecosistema di estensioni per altri linguaggi (come C ++, C #, Java, Python, PHP, Go) e runtime (come .NET e Unity).

Visual Studio Code è free e liberamente utilizzabile

La personalizzazione dell'editor è piuttosto semplice e l'installazione del modulo Python può essere fatta in pochi minuti scaricando e installando il modulo appropriato:

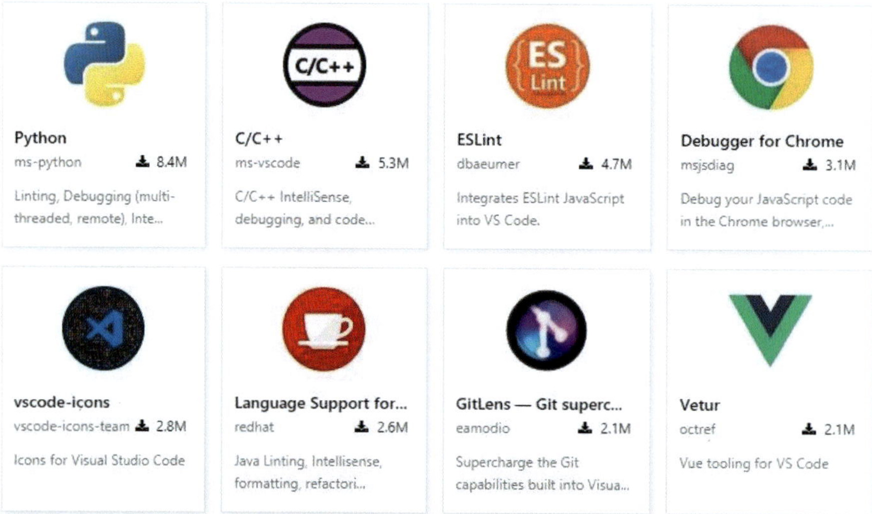

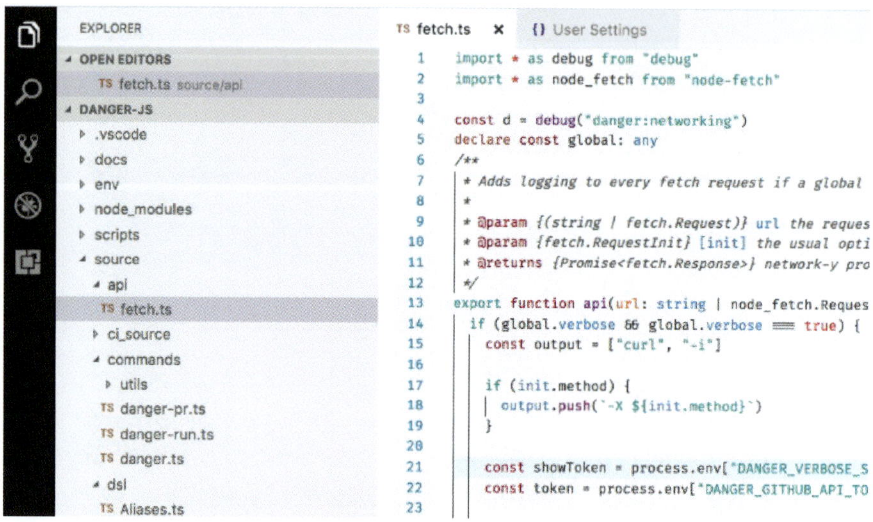

Google Colaboratory

Non è un ambiente di sviluppo, ma un ambiente gratuito per notebook Jupyter che non richiede alcuna configurazione e funziona interamente nel cloud.

Con Colaboratory è possibile scrivere ed eseguire codice, salvare e condividere le analisi e accedere a risorse di elaborazione cloud direttamente dal browser.

Personalmente, non essendo io un data scientist, utilizzo proprio Colaboratory per la sua immediatezza d'uso come ambiente per sperimentazioni di ML con Python: per attività di studio e sperimentazioni lo consiglio fortemente.

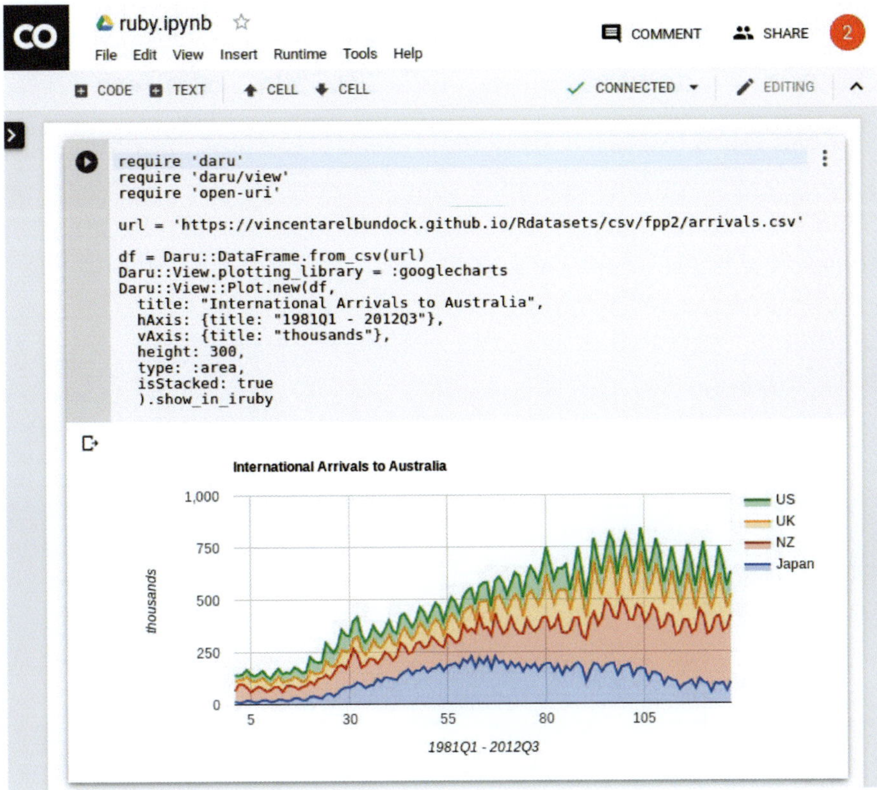

Framework e le librerie di machine learning di riferimento

Perché i linguaggi possano essere efficaci, framework e librerie in grado di esporre funzionalità ML e anche capacità di calcolo sono indispensabili per consentire al data scientist di costruire una soluzione di ML.

Tali framework espongono librerie accessibili, le cui funzionalità possono essere "richiamate" e utilizzate per elaborare i dati secondo le "istruzioni" definite dal data scientist.

TensorFlow

TensorFlow è una piattaforma open source end-to-end per l'apprendimento automatico. Ha un ecosistema completo e flessibile di strumenti, librerie e risorse rilasciate dalla comunità che consente agli sviluppatori di creare e distribuire facilmente applicazioni basate su ML.

Attorno a TensorFlow è nata e cresciuta un'enorme comunità di utilizzatori e la piattaforma mette a disposizione esempi e suggerimenti, sia per neofiti che per esperti di ML (ad esempio è possibile utilizzare un esercizio di classificazione basato su rete neurale attraverso Tensorflow direttamente in google Colaboratory).

È una piattaforma estremamente utilizzata e apprezzata nel mondo ML, con una vasta comunità molto attiva.

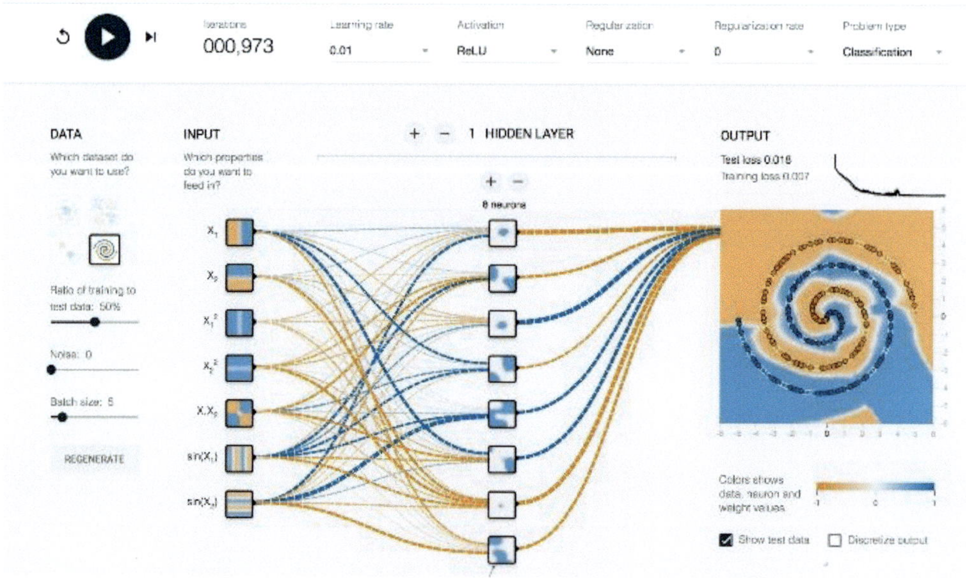

l'immagine sopra riporta un esempio dinamico del funzionamento delle reti neurali nella piattaforma TensorFlow che può essere provato live qui a questo indirizzo https://playground.tensorflow.org

H2O.AI

H2O è una piattaforma di ML completamente open source caratterizzata da una scalabilità lineare. H2O supporta gli algoritmi statistici e di ML più diffusi.

H2O ha anche una funzionalità chiamata AutoML che esegue automaticamente tutti gli algoritmi e i loro iperparametri per produrre una classifica dei migliori modelli, H2O è estremamente popolare nelle comunità R e Python.

È prodotto dalla società H2O.ai potete provarlo facilmente con un ambiente di sviluppo, in Colaboratory viene installato e istanziato con pochi comandi

```
!apt-get install openjdk-8-jdk
!java -version
!pip install H2O
import h2o
h2o.init()
```

Scikit-learn

Scikit-learn è una libreria open source di ML per il linguaggio di programmazione Python. Contiene algoritmi di classificazione, regressione e clustering e macchine a vettori di supporto, regressione logistica, classificatore bayesiano, k-mean e DBSCAN, ed è progettato per operare con le librerie NumPy e SciPy.

Pytorch

Pytorch è un framework di deep learning, sviluppato principalmente dal Facebook AI Research (FAIR) group, che ha guadagnato una enorme popolarità fra gli sviluppatori grazie alla combinazione di semplicità ed efficienza.

Keras

Keras è una libreria open source di ML scritta in Python. È progettata come un'interfaccia a un livello di astrazione superiore di altre librerie simili di più basso livello, e supporta come back-end le librerie TensorFlow, Microsoft Cognitive Toolkit (CNTK) e Theano.

Progettata per permettere una rapida prototipazione di reti neurali profonde, si concentra sulla facilità d'uso, la modularità e l'estensibilità.

Nel 2017 il team di TensorFlow ha deciso di supportare Keras ufficialmente.

Gli strumenti di data visualization

Molto difficile affrontare questa parte visto la numerosità di strumenti di data visualization che il mercato offre, citarne alcuni e non altri potrebbe non sembrare opportuno, cerco quindi di evidenziare alcuni tra i più noti e utilizzati, ma l'elenco è quasi sterminato. Per rendere più efficace la descrizione mi limiterò a riportare i tool considerati Leader dalle ricerche di Gartner, ma una semplice ricerca su google vi consentirà di capire quanto ampio è questo campo.

Tableau

Uno dei principali strumenti in questa categoria è Tableau, è famoso per le sue funzionalità di trascinamento della selezione nell'interfaccia utente. Questo strumento di visualizzazione dei dati è gratuito per alcune versioni di base. Supporta anche dati multi-formato come xls, csv, xml e molteplici connessioni database, è apprezzato per l'esperienza utente che riesce a generare ed eccelle nelle funzionalità di Self-BI, da alcuni anni è nel quadrante dei leader di Gartner.

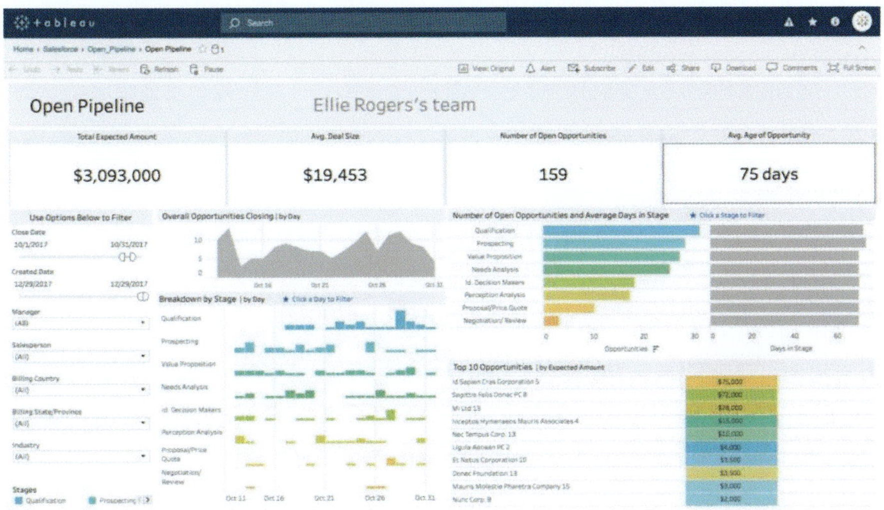

Qlik Sense

Qlik Sense è una piattaforma dedicata alla Data Visualization in modalità self-service, di applicazioni per le analisi e per le analisi integrate. Qlik sense permette di visualizzare ed esplorare le informazioni, per interpretare i fenomeni e per disporre di visioni di grande impatto grafico. Qlik integra un motore proprietario chiamato database associativo che rende l'esperienza dell'interrogazione dei dati estremamente gratificante per la velocità di risposta del sistema, anche questa tecnologia fa parte del quadrante dei leader di Gartner per gli analitycs.

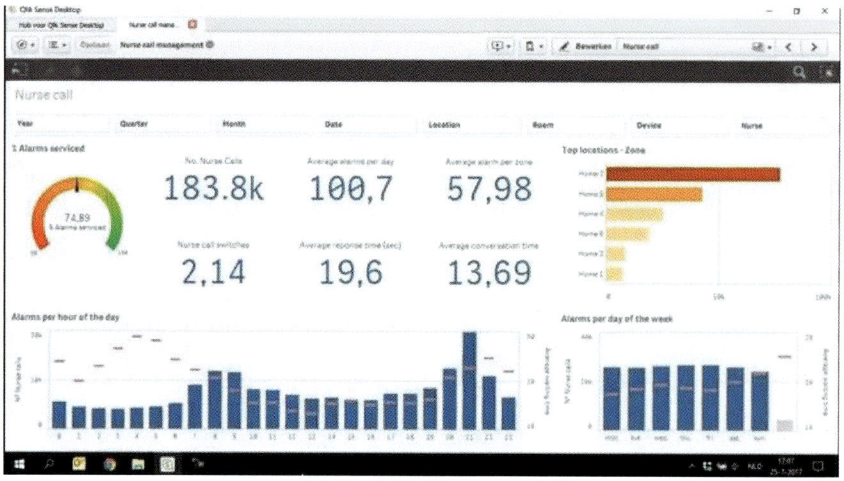

Power BI

Power BI rappresenta una famiglia di strumenti di analisi di dati per il business in grado di produrre informazioni critiche. Power BI permette di connettere centinaia di tipologie di dati, semplificando la preparazione stessa dei dati e la capacità di dare vita ad analisi personalizzate. Power BI permette di creare dashboard personalizzate con la possibilità di dare vita a forme di visualizzazione personalizzate, permette di gestire i dati da qualsiasi origine (sia a livello locale sia dal Cloud) in un'unica posizione. La piattaforma visualizza dashboard live in tempo reale con report interattivi e permette di semplificare l'esplorazione dei dati e delle query in linguaggio naturale con la possibilità di sottoporre domande e ottenere le risposte sotto forma di visualizzazioni personalizzabili. Come i precedenti anche Power BI è considerato da Gartner come un leader.

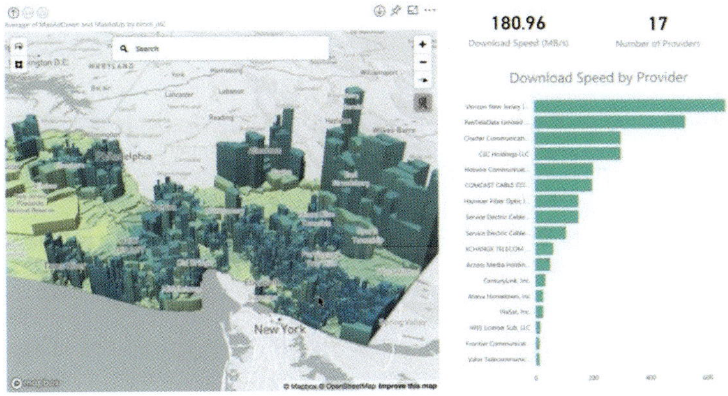

ThoughtSpot

ThoughtSpot è pensato per gli utenti non tecnici. Il motore di ricerca relazionale di ThoughtSpot può analizzare le informazioni da qualsiasi fonte di dati. Già nel 2015 ThoughtSpot rilasciava ThoughtSpot 3, che includeva DataRank, un algoritmo di ML automatico che presenta suggerimenti di dati per guidare gli utenti mentre vengono effettuate le analisi, AutoJoins e PopCharts: un motore di visualizzazione che classifica i possibili diagrammi e grafici e presenta agli utenti quelli ritenuti più adatti alla loro ricerca, nel 2019 è stato inserito per la prima volta tra i leader Gartner.

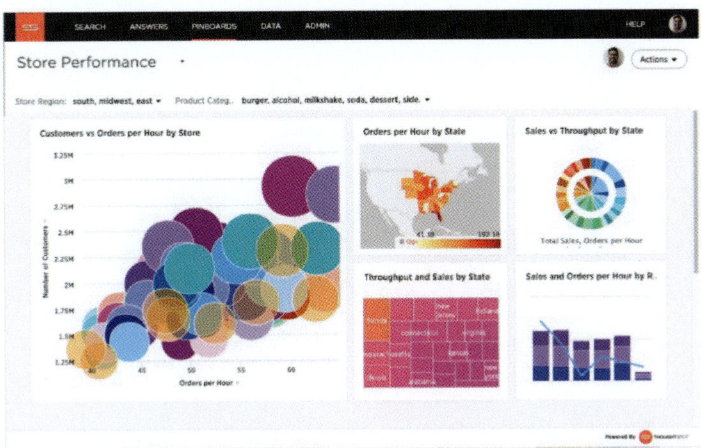

Ho sempre amato gli strumenti di rappresentazione dei dati perché hanno il "potere" di chiarire e far emergere il valore dei dati, sono il punto finale di un processo laborioso, sono quello che il cliente vede dopo un duro lavoro sui dati, dal 1994 in cui imperava Business Objects ad oggi, con strumenti eccezionalmente ricchi di funzionalità, ho sempre guardato con estrema attenzione il punto finale del lavoro legato alla preparazione e analisi dei dati: rendere tutto eccezionalmente chiaro e bello per il nostro cliente.

PARTE II

ESEMPI UTILI AL BUSINESS, USE CASE E CURIOSITÀ

Una sezione del libro con un taglio più divulgativo e con un'attenzione specifica ai casi orientati al business, in modo che sia esemplificato in maniera concreta quali contributi può dare il machine learning per aumentare la competitività aziendale.

Esempi per il mondo del business

Come esplicitato nella premessa, uno degli obiettivi per cui ho raccolto e organizzato questi appunti è per dare uno strumento di comprensione a chi ricopre ruoli di business che saranno nel prossimo futuro impattati dal machine learning, ma non possiede il background tecnico che gli possa consentire di comprendere il numeroso materiale disponibile oggi.

Immaginiamo un responsabile marketing a cui è possibile raccontare come specifici algoritmi di machine learning possono aiutarlo nel suo lavoro, migliorando le performance, automatizzando processi o scovando informazioni rilevanti all'interno dei dati disponibili, oppure un responsabile della logistica a cui spiegare come il machine learning può fornire strumenti di analisi predittiva, utili alla gestione del proprio business, ecc…

Cosa meglio di un caso concreto può accendere la scintilla della comprensione di alcuni temi evidentemente per specialisti?

Inquadrare il problema e come una soluzione di machine learning lo ha risolto è la chiave di volta per affrontare l'era del business digitale: esemplificare in maniera appropriata è l'obiettivo di questa sezione del libro che, volutamente, non si addentrerà in dettagli troppo tecnici.

Prima di elencare e descrivere alcuni "use case" tipici provo a demistificare alcuni termini che negli ultimi anni, grazie a un po' di "propaganda", sono entrati nel lessico del business non sempre nel modo corretto, consideriamolo un piccolo contributo per rendere più chiari un paio di concetti in particolare che sono stati trasformati dal marketing in "buzzword" e proprio per questa "risonanza" credo sia utile chiarire di cosa si parla.

Big Data

Buzzword per eccellenza degli ultimi anni (e anche ora nel 2019 è un termine estremamente abusato sia negli ambiti divulgativi che in quelli tecnici) i Big Data meriterebbero un approfondimento esteso e dedicato, ma per non uscire dagli obiettivi del libro chiarirò alcuni punti base, per dare un minimo di strumenti di comprensione a chi non ha basi tecniche.

Da alcuni anni non c'è forum, rivista specializzata, esperto di BI (e di marketing) che non riempia pagine sui Big Data e sulle Big opportunities che questa frontiera sta spalancando.

I dati di mercato parlano chiaro: IDC dice che ci saranno (anno su anno) aumenti del 30-40% del volume di denaro che si muoverà attorno ai Big Data.

I big vendor consolidano le loro piattaforme (dove Apache Hadoop sembra essersi ormai consolidata come piattaforma) e tutti si sbizzarriscono raccontando cosa sono e dove sono i Big Data: dai dati dei social network come twitter e facebook alle rilevazioni GPS, dai video sul web ai flussi di dati generati in settori come la sanità, dalle informazioni ricavabili dalle centinaia di sensori che fanno funzionare un aeroporto alle transazioni di carte di credito, ai dati generati dai nostri smartphone e tablet... migliaia e milioni di gigabytes di dati che oggi è possibile catturare e analizzare, con benefici evidenti in aree come la sicurezza informatica, la fraud detection, l'ottimizzazione dei processi e l'individuazione dei "sentimenti" degli utenti della rete, e in particolare l'utilizzo di tali dati come "benzina" per motori di AI e ML.

Apache Hadoop è un framework, sotto una licenza libera, che supporta applicazioni distribuite con elevato accesso ai dati, permettendo alle applicazioni di lavorare con migliaia di nodi e petabyte di dati. Ispirato dalla MapReduce di Google e dal Google File System, è un progetto Apache di alto livello costruito e usato da una comunità globale di contributori, che usano i linguaggi di programmazione Java e, per gli strumenti più recenti, Scala.

A mio parere è utile interrogarsi sul valore del dato quando si parla di big data e non quando si parla del dato a noi più noto, caratteristico della business intelligence classica, relativo alle performance di vendita, produzione, costi, ecc.

Il volume "understanding big data" da una definizione interessante relativamente alla differenza tra il dato classico che siamo abituati ad analizzare e i big data.

L'idea è immaginare una miniera d'oro dalla quale (guarda caso) si vuole estrapolare tutto l'oro presente: ci saranno pepite mediamente grandi che è possibile ricercare in una modalità classica: il minatore e il suo "piccone", egli sa cosa cercare, più o meno dove e riconosce la pepita quando la trova, tali pepite sono le informazioni classiche della business intelligence ed hanno un grande valore rispetto alla "dimensione" della pepita stessa.

Accanto alle pepite ci sarà anche una "polvere" d'oro, sparsa e distribuita un po' ovunque, che non si può recuperare nel modo classico usando un piccone e soprattutto avrà un valore molto ridotto se pensiamo ad un minuscolo granello d'oro, tale valore però potrebbe aumentare moltissimo se esistesse un modo di estrapolare da tutta la miniera tutta la polvere d'oro, e milioni o miliardi di minuscoli granelli potrebbero diventare un'enorme pepita.

Il paradigma dei Big Data è tutto qui (più o meno): non si sa esattamente cosa cercare, ma si sa che il numero spropositato di dati se fosse catturato e opportunamente "setacciato" (con algoritmi di analisi e ML) potrebbe rivelare informazioni rilevanti per le performance aziendali.

Vale la pena riportare, a titolo di esempio, uno dei primi casi di successo, che ha fatto storia, di implementazione di progetti Big Data: In attesa di qualche caso concreto italiano può essere interessante nel mondo della sanità vedere quali progetti di Big Data hanno portato benefici misurabili.

Il mondo della sanità è uno di quelli che maggiormente può avvantaggiarsi; i motivi sono molti e per semplificare ne riporto uno di rilievo, ossia l'importanza della misurazione precisa di parametri vitali per la cura di patologie e per migliorare la vita dei pazienti: infatti, un sistema che potesse analizzare più parametri in minor tempo e correlarli attraverso tecniche di ML darebbe un enorme vantaggio nell'identificazione di patologie e cure.

Il caso riguarda il progetto big data dell'University of Ontario Institute of Technology (UOIT) iniziato nel lontano 2011.

Nell'unità riservata alla cura dei bambini prematuri dell'ospedale di Toronto, nell'ambito di un progetto Big Data in collaborazione con IBM, sono stati predisposti numerosi dispositivi elettronici e sensori in grado di raccogliere dati in tempo reale sia ambientali che relativi alle funzionalità vitali dei bambini, i dati raccolti (un numero mostruosamente alto) sono poi stati analizzati e correlati.

Questa tecnologia ha dato all'UOIT la capacità di dare un senso ai dati raccolti e di analizzarli con la speranza di poter scoprire l'insorgenza di sepsi e varie altre condizioni critiche prima di esse si verifichino.

Mentre nell'approccio tradizionale il personale medico ha alcuni indicatori tradizionali per l'insorgenza di infezioni - come temperatura corporea – il sistema basato sul progetto Big Data fornisce "un ambiente estremamente più ricco," con la possibilità di analizzare una serie di diversi segnali per una varietà di condizioni diverse che i bambini possono sviluppare, in quest'ambito i test di analisi dei dati raccolti, per prevedere con maggiore precisione i rischi che i neonati prematuri corrono, hanno fornito indicazioni estremamente rilevanti.

Il sistema messo in campo, in collaborazione con IBM, ha avuto come obiettivo principale la previsione dell'insorgenza di sepsi 24 ore prima che accada, la combinazione di modelli di ML e l'enorme mole di dati raccolti in tempo reale, ha consentito di individuare in anticipo tali rischi e di accendere per tempo un allarme sui casi che corrispondono maggiormente ai possibili candidati di sepsi.

"Analisi predittiva"

Altro termine legato al ML e molto utilizzato, spesso in contesti "impropri", è il concetto di analisi predittiva, spesso presentata come una sorta di "palla di cristallo" e decontestualizzata dai vincoli e prerequisiti che porta con se nel momento in cui deve essere applicata, è un termine che fa "molto presa" da un punto di vista marketing ma che può "confondere" gli interlocutori e generare aspettative sbagliate.

L'analisi predittiva è un termine che comprende una varietà di tecniche statistiche della modellazione predittiva, ML e data mining per analizzare fatti storici e attuali e fornire predizioni sul futuro o su eventi sconosciuti. Nel mondo del business, i modelli predittivi ricercano schemi in dati storici e transazionali per identificare rischi e opportunità.

I modelli trovano relazioni tra diversi fattori che permettono valutazioni del rischio o del rischio potenzialmente associato con un insieme particolari di condizioni. Questi approcci tecnici si traducono in uno score di predittività (probabilità) per ogni potenziale evento. L'analisi predittiva è usata in molti campi come i servizi finanziari, le assicurazioni, le telecomunicazioni, la vendita al dettaglio, ecc...

Il punto focale riguarda un duplice aspetto:

- La natura probabilistica della previsione (e quindi la previsione di un "intervallo" di possibili valori a diversa probabilità).
- La costruzione di un modello predittivo basato su dati storici che abbiano relazioni e vincoli reciproci.

Ecco perché un'analisi predittiva che proponga la previsione dell'andamento dei valori di borsa è pressoché inconsistente rispetto ad un'analisi predittiva che proponga la previsione di rottura per usura di una macchina "meccanica" impegnata in uno specifico lavoro *L* nel tempo *t*.

L'analisi dei ticket del supporto applicativo

Sono numerose le realtà aziendali medie e grandi che hanno come supporto per le proprie attività soluzioni software: ERP, CRM, tool di supporto per la gestione di processi specifici, applicazioni desktop e mobile, ecc… un sistema di applicazioni spesso complesso e intricato che pone svariati problemi e sfide relativamente a integrazione, disponibilità continua, performance e costi diretti e indiretti.

Molte di queste applicazioni sono critiche: un problema che "blocca" un'applicazione specifica può causare danni economici anche rilevanti all'azienda.

La gestione dei problemi applicativi e del supporto è quindi un processo che in molte aziende è strutturato con la definizione di un ticket che evidenzia un problema (il mercato propone diversi software di gestione ticketing), il ticket viene indirizzato ad un gruppo di supporto (generalmente un primo livello che tenta di risolvere il problema), il quale scala ad un gruppo specialistico nel caso in cui non sia in grado di risolvere l'anomalia evidenziata.

Questo percorso che compie il ticket può anche essere tortuoso perché un ticket chiuso per risoluzione del problema potrebbe essere riaperto perché nella realtà dei fatti il problema continua a presentarsi…

Di seguito un esempio di workflow legato all'incident management (fonte: Sapphire IMS) e una breve descrizione del significato dei vari task:

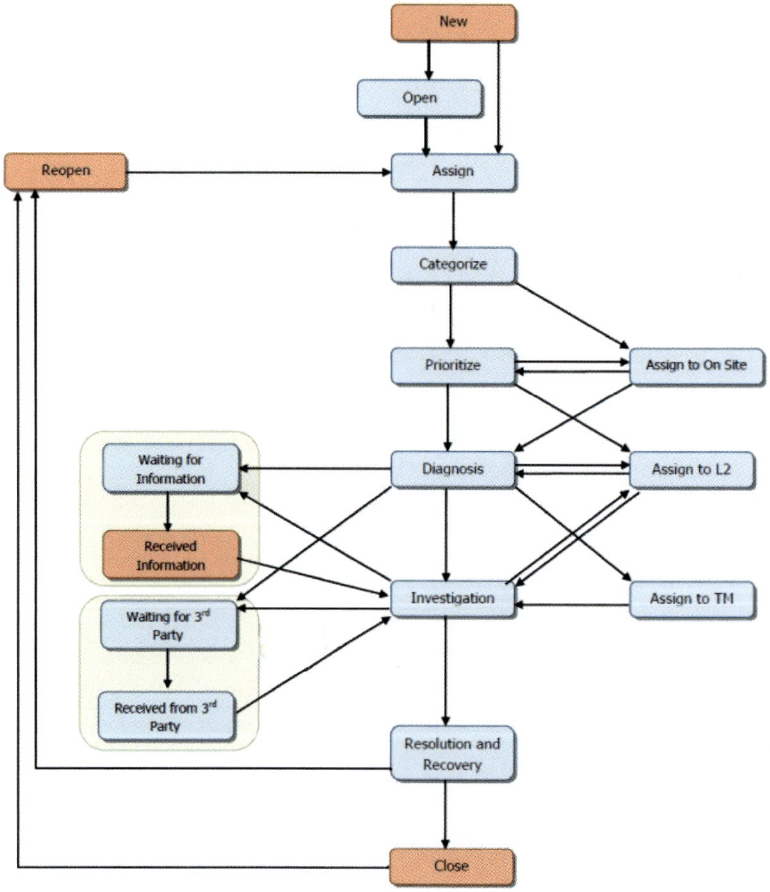

Sotto un dettaglio di stati e attributi che fanno parte del ciclo di vita di un ticket.

Stato	Descrizione
New	Un supervisore utente / service desk segnalerà gli incidenti contro il servizio e lo assegnerà al tecnico di primo livello
Open	indica che il ticket è aperto e deve essere assegnato a un tecnico del service desk
Assign	Il Service Desk Supervisor assegnerà l'incidente a un tecnico del service desk
Assign to On Site	L'ingegnere del Service Desk può assegnare l'incidente all'ingegnere in loco

Assign to L2	Lo staff tecnico on-site può assegnare l'incidente ai tecnici del service desk di livello 2
Assign to TM	I tecnici del service desk di livello 2 possono assegnare l'incidente a TM
Categorize	L'ingegnere del service desk classificherà l'incidente se richiesto negoziando con l'utente
Prioritize	L'ingegnere del service desk darà la priorità all'incidente in base all'impatto commerciale che sta causando
Diagnosis	L'ingegnere del service desk diagnosticherà l'incidente per fornire soluzioni o soluzioni
Investigation	I dettagli dell'incidente vengono rivalutati e le informazioni correlate vengono analizzate
Waiting for Information	Se sono necessarie informazioni per indagare sull'incidente, lo staff tecnico in loco può spostare l'incidente nello stato In attesa di informazioni
Received Information	Una volta ricevute le informazioni, lo staff tecnico in loco può spostare l'incidente nello stato Informazioni ricevute
Waiting for 3rd Party	Se l'incidente richiede un intervento da parte del venditore, l'incidente viene spostato in Attesa per stato di terze parti
Received from 3rd Party	Una volta ricevuto l'intervento del venditore, l'incidente viene spostato su Ricevuto da uno stato di terze parti
Resolution and Recovery	L'ingegnere del service desk risolverà l'incidente aggiornando le note sulla risoluzione
Close	L'utente o il mittente chiuderà l'incidente. il tecnico può anche chiudere l'incidente dopo aver ricevuto conferma da parte dell'utente
Reopen	L'incidente può essere riaperto dopo essere stato spostato su 'Risolvi' o 'Chiudi' stato e ancora una volta assegnato a un tecnico di assistenza se richiesto

Come è facile immaginare tutti questi “stati” vengono memorizzati all’interno di un sistema di gestione degli incident, un database che non solo consente di monitorare lo stato di un incident, ma che diventa un archivio di tutta la storia degli incident accaduti, affrontati e risolti, con le relative tempistiche e caratteristiche come: priorità, livello di rischio, owner del ticket, owner dell'applicativo, ecc...

Una quantità di dati cosi importate è tipicamente oggetto di analisi per poter verificare la qualità delle proprie applicazioni: sistemi di datawarehouse e reporting consentono livelli di analisi molto sofisticati in modo da avere sempre ben chiara la situazione e verificare, ad esempio, se nel tempo la situazione migliori o peggiori rispondendo a domande specifiche come:

- Il numero di incident è aumentato o diminuito nel tempo per quella specifica applicazione?
- I tempi di risoluzione sono migliorati o peggiorati nel tempo?
- Quali sono le applicazioni con maggiori segnalazioni di malfunzionamento?
- Quali sono i settori che danno supporto più coinvolti nella gestione degli incident?
- Ecc...

Un sistema di reporting è quindi molto utile per effettuare una diagnosi dello stato e analizzare il passato, ma un sistema di Machine Learning può fare molto di più.

Nella parte quarta del libro è possibile riprendere il tema del ticketing con un esempio di analisi "base" con la costruzione di una rete neurale.

ChatBot in sostituzione del primo livello di supporto

Il Chatbot è un'applicazione basata sull'intelligenza artificiale che interagisce con le persone, fornisce loro informazioni e automatizza attività umane prevedibili.

I chatbot vengono creati utilizzando le tecniche di Intelligenza Artificiale, Elaborazione del linguaggio naturale e ML. L'idea è di instillare l'esperienza umana legata e la capacità semantica di cogliere il significato di una frase in un bot, in modo che possa svolgere compiti comuni che altrimenti richiederebbero l'intervento umano.

In media si può indicare che dal 60% all'80% delle richieste di supporto IT sono prevedibili e di natura comune a seconda del tipo di azienda e del settore. Questi includono richieste relative a reimpostazione della password, accesso utente, provisioning, e tipologie di domande per cui le risposte sono riferibili sempre allo stesso dominio (FAQ). I chatbot possono essere addestrati per assistere, automatizzare e fornire tutte queste richieste. Il carico sull'agente umano può essere minimizzato gestendo le richieste banali più comuni, grazie a tecniche di ML i chatbot possono fornire agli utenti risoluzioni a specifici problemi ricorrenti o risorse e articoli self-service in modo che possano in autonomia comprendere e risolvere il problema evidenziato con il ticket.

È importante tuttavia evidenziare che ad oggi il supporto migliore che può fornire un chatbot, riguarda problematiche legate alla funzionalità e conoscenza del processo applicativo che l'utente sta sperimentando, piuttosto che alla possibilità di fornire contributi di conoscenza "sostituendo" un tecnico o un ingegnere, sotto un esempio di Chatbot di una importante azienda TCL.

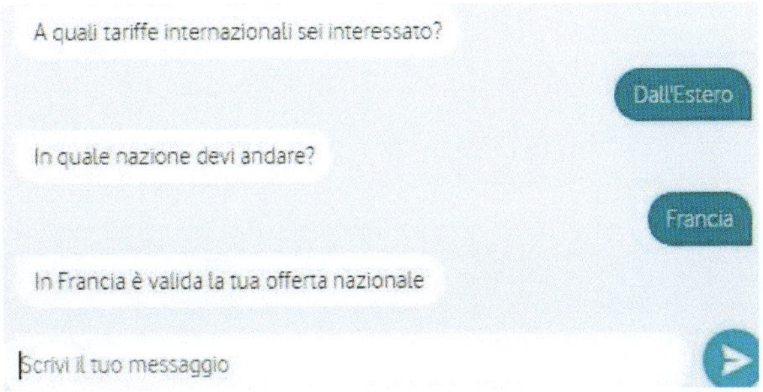

Ecco perché il chatbot può essere una buona soluzione nella gestione delle FAQ piuttosto che in quella relativa a segnalazioni di anomalie, di fatto i chatbot possono essere addestrati a "comprendere" il linguaggio umano, utilizzare algoritmi basati su ML in modo che possano indirizzare gli utenti alle risorse appropriate, risparmiando così tempo e fatica per gli agenti umani.

Classificazione e assegnazione automatica dei ticket

Di altra natura è invece è il contributo che il ML può dare ai sistemi di ticket management quando la natura della segnalazione riguarda l'evidenza di una (reale o supposta) anomalia funzionale o applicativa.

Allo stato attuale un chatbot (istruito per comprendere la lingua e per individuare possibili risposte sulla base dell'esperienza accumulata) servirebbe a poco, perché la natura dell'incident va indagata rispetto alla tipologia di problema evidenziato (blocco applicativo, messaggio d'errore, risultato inaspettato, comportamento anomalo, inaccessibilità della funzione, ecc...).

Fra le varie cose che il ML può fare in questo contesto una può essere quella di "migliorare" l'attribuzione dei ticket alle corrette aree di competenza, non è infatti raro verificare nell'helpdesk che una percentuale spesso significativa dei ticket degli incidenti non vengono instradati al team appropriato e i ticket continuano così a passare da un team ad un altro fino alla corretta assegnazione, con diverse conseguenze di inefficienza tra cui un impatto negativo sui tempi di risoluzione del ticket.

Ormai sappiamo che i modelli di ML che possono essere utilizzati per classificare e attribuire entità a specifici domini sono molti, un approccio che si potrebbe utilizzare è basato sulle reti neurali ricorrenti (RNN), come promesso in questa sezione del libro non descriverò i dettagli tecnici, ma mi limiterò a descrivere l'approccio in modo che possa essere quanto più chiaro possibile il valore aggiunto dell'utilizzo di un modello ML.

Una prima attività è quella di tentare di individuare le aree di riferimento legate ai ticket (ricordiamoci che stiamo parlando di incident legati a presunte anomalie software di un parco applicativo sufficientemente ampio).

Aree tipiche di riferimento potrebbero essere: rete e networking, database, sicurezza, frontend applicativi, ecc… e verificare che dentro poche categorie rilevanti possano essere raggruppati tutti gli incident catalogati (naturalmente è probabile che il sistema di ticket management abbia già una classificazione simile) ma quello che si potrebbe fare in più è sfruttare i campi "note" e "commenti", dando per scontata una buona qualità del dato, per categorizzare con maggior accortezza l'incident attraverso algoritmi di NLP.

Il passo successivo è addestrare il modello ML perché sia in grado predire la corretta attribuzione dell'incident alla giusta categoria, l'immagine di seguito mostra un workflow di alto livello su come potrebbe essere organizzato il processo.

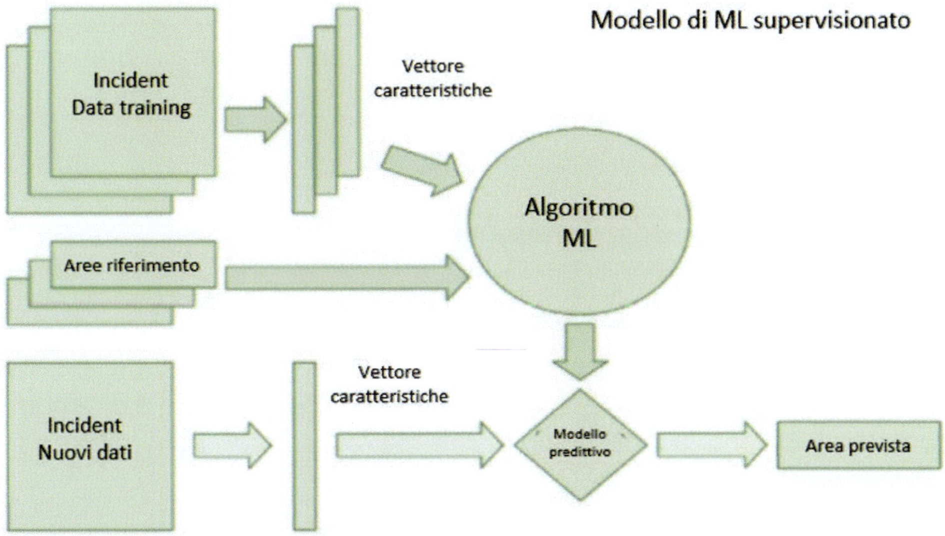

In questo modo, con un modello sufficientemente affidabile, è possibile far sì che l'incident sia correttamente attribuito all'area opportuna e quindi al settore corretto per l'analisi e la risoluzione.

Concludendo, alcuni processi aziendali ripetitivi o che generano eventi ad alta frequenza, sono il terreno perfetto per l'ottimizzazione attraverso modelli di ML, superato il primo step, in cui ci si dota di un sistema classico di business intelligence che consente un'analisi puntuale di cosa è accaduto, diventa critico fare un ulteriore step nella direzione di una migliore ottimizzazione e prevedibilità degli eventi, dotare un sistema di ticket management di modelli in grado di indirizzare correttamente la richiesta, senza bisogno dell'intervento umano, può rappresentare un elemento critico dal punto di vista di performance e qualità.

La Manutenzione predittiva

La manutenzione predittiva rappresenta quasi un pilastro fondamentale dell'applicazione del ML alle esigenze del business, questo perché, grazie alla ripetitività dei dati forniti, fin dalle prime applicazioni del data mining e del ML la manutenzione predittiva ha risposto con modelli efficienti fin dai primi tentativi diversi anni fa.

Il motivo è piuttosto semplice e riguarda la natura dei dati analizzati.

La manutenzione predittiva di fatto consente di avere indicazione anticipata di possibili failure di apparati (pensando al mondo industriale posso citare turbine, macchine per stampaggio, macchine automatizzate in generale, componenti meccanici di catene produttive, mezzi meccanici e di trasporto ecc...), tale sistema indica in anticipo al referente del sistema che un particolare componente rischia di incorrere in un malfunzionamento entro un certo intervallo di tempo (minuti, ore, giorni a seconda della tipologia dell'oggetto).

La natura dei dati è rilevante, perché l'attività di una macchina, specie se pensiamo al mondo produttivo, ha un tasso di ripetitività straordinariamente alto (anche all'interno di un processo complesso e suddiviso in un workflow intricato) se tali azioni vengono "memorizzate" diventano un patrimonio che, se analizzato, può fornire un numero elevato di informazioni.

Oggi grazie alla sensoristica sempre più sofisticata e a basso costo l'internet delle cose (IOT) consente, fra le molte cose, anche la possibilità di raccogliere dati relativi al funzionamento di un apparato coinvolto in un ciclo lavorativo (ad esempio: tipo di attività eseguite nell'unità di tempo, prodotti generati nell'unità di tempo, scarti creati, blocchi subiti, ripartenze, velocità di specifici item, temperatura di componenti, forze esercitate, ecc...).

L'immagine sotto riporta uno schema di riferimento (fonte Seebo, industria 4.0 – manutenzione predittiva) di un'architettura generica di manutenzione predittiva

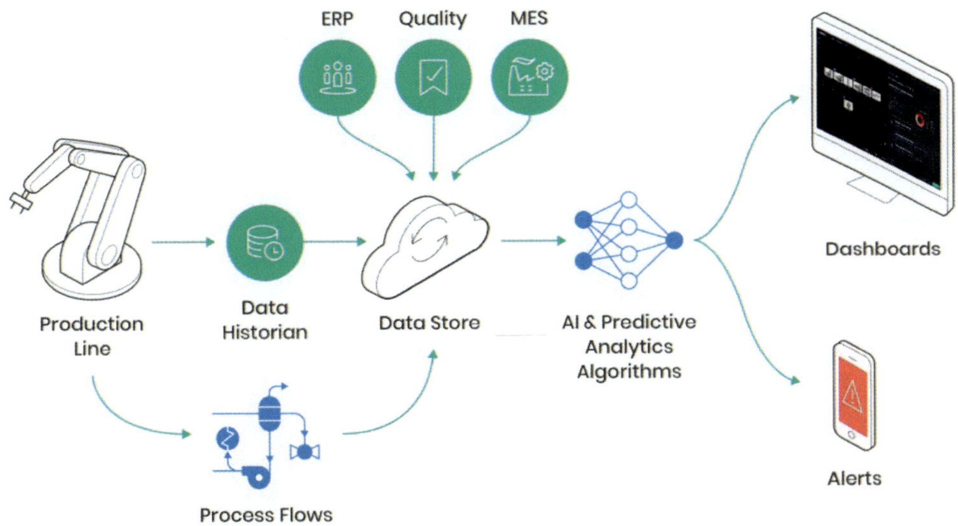

Cuore dell'architettura è la parte di AI e ML in grado di costruire e proporre in anticipo l'elenco degli "elementi" monitorati a rischio anomalia.

Come funziona la manutenzione predittiva?

La manutenzione predittiva si basa sui seguenti componenti base:

1. **Sensori IOT**: sensori di raccolta dati installati nel prodotto o nella macchina fisica.
2. **Comunicazione dati**: il sistema di comunicazione che consente ai dati di essere memorizzati in modo sicuro tra l'asset monitorato e il database centrale.
3. **Archivio database**: l'hub centrale di dati in cui vengono memorizzati, elaborati e analizzati i dati delle risorse (dai sistemi IOT) ed eventualmente integrati con i dati aziendali (dai sistemi IT).
4. **Analisi predittiva:** algoritmi di ML applicati ai dati aggregati per riconoscere i modelli e generare approfondimenti sotto forma di dashboard e avvisi.
5. **Analisi delle cause principali:** strumenti di analisi dei dati utilizzati dagli ingegneri di manutenzione e di processo, per indagare, approfondire e determinare l'azione correttiva da eseguire.

I dati relativi agli asset di produzione vengono trasmessi dai sensori a un repository centrale utilizzando protocolli e gateway di comunicazione industriale. I dati aziendali dei sistemi ERP e MES, insieme ai flussi dei processi di produzione, sono integrati nel repository centrale dei dati per fornire un contesto ai dati degli asset di produzione, arricchendo "dati macchina" con attributi di business. Quindi, gli algoritmi di ML, vengono applicati per fornire informazioni in grado di indicare in anticipo possibili asset a rischio di anomalia.

Per implementare efficacemente un sistema di manutenzione predittiva, i produttori devono mappare i parametri di guasto per le macchine e creare un progetto organico che metta a fattor comune gli asset e i sensori di produzione, i sistemi aziendali, i protocolli di comunicazione, i gateway, il cloud, l'analisi predittiva e la visualizzazione.

Le analisi predittive vengono applicate ai dati della macchina e ai dati del modello di sistema per prevedere le condizioni di guasto imminente. Una dashboard per l'analisi predittiva sintetizza i dati operativi, consentendo ai tecnici di processo e di manutenzione di affrontare approfondimenti utilizzabili sotto forma di azioni correttive.

Quali vantaggi?

I produttori e i loro clienti ottengono una serie di benefici aziendali dalla manutenzione predittiva, di seguito i principali:

1. **Tempi di manutenzione ridotti**: i report automatici per la pianificazione della manutenzione strategica e le riparazioni proattive riducono i tempi di manutenzione e riducono i costi di manutenzione complessivi. Queste informazioni consentono al produttore e ai loro clienti di risparmiare tempo e denaro.
2. **Aumento dell'efficienza**: gli approfondimenti basati sull'analisi migliorano l'OEE (efficacia complessiva dell'apparecchiatura) riducendo la manutenzione non necessaria, estendendo la vita delle risorse e consentendo all'analisi delle cause principali di un sistema di scoprire i problemi prima dell'anomalia.
3. **Data Monetization**: i produttori possono monetizzare la manutenzione predittiva industriale offrendo servizi basati sull'analisi per i propri clienti, inclusi dashboard PdM, pianificazioni di manutenzione ottimizzate o un servizio di supporto tecnico prima che le parti debbano essere sostituite. La capacità di fornire servizi digitali ai clienti, in base ai dati, rappresenta un'opportunità per nuovi guadagni ricorrenti e un nuovo motore di crescita per le aziende.

4. **Miglioramento della soddisfazione del cliente**: È possibile inviare ai clienti avvisi automatici quando è necessario sostituire le parti e suggerire servizi di manutenzione tempestivi, per aumentare la soddisfazione e fornire una maggiore capacità di previsione.
5. **Vantaggio competitivo**: La manutenzione predittiva rafforza il brand e il valore dell'azienda per i clienti, differenziando i loro prodotti dalla concorrenza e consentendo loro di fornire continui vantaggi sul mercato.

La semplicità con cui oggi, nell'industria 4.0, è possibile avvantaggiarsi dell'IOT per raccogliere "dati macchina" e analizzarli attraverso strumenti ad hoc e applicando modelli ML, pone come centrale l'adozione di algoritmi intelligenti per l'ottimizzazione dei costi e delle performance produttive grazie alla capacità predittiva degli strumenti di ML.

Risparmio energetico nel processo produttivo

Il tema del miglioramento e risparmio del consumo energetico attraverso sistemi di ML è un tema rilevante, infatti i metodi ML hanno recentemente contribuito in maniera determinante al progresso dei modelli di predizione usati per il consumo di energia. Tali modelli migliorano notevolmente l'accuratezza, la robustezza, la precisione e la capacità di generalizzazione delle previsioni temporali legate al consumo energetico.

I costi relativi al consumo di energia sono spesso per molte realtà aziendali uno dei costi più rilevanti (basti pensare a catene produttive con macchine automatizzate), dotarsi di sistemi di ottimizzazione dei consumi è vitale per ogni business e nell'ambito della predizione del consumo energetico e della sua migliore gestione, i sistemi ML possono dare un contributo significativo.

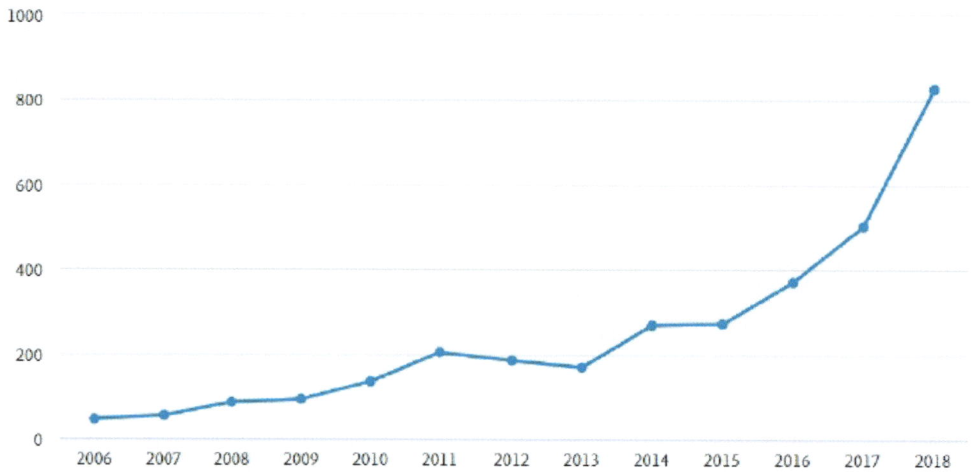

A dimostrazione del sempre maggior interesse sulle tematiche ML applicate all'ottimizzazione del consumo energetico, il grafico sopra mostra, per anno, la numerosità degli studi in tema ML applicata al consumo energetico.

Naturalmente, come nel caso della manutenzione predittiva, per potersi avvantaggiare dei benefici del ML è necessario dotare i sistemi che consumano energia di sensori (IOT) in grado di monitorare nel tempo il consumo, con la capacità di monitorare anche altri eventi (accensione/spegnimento, attività a regime, attività sotto e sopra soglia, ecc...).

La raccolta e l'analisi dei dati e la correlazione con i costi e con l'attività produttiva consente ai sistemi di ML di indicare in modo prescrittivo possibili interventi migliorativi, se è vero che ci sono catene produttive senza sosta è vero anche che esistono numerosissimi spazi di intervento orientati all'ottimizzazioni dei consumi.

Per esemplificare, riportiamo un esempio piuttosto semplice ma emblematico che riguarda una nuova linea di forni professionali per la ristorazione che un'importante casa produttrice ha immesso sul mercato, dotando tali forni di sensori in grado di monitorare il funzionamento (eventi di accensione e spegnimento, temperatura raggiunta, tipologia di cottura selezionata, ecc...) e il consumo di energia elettrica; i dati sono stati raccolti in forma grezza e utilizzati come dati di training per modelli di ML in grado di individuare anomalie nell'utilizzo, indicare possibilità di ottimizzazione agendo direttamente sui forni, segmentare nel tempo una tipologia di utilizzo più appropriata per le esigenze produttive rispetto al consumo di energia.

Naturalmente perché il modello ML possa indicare punti di anomalia o ottimizzazione è necessario fornire al sistema un'ontologia su cui derivare le regole di funzionamento.

Tra i modelli che possono essere utilizzati per individuare anomalie e quindi consentire di proporre correttivi trovano spazio: modelli basati su K-NN e K-Means e SVM (per citare i più comuni).

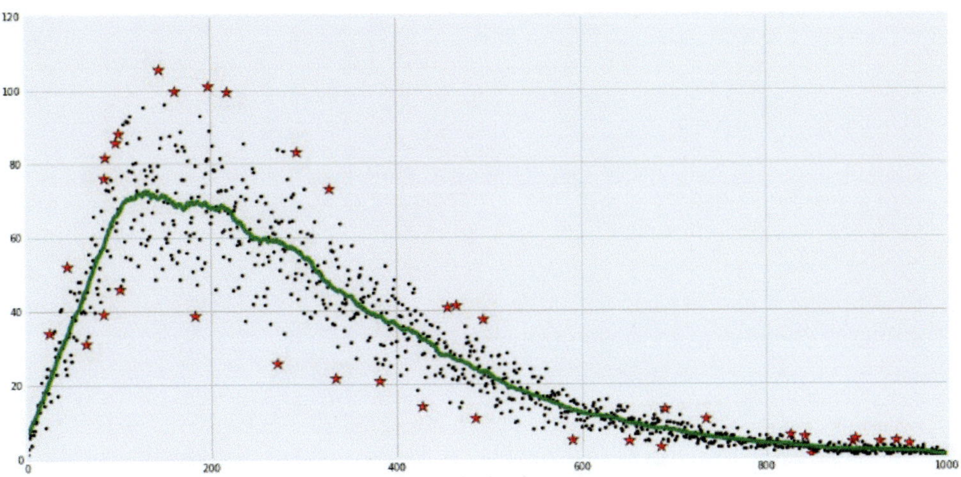

L'individuazione di punti sospetti di anomalia consentono un'indagine e quindi un possibile rimedio: per esemplificare nel caso dei forni industriale si potrebbe scoprire una cattiva abitudine di utilizzo del forno che, rispetto ad un funzionamento nelle ore del pranzo e della cena, potrebbe (per comodità) essere lasciato acceso magari a temperatura bassa nell'intervallo di tempo tra il pranzo e la cena con inutile spreco energetico.

L'esempio è estremamente banale ma indica come un controllo dei dati e l'applicazione di un modello ML in grado di identificare punti critici, sia determinante per tutte le situazioni in cui il consumo energetico risulta critico.

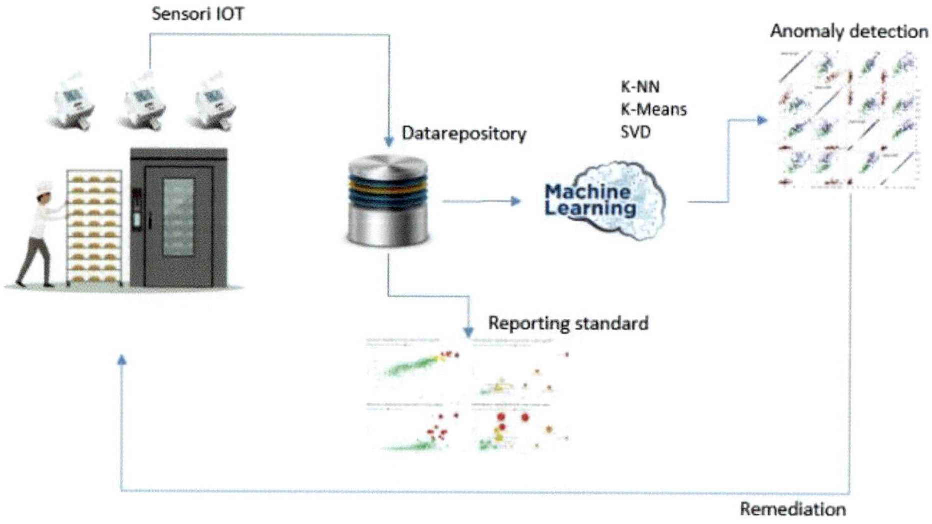

Non è superfluo ricordare che oggi l'attenzione ai consumi energetici è sotto la lente d'ingrandimento, sia per questioni economiche che questioni "green", tutte le aziende moderne hanno da tempo adottato sistemi di monitoraggio energetico, ma un livello di ulteriore indagine usando sistemi di ML dovrebbe essere considerato prioritario.

Aumentare la sicurezza negli ambienti di lavoro

La sicurezza negli ambienti di lavoro, oltre ad essere fortemente normata, è sicuramente uno dei punti di maggiore attenzione nell'ecosistema lavorativo odierno.

Ho descritto nei capitoli precedenti come alcuni algoritmi di deep learning siano in grado di "manipolare" e "riconoscere" immagini, testi, suoni, ecc... fra gli innumerevoli ambiti di applicazione di tali possibilità, voglio approfondire uno degli approcci che coniuga con successo la sicurezza negli ambienti di lavoro e i modelli di ML in particolare quelli di deep learning.

Immaginiamo un ambiente lavorativo (ad esempio un cantiere) normato da diverse disposizioni di sicurezza, come ad esempio il fatto che gli operai debbano indossare un casco protettivo, una pettorina fluorescente, scarpe da lavoro adatte, ecc... e pensiamo a quanto spesso gli incidenti del lavoro gravi capitano perché l'operaio, che subisce l'incidente, non indossa correttamente tutta il necessario prescritto.

Controlli in questo senso (ossia verificare che gli operai abbiano tutti i dispositivi di sicurezza) è un compito che viene quasi sempre eseguito con attenzione, ma ciò non rende infallibile la verifica e la tempestività di intervento, quando qualcuno si trova nell'area di lavoro sprovvisto di alcuni dispositivi di sicurezza.

L'immagine sopra mostra il frame, elaborato in real-time da un modello di deep learning, applicato ad una videocamera di sicurezza che in tempo reale (secondo specifiche regole, come presenza/assenza del casco protettivo, guanti, ecc…) è in grado di individuare l'appropriatezza del corredo di sicurezza delle persone inquadrate dalla telecamera e riconoscere i volti, in modo da poterli associare con il database dei dipendenti ed essere immediatamente certo che non vi siano intrusioni di personale non autorizzato, tale individuazione consente poi anche l'esecuzione di compiti automatici (ad esempio la persona nell'immagine senza casco potrebbe ricevere sul proprio telefono un messaggio che evidenzia la mancanza della protezione e l'invito a indossarla o a spostarsi dall'area che prevede l'utilizzo della protezione).

Il tema della sicurezza è un tema estremamente vasto che tocca moltissime aree, in questo paragrafo mi focalizzo solo sulla sicurezza negli ambienti di lavoro, ma i temi interessanti sono moltissimi (basta pensare alla sicurezza stradale e alla sempre maggiore capacità dei veicoli di comportarsi in maniera intelligente rispetto alle condizioni ambientali).

Altre possibilità fornite dal ML in tema di sicurezza negli ambienti lavorativi riguarda il monitoraggio visivo (ma anche audio) degli impianti e dei macchinari.

Crediti (Yan Du, Ji Zhou, Jiron Zhang, e altri)

Infatti, rilevare la presenza di lavoratori, impianti, attrezzature e materiali sui siti per migliorare la sicurezza e la produttività, è diventato parte integrante della ricerca basata sulla visione artificiale. Da un punto di vista di algoritmi di ML spesso viene utilizzato un modello basato su CNN per rilevare automaticamente la presenza di oggetti in tempo reale.

È vero che il tema del riconoscimento visivo tocca da vicino anche una problematica legata alla privacy, tema questo che sempre di più dovrà nel prossimo futuro essere affrontato e corredato delle giuste disposizioni di legge, in modo da trovare un equilibrio appropriato tra privacy e funzionalità come quelle descritte in questo paragrafo.

Casi d'uso nel Marketing e nelle vendite

Marketing e vendite sono processi core e vitali nell'ecosistema aziendale, numerosi sono i benefici che i sistemi di analisi dei dati e il reporting hanno offerto nel tempo, l'area classica della business intelligence sembra non esaurire mai la sua capacità di rinnovarsi e offrire strumenti nuovi a tali aree: controllare, analizzare, decodificare le informazioni è un'operazione indispensabile per il governo aziendale.

Il ML fa in questo ambito la sua parte, fornendo un acceleratore incredibile in termini di competitività e utilizzo dei dati aziendali.

Personalizzazione del prodotto

In un mondo moderno dove la competitività genera scontri sempre più aspri e dove i consumatori si aspettano sempre più esperienze su misura, dotarsi di sistemi intelligenti che possano configurare prodotti personalizzati, diventa un fattore critico di successo. La personalizzazione dell'esperienza è sempre uno dei driver del successo e le aziende devono cosi fornire prodotti e servizi altamente personalizzati, questo però senza il contributo di un sistema "automatico" diventa un obiettivo irraggiungibile specie quando la numerosità dei clienti è elevata.

I moderni algoritmi di ML individuano accuratamente le preferenze e i comportamenti di acquisto dei singoli consumatori. Questa conoscenza consente alle aziende di indirizzare e personalizzare i contenuti e le raccomandazioni sui prodotti, con conseguente maggiore coinvolgimento del cliente.

Dall'avvento dell'era Internet il tema della personalizzazione del prodotto è sempre stato un focus per l'area marketing, diversi approcci di successo sono stati adottati per personalizzare il più possibile l'esperienza dell'utente, in particolare per tutti quei "prodotti" di tipo digitali (acquisto di pacchetti vacanza, di servizi come Netflix o Spotify).

Il ML fornisce un contributo notevole per la sua capacità di gestire grandi quantità di dati e modelli anche molto complessi (in cui entrano in gioco numerosi parametri), con modelli ML efficaci è possibile "configurare" opportunamente il peso delle variabili in gioco perché possano essere previsti assetti specifici del prodotto da offrire allo specifico cliente, nelle prossime pagine esemplificherò il caso Netflix come esempio di successo della personalizzazione del prodotto (nello specifico relativamente all'interfaccia applicativa costruita intorno ai gusti dell'utilizzatore).

Costruzione di un programma fedeltà

I programmi di fidelizzazione sono progettati per migliorare l'impegno dei clienti e ridurre il tasso di abbandono dei clienti, ma sono efficaci solo quando i clienti partecipano attivamente. La scelta del miglior contenuto e delle offerte per i programmi di fidelizzazione consente ai membri del programma più attivi e impegnati di avere una probabilità nettamente maggiore di rimanere fedeli.

Con i modelli di ML, le aziende personalizzano le raccomandazioni di redemption nei programmi di fidelizzazione, con conseguenti esperienze più soddisfacenti e una base di membri più attiva e più fedele, compito del ML è, sulla base della classificazione della clientela, proporre i contenuti migliori per la definizione di un programma di fidelizzazione.

La "migliore" offerta

Tema particolarmente delicato è la proposta di un nuovo prodotto o di una nuova offerta a un cliente, se la proposizione è sbagliata e quindi non di interesse per il cliente, il rischio di perdita di affidabilità agli occhi del cliente è piuttosto elevato. Inoltre, è dimostrato che fornire più scelte può ridurre la soddisfazione del cliente e renderlo meno propenso all'acquisto. Gli esperti di marketing hanno bisogno di un modo per determinare quando e come contattare i clienti in modo da evitare lo spamming e migliorare le offerte di prodotti.

Gli algoritmi di ML determinano il prodotto giusto da consigliare a ciascun cliente in base al comportamento di acquisto passato, con conseguente maggiore soddisfazione del cliente e maggiore valore del marchio e più vendite.

Individuazione del canale di marketing corretto

Le aziende spendono enormi quantità di denaro ogni anno in pubblicità e azioni di marketing e per controllare quali specifiche azioni hanno prodotto il risultato migliore non è sempre semplice. Le misurazioni tradizionali, come l'attribuzione dell'ultimo clic, sono ampiamente riconosciute dai leader del settore come errate. I responsabili aziendali hanno bisogno di un modo migliore per determinare quali attività pubblicitarie sono i veri fattori trainanti delle vendite, in modo che possano concentrare le risorse di conseguenza.

Gli algoritmi di ML determinano oggettivamente il modo in cui ciascun touchpoint contribuisce alle vendite, consentendo di calcolare con precisione il ROI. Riassegnando la spesa pubblicitaria ai touchpoint corretti statisticamente è possibile ottenere il duplice obiettivo di investire sul canale più redditizio e riallocare in modo più opportuno il budget per l'investimento.

Fidelizzazione dei clienti

Anche se acquisire nuovi clienti è importante, è altrettanto importante (e meno costoso) mantenere i clienti esistenti. Tuttavia, i team di fidelizzazione dei clienti hanno risorse limitate e non sono in grado di dedicare lo stesso livello di attenzione a ogni cliente. Le aziende hanno bisogno di determinare quali clienti hanno maggiori probabilità di abbandono, in modo che possano preoccuparsi per tempo di intervenire con attività di retention.

Analizzando l'attività storica dei clienti, i moderni algoritmi di ML predicono con precisione quale tra gli attuali clienti è più probabile che passi alla concorrenza. Ciò consente al marketing e al customer care di avere sempre una classifica aggiornata di "clienti a rischio" e di mettere quindi in atto le opportune azioni di conservazione del cliente.

Analisi predittiva delle vendite

Questo caso d'uso rappresenta sempre una sorta di araba fenice perché molto spesso viene proposto all'attenzione del cliente come una sorta di "magia", in grado di definire un forecast delle vendite preciso quasi da "palla di cristallo", ovviamente le cose non stanno in questi termini, i sistemi di ML possono dare contributi eccezionali in tutte quelle situazioni in cui non esistono variabili imponderabili che possono perturbare l'ambiente in cui si vuole monitorare il processo di vendita, quindi mentre in tutte quelle situazioni "ricorsive" legate ad un processo di vendita ripetitivo possono avere contributi rilevanti dal ML, quelle situazioni in cui invece entrano in gioco altri parametri imprevedibili non possono avere grandi benefici dai modelli di ML, ecco perché ad esempio su grandi volumi di vendite di un bene specifico (ad esempio le automobili) è possibile avere beneficio da un modello ML di analisi predittiva, mentre non è altrettanto efficace nel momento in cui gli algoritmi ML vengono applicati ad esempio agli scambi della borsa valori.

Casi d'uso dell'area HR

L'area delle risorse umane HR sta rapidamente evolvendo verso un processo aziendale sempre più critico e importante e come tale tende a dotarsi di strumenti avanzati e sofisticati che possano contribuire al miglior funzionamento possibile, per garantire all'azienda il contributo prezioso di collaboratori capaci e fedeli e ai collaboratori una corretta gestione della loro carriera.

Il ML fornisce diversi contributi di valore a supporto delle decisioni e della gestione dell'area HR.

Definizione della RAL appropriata

Quando la selezione del personale individua un candidato a cui fare una proposta economica, valuta una serie di parametri per poter configurare correttamente un valore equo che tenga conto delle esperienze del candidato, a parte l'impressione che il candidato ha fatto al recruiter sicuramente ci sono dei parametri quantitativi che vengono tenuti in considerazione, come ad esempio il ruolo, l'esperienza, l'istruzione, le certificazioni, le competenze, le lingue conosciute, ecc...

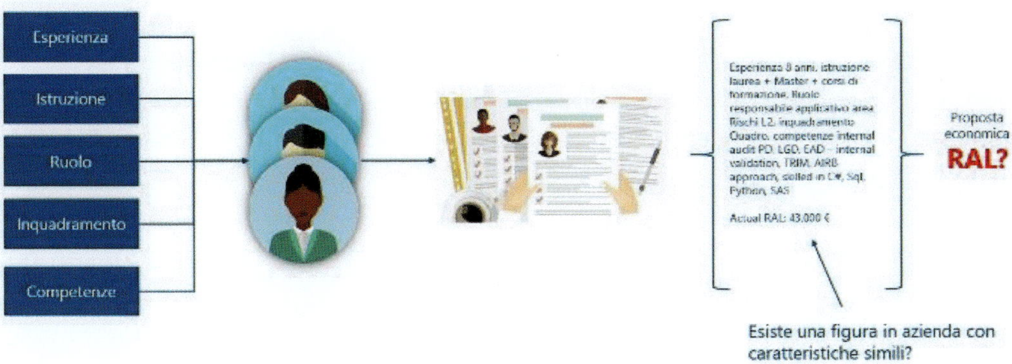

Questi parametri avranno certamente pesi diversi dipendentemente dal tipo di risorsa ricercata, il ML può dare un contributo alla definizione dei pesi utilizzando come dati di training le RAL della popolazione di collaboratori dell'azienda, in tal modo sarà possibile, per quel tipo di figura, conoscere i pesi "reali" di ogni parametro e configurare una RAL "compatibile" con la popolazione dei collaboratori.

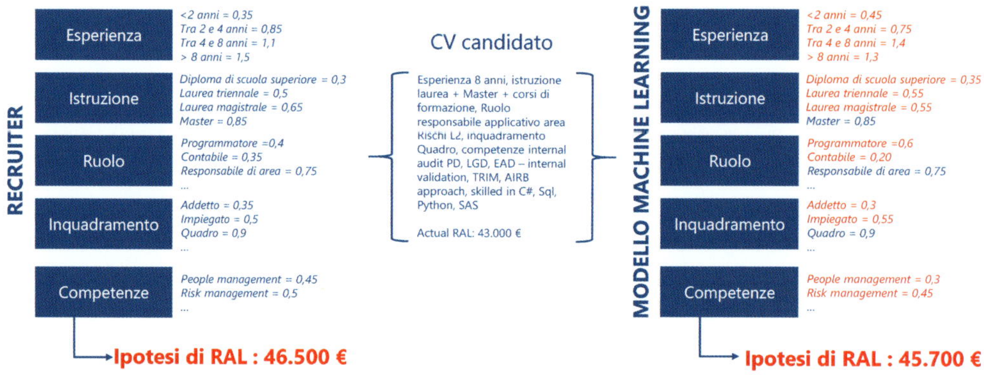

Scongiurare il turnover

Come per lo use case precedentemente descritto sulla fidelizzazione del cliente, anche nel caso dell'area HR è possibile utilizzare il ML per individuare i collaboratori che hanno una maggior probabilità di abbandonare l'azienda, la modalità è simile al caso citato in precedenza.

Filtraggio del cv

Il filtraggio dei CV nella maggior parte delle aziende richiede tempo e soggettività. La paura di perdere un buon curriculum a causa di un'errata classificazione preoccupa anche i migliori recruiter. I sistemi di ML possono utilizzare i dati online combinati con i dati presentati nel CV per creare un profilo olistico del candidato. Sulla base delle indicazioni stabilite in azienda, il sistema può filtrare CV per ridurre al minimo lo sforzo manuale.

Modelli AI legati agli ambiti NLP possono dare un contributo rilevante che si traduce in risparmio di tempo per gli scrutatori e un'indagine dei candidati particolarmente approfondita.

Casi d'uso nella logistica e negli acquisti

Quando si tratta della sfera della logistica e degli acquisti AI e ML possono essere di grande aiuto. Usandoli, è possibile ottimizzare i processi, evitare errori che gli esseri umani possono fare, prevedere future opportunità e sfide e quindi rendere il business stesso più efficace e redditizio.

Pianificazione della supply chain

La pianificazione della supply chain, o SCP, è tra le attività più importanti incluse nella strategia SCM (supply chain management). Pertanto, è fondamentale disporre di strumenti affidabili per lo sviluppo di piani efficienti. Se si implementa il ML, i processi decisionali della supply chain possono essere ottimizzati in modo significativo. Analizzando set di dati e applicando algoritmi intelligenti, diventa possibile bilanciare domanda e offerta e allo stesso tempo a ottimizzare i processi di consegna, con risparmio di tempo e forza lavoro umano.

Gestione e monitoraggio del magazzino

Un corretto magazzino e una gestione basata sull'inventario sono fondamentali per una pianificazione efficiente della catena di approvvigionamento. Sia l'eccesso di scorte che il sotto-stoccaggio possono trasformarsi in una vera sfida per l'azienda e mettere a rischio anche la strategia SCP più efficiente. Il ML e la sua funzione di previsione possono risolvere il problema e cambiare completamente la gestione del magazzino in meglio.

Come evidenziato nel paragrafo relativo alla sicurezza sul lavoro e il ML, l'utilizzo del deep learning per riconoscere immagini in real-time è esattamente quello strumento che può fornire l'automazione del magazzino e risolvere una serie di compiti. Ad esempio, i sistemi di visione artificiale possono automatizzare il processo di lettura del codice a barre e, quindi, accelerarlo e semplificarlo. Possono inoltre monitorare il perimetro del magazzino e monitorare i dipendenti, analizzare i dati e prevenire furti e violazioni delle norme di sicurezza. E grazie alla tecnologia di riconoscimento facciale, un sistema di visione computerizzata è anche in grado di identificare chi sta entrando e uscendo dal territorio del magazzino.

La previsione della domanda

Per migliorare l'efficienza della catena logistica, è possibile utilizzare l'intelligenza artificiale e il ML al fine di prevedere la domanda o migliorare la previsione della domanda. Sulla base dell'esperienza passata, si può ottenere un'analisi dettagliata di tutti i fattori che potrebbero influenzare la domanda. Usando questa conoscenza, si può essere in grado di prendere la giusta decisione aziendale.

E proprio come in molti altri casi, l'intelligenza artificiale e il ML sono molto più efficaci dei metodi tradizionali di previsione della domanda.

Ottimizzazione del percorso logistico

Per ridurre i costi di trasporto e rendere più rapido il processo di spedizione, è possibile utilizzare l'intelligenza artificiale per decidere i percorsi migliori. Ciò è particolarmente importante nel caso in cui la componente distributiva sia rilevante. I clienti sono sempre felici di ricevere i loro ordini il prima possibile, senza ritardi. E l'intelligenza artificiale è ciò che serve per analizzare il tragitto esistente e identificare l'ottimizzazione del tracciato.

Previsione delle ore di punta nei centri logistici

L'intelligenza artificiale e il ML sono in grado di monitorare e prevedere il traffico e altri fattori che possono in qualche modo influenzare i tempi di spedizione. Anche le ore di punta nei centri logistici sono un fattore importante, quindi dotarsi di soluzioni e modelli ML in grado di prevedere ed evitare congestioni può essere determinante per la qualità della logistica.

Selezione dei fornitori e gestione delle relazioni

La selezione di un fornitore affidabile e il mantenimento di un rapporto corretto può essere estremamente difficile. Affidarsi al fornitore sbagliato può essere grave e l'attività può risentirne, cosi come può essere altrettanto rischioso avere una gestione inappropriata del fornitore. Ma se si applica il ML ai set di dati in base alle azioni di gestione delle relazioni con i fornitori (ad esempio, audit e credit scoring) si potranno avere previsioni abbastanza affidabili per ogni interazione con il potenziale/attuale fornitore.

Gestione e pulizia dei dati in lingua straniera

Il Natural Language Processing, o NLP, è un elemento dei domini di ML e dell'intelligenza artificiale (AI) che è un'ottima soluzione quando è necessario comprendere e armonizzare contesti testuali, in alcuni casi le barriere linguistiche possono essere molto difficili da gestire. Di conseguenza, l'incomprensione può portare a seri problemi e a decisioni aziendali inefficienti. Con l'aiuto della NLP è possibile innescare azioni di conformità e auditing prima ostacolati da barriere di tipo linguistico.

Pianificazione della forza lavoro

La pianificazione della forza lavoro è un must per qualsiasi organizzazione moderna. Comporta processi come il reclutamento, la fidelizzazione, lo sviluppo dei dipendenti, la ridistribuzione, la gestione delle prestazioni e altro. Le soluzioni di ML e intelligenza artificiale possono semplificarle in modo significativo e rendere più efficiente la strategia di pianificazione della forza lavoro. Grazie a questo sarà possibile assemblare squadre con componenti compatibili. Questo è importante, poiché i dipendenti che amano la loro organizzazione e il modo di lavorare sono più produttivi.

Veicoli autonomi - AI in logistica e spedizione

Logistica e spedizione sono cose abbastanza ovvie quando si parla della supply chain, nella maggior parte dei casi, le merci devono essere in qualche modo consegnate al cliente, all'appaltatore o a chiunque altro. E qui sorgono diversi vincoli. Ad esempio, i conducenti possono guidare senza sosta solo per un certo periodo di tempo. Dopo questo, devono fare una pausa o essere sostituiti da un altro autista. Avere almeno due conducenti su ogni camion per le consegne può essere costoso, mentre la necessità di attendere fino a quando un autista esaurisce il periodo di riposo può prolungare significativamente i tempi di spedizione.

Entrambi questi problemi possono avere un impatto catastrofico sul business, specialmente nel mondo moderno estremamente competitivo. In questo caso i veicoli autonomi possono risolvere molti problemi e risparmiare sia in termini di tempo che di budget. L'unico punto di attenzione è che in questo momento la guida autonoma è ancora in fase sperimentale nonostante il rapido miglioramento a cui assistiamo quasi quotidianamente. Quando saranno disponibili e ci saranno norme di legge che disciplinano questa nuova imminente era i veicoli autonomi, saranno un'ottima scelta (forse obbligata) per quanto riguarda la spedizione delle merci.

Casi "curiosi" dal mondo ML

Caso 1: Netflix e la palla di cristallo

Un esempio, ormai quasi mitologico, di quanto efficace e determinante è l'utilizzo dell'intelligenza artificiale e del machine learning per il successo di un business è certamente rappresentato da come Netflix ha raccolto e analizzato, fin dall'inizio della sua avventura commerciale, i dati di utilizzo della propria piattaforma di streaming da parte degli utenti, con l'obiettivo di poterne trarre indicazioni utili a fornire un servizio alla clientela sempre migliore.

Riporto questo esempio "classico" perché ne ho parlato pubblicamente in diverse occasioni e perché risale a diversi anni fa: era circa il 2005 quando comincio a maturare l'idea in casa Netflix di raccogliere i dati di utilizzo da parte degli utenti per poterli analizzare e sfruttare per adeguare la piattaforma alle esigenze dei propri clienti... parliamo di big data e machine learning posizionando però le lancette a 14 anni fa quando tali termini erano pressoché sconosciuti ai più...

Tutti conoscono Netflix ma un tempo esisteva Blockbuster: negozi fisici ampi pieni di Dvd! era il periodo del noleggio "smart", si faceva un salto al Blockbuster per noleggiare un paio di Dvd per il sabato sera o la domenica pomeriggio e poi il giorno successivo si riconsegnava attraverso un'apposita "buca Dvd" stile cassetta postale... sembra passata un'era geologica e invece sono 10 anni scarsi...

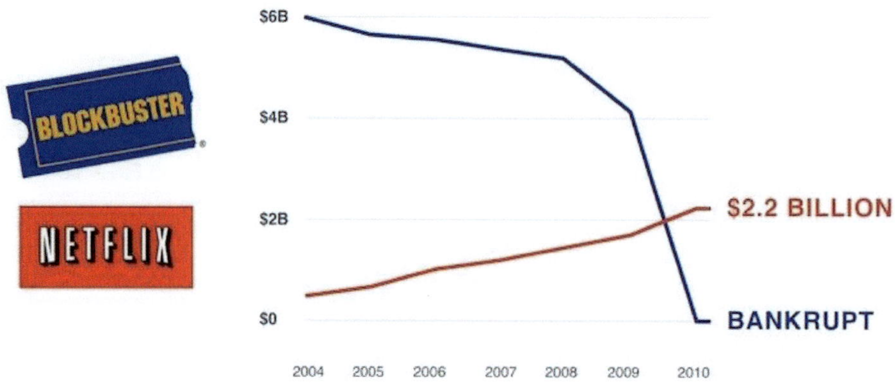

Un'immagine vale più di mille parole e il grafico sopra mostra impietosamente la fine di Blockbuster e l'ascesa di Netflix.

Netflix, con la sua piattaforma di video streaming, offre oggi contenuti video in tutto il mondo. All'inizio il modello di business era piuttosto semplice: acquistare dalle Major come HBO titoli di film e serie televisive e metterle a disposizione della platea degli abbonati, questa modalità, con l'aumentare del successo di Netflix, ha cominciato a mostrare alcuni punti di debolezza mettendo potenzialmente a rischio il business di Netflix: infatti Netflix come "semplice" piattaforma di streaming senza alcuna proprietà dei contenuti (acquistati in licenza da altri produttori) era fortemente a rischio, perché il suo successo era troppo legato ai prodotti creati da terze parti e al fatto che questi stessi "fornitori di contenuti" avrebbero potuto costruire una propria piattaforma di streaming avvantaggiandola con costi di licenza sui propri contenuti competitivi, rispetto a quelli che Netflix era costretta a subire.

In maniera lungimirante Netflix comprese che il proprio modello doveva cambiare affiancando anche produzioni proprie originali.

E qui sorse la domanda fatidica: cosa produrre? un film? una serie? di che tipo? con quali attori? con che budget? e... funzionerà?

House of Cards

Dal 2005 al 2011 Netflix intraprese un progetto big data e AI incredibilmente complesso e pretenzioso per quei tempi: analizzare ogni singola informazione (cosa guardano i clienti, quali film vengono visti più volte, quali vengono abbandonati dopo un certo numero di minuti, quali scene vengono riviste più volte, come cambia la propensione dell'utente ad alcune specifiche visioni in base al giorno della settimana, o dell'ora o addirittura della località da cui si accede a Netflix, ecc...) per capire se, con un'analisi dei dati avanzata, fosse possibile capire i gusti della popolazione di clienti e produrre un contenuto "a colpo sicuro".

Un progetto di analisi ed esplorazione dei dati durato 6 anni portò alla scoperta di alcune "passioni" comuni alla popolazione dei clienti:

- La predilezione per le serie televisive, in particolare emergeva un forte interesse per un remake della miniserie della BBC House of Cards.

- Una passione per il regista David Fincher e per l'attore Kevin Spacey.
- Un interesse per storie di potere e politica.

L'elenco sopra è solo una becera condensazione di tutti le indicazioni raccolte che hanno consentito a Netflix di dotarsi di una sorta di palla di cristallo con le indicazioni di come costruire uno show di sicuro successo di pubblico (ed economico).

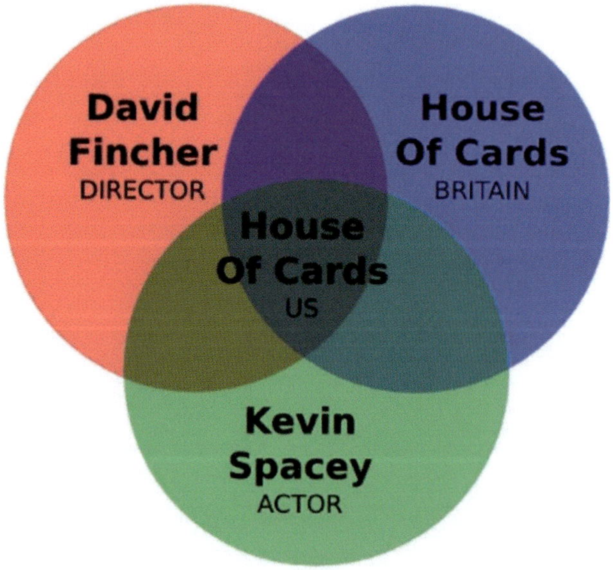

Nel 2011 vengono annunciate le prime due serie di House of Cards, che sarà un successo planetario e la dimostrazione dell'acume e delle capacità delle persone che governano Netflix.

Il modello (vincente) sarà quindi reiterato negli anni successivi con decine di produzioni marchiate Netflix, la parte tecnologica della società che si occupa dell'analisi dei dati e della costruzione dell'offerta dei contenuti trae continui benefici dal miglioramento delle prestazioni e delle capacità computazionali dei sistemi di AI, oggi il lavoro che cubò 6 anni per House of Cards probabilmente potrebbe essere fatto in pochi mesi.

Ma le tecniche di Machine Learning in casa Netflix non si fermano con la produzione di contenuti, ma continuano con la costruzione di un'esperienza utente sempre più personalizzata: gli algoritmi di machine learning (in particolare algoritmi di deep learning) fanno proprio il "gusto" del cliente decodificandolo e costruendo attorno alla sua esperienza una sorta di piattaforma personalizzata.

Raccomandazioni in "quasi real time"

Un esempio del livello con il quale ormai le tecniche di machine learning sono fondamentali per Netflix, è il cosiddetto sistema di raccomandazione in quasi tempo reale (NRT) per costruire l'interfaccia applicativa più consona per quella tipologia specifica di utente

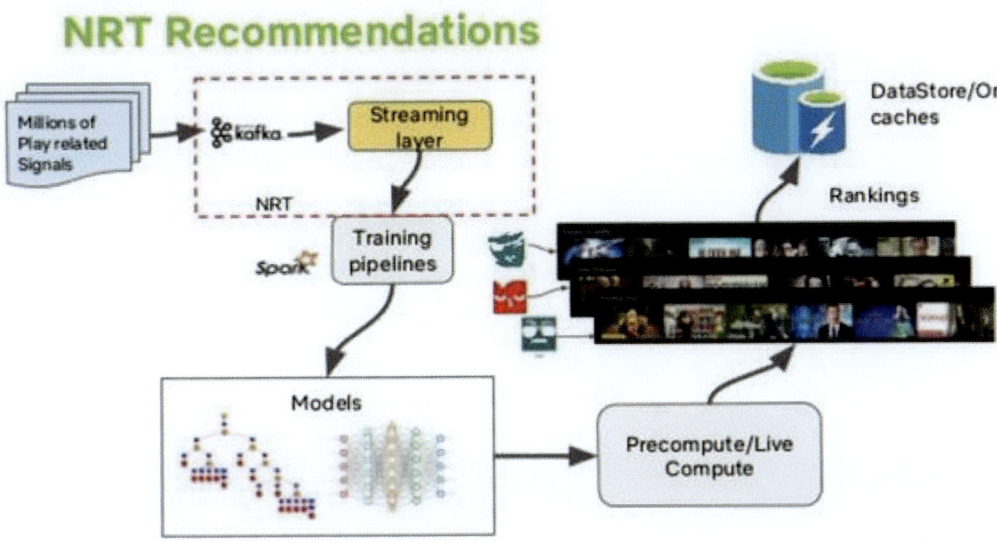

Infatti, Netflix rispetto alle tradizionali società di media utilizza un sistema di raccomandazione personalizzato anche dal punto di vista visivo: non si limita a consigliare al proprio cliente di valutare la visione del film A, ma crea una locandina personalizzata del film A che tenga conto della tipologia di cliente e dei suoi gusti:

Profile Type	Score Image A	Score Image B
Comedy	5.7	6.3
Romance	7.2	6.5

Image A

Image B

L'immagine sopra mostra due locandine create in autonomia dai sistemi di machine learning di Netflix tenendo conto dei "gusti" dell'utente: stesso film, locandine personalizzate!

Significa milioni di locandine personalizzate "tagliate" sul profilo utente:

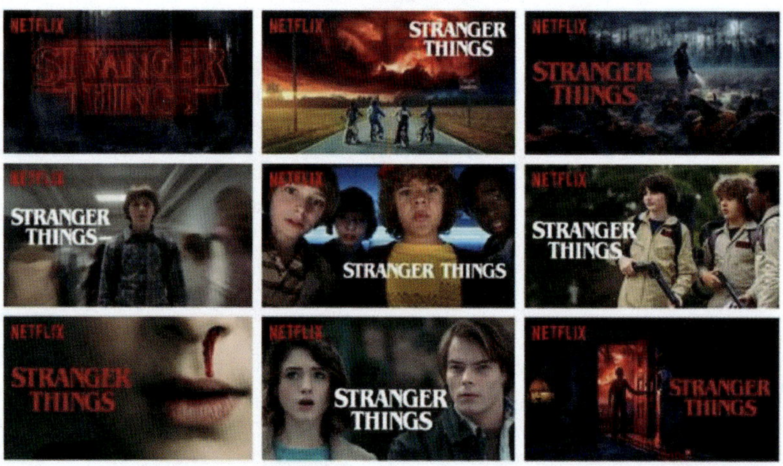

In buona sostanza stiamo assistendo alla trasformazione dell'industria dei media con l'avvento di giganti della tecnologia come Netflix che riscrivono le regole del gioco.

Fare AI e ML in Netflix

I professionisti della AI oggi coinvolti da Netflix ricoprono diversi ruoli a dimostrazione che il legame tra lo sviluppo del business e la capacità di analizzare i dati e costruire sistemi "intelligenti" è ormai strategico.

Data roles at Netflix

- business analyst
- data analyst
- quantitative analyst
- algorithm engineer
- analytics engineer
- data engineer
- data scientist
- machine learning scientist
- research scientist

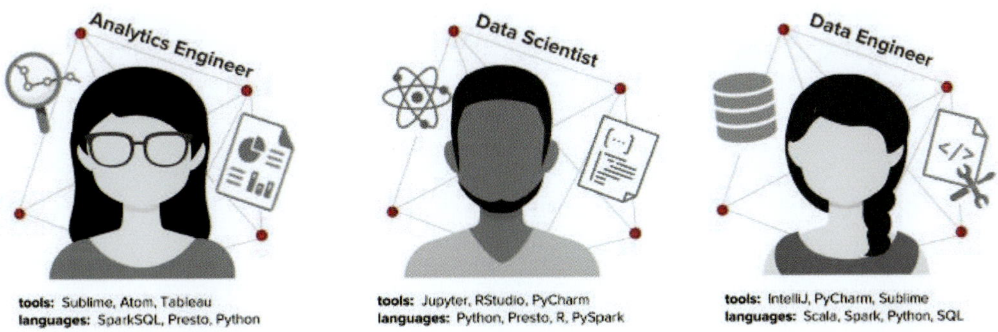

E come è facile immaginare l'area che coinvolge questi professionisti in Netflix diventa sempre più grande e rilevante proporzionalmente alla crescita dell'azienda, passata da 6 milioni di abbonati nel 2006 tutti esclusivamente negli USA fino a 125 milioni in tutto il mondo (dato del 2018).

Fare un elenco delle aree di Netflix in cui vengono utilizzati gli algoritmi di ML è un compito arduo, le più rilevanti ad oggi sono:

- Personalized Ranking
- Top-N Ranking
- Trending now

- Continue watching
- Video-video similarity
- Personalized page generation
- Search
- Personalized image generation
- ...

In tali aree trovano spazio svariati modelli ML come:

- Regressioni (lineari e logistiche)
- Matrix factorization
- Factorization machines
- Clustering & topic models
- Bayesian Nonparametrics
- Tree ensembles (RF, GBDTs, ...)
- Neural Networks
- Gaussian Processes
- Bandits
- ...

L'elenco è riportato solo per esemplificare la vastità e l'importanza del ML nel business di Netflix, è anche interessante riportare il workflow utilizzato in Netflix perché rispetto a quello generico che potete trovare nel capitolo "un workflow di riferimento"

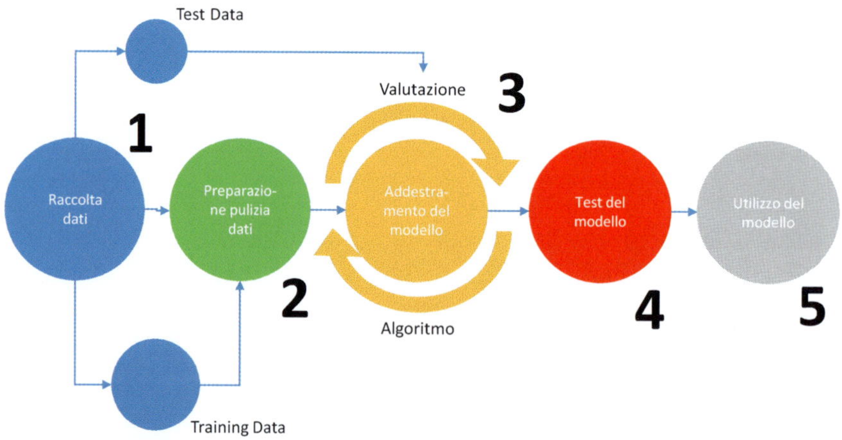

In quello di Netflix si tiene in considerazione la distinzione tra lo scenario "offline" e quello "online" durante l'utilizzo della piattaforma da parte dell'utente, paradigma questo che complica in maniera rilevante l'architettura ML.

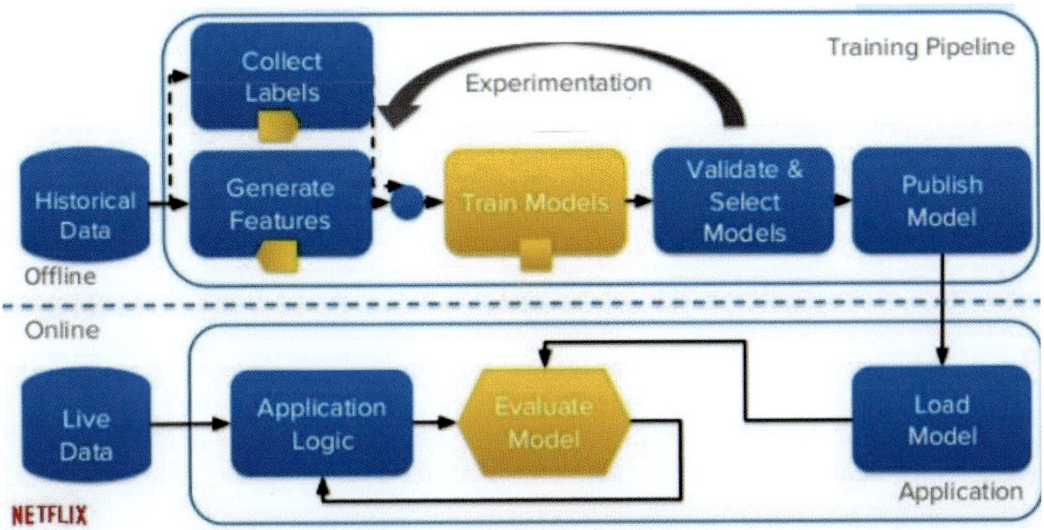

Sarà affascinante vedere come il panorama dei media cambierà nei prossimi anni, ma sembra abbastanza chiaro che la combinazione di dati, la personalizzazione algoritmica e l'enorme investimento di contenuti di Netflix, ci permetteranno di rimanere incollati allo schermo guardando i loro programmi, non so se sia un bene, ma dal punto di vista tecnologico penso sia qualcosa di incredibilmente entusiasmante.

Caso 2: il caso JFK e l'intelligenza artificiale

L'assassinio del presidente Kennedy, avvenuto nel novembre del 1963, è certamente uno degli eventi più rilevanti della storia americana e mondiale e per molti versi anche tra i più oscuri, infatti la tesi del killer solitario (tesi ufficiale e accreditata da due diverse commissioni d'inchiesta) è considerata da molte persone un complotto ordito da "poteri forti" come CIA, FBI, ecc... ad aumentare la forza complottista si sono aggiunte una serie di motivazioni effettivamente "singolari", la prima tra tutte l'assassinio dello stesso Killer, Lee Harvey Oswald, per mano di Jack Ruby, solo due giorni dopo l'uccisione del presidente, venendo così a mancare il principale e unico sospettato.
Non spetta all'AI o al machine learning risolvere un mistero (che ricordiamo, per la giustizia americana, mistero non è) di tali proporzioni, ma un aiuto concreto agli studiosi del caso può invece fornirlo.

Uno dei temi che hanno alimentato il vento del complotto è stato il secretamento per oltre 50 anni di moltissimi documenti ufficiali oggi resi finalmente disponibili e naturalmente rappresentano un materiale prezioso per effettuare ulteriori indagini e per cercare di capire quali legami c'erano tra i protagonisti della triste e contorta vicenda.

Un primo lotto di 6.000 documenti, per oltre 32.000 pagine, è stato rilasciato nel 2017 e altri rilasci si sono poi susseguiti nel 2018 con ulteriori numerosi documenti per un totale di oltre 50.000 documenti (ultimo rilascio il 26 aprile 2018).
I documenti sono accessibili direttamente dagli archivi governativi nel sito appositamente dedicato. Basta un rapido sguardo per capire che qualunque attività di indagine (anche per uno specialista) passa attraverso una lunghissima attività di "analisi" documentale e, indipendentemente dalla competenza del ricercatore, è evidente che una mole di documentazione del genere, anche se contenesse dettagli e legami tra documenti, sarebbe impossibile da sfruttare appieno.

Row Num	Record Num	NARA Release Date	Formerly Withheld	Agency	Doc Date	Doc Type	File Num	To Name	From Name	Title	Num Pages	Originator
1	104-10196-10027	05/04/2018	In Full	CIA	03/24/1975 [PDF]	PAPER-TEXTUAL DOCUMENT	80T01357A		HOCH, PAUL L.	PAPER:CIA ACTIVITIES AND THE WARREN COMMISSION INVESTIGATION	30	CIA
2	180-10073-10321	04/26/2018	Redact		12/03/1976 [PDF]	PAPER-TEXTUAL DOCUMENT	005174 (2 OF 8)	BATES, C.M.	DOWINING, THOMAS N.		1	HSCA
3	157-10014-10187	04/26/2018	Redact	SSCIA	09/09/1975 [PDF]	PAPER-TEXTUAL DOCUMENT	07-M-92			NSA MONITORING	6	SSCIA
4	180-10125-10172	04/26/2018	Redact		07/00/1978 [PDF]	PAPER-TEXTUAL DOCUMENT					100	HSCA
5	144-10001-10163	04/26/2018	Redact	NSA	12/13/1978 [PDF]	PAPER-TEXTUAL DOCUMENT		NSA		records search...	2	NSA

INTERVIEW AND MEETING SUMMARY — Page 1 of 6

INTERVIEW WITH: Mrs. Juanita Moody — FILE:

DATE/TIME/PLACE: September 9, 1975, 9:30 a.m., NSA

PRESENT: Eric Richard, Peter Fenn

RE: NSA Monitoring

Background

Moody began SIGINT work on April 20, 1943, when she was with the Second Signal Service Battalion. She began as a clerk and later, during World War II worked as a cryptanalyst. She then worked for the Army Security Agency, and later, the Armed Forces Security Agency, which is the forerunner of the National Security Agency. Prior to 1961, Moody worked in the Soviet area and analyzed SIGINT traffic. In July 1961, she became the head of G Group which was the NSA section responsible for non-Communist countries. In 1966, she became head of P Group, which included the Information and Reporting element, Customer Relations, the Command Center, the Library, and the Central Reference service. In 1973, she became head of V Group, which included the responsibilities of P Group, as well as research and engineering, requirements, reporting, and the NSOC (National SIGINT Operations Center).

Le figure sopra riportano l'esempio di un elenco accessibile dei documenti sul sito e il pdf del documento selezionato... evidentemente è un'impresa titanica "studiare" e "relazionare" 50.000 documenti tra cui anche documenti scritti "a mano" e non sempre con calligrafie chiarissime.

AI e ML in aiuto...

Corom Thompson e il suo team in Microsoft hanno investito tempo e risorse per configurare una soluzione AI accessibile e immediata che potesse dare un contributo ai ricercatori, la tecnologia utilizzata è basata sullo stack Microsoft ma questo è un aspetto irrilevante per la descrizione dello specifico caso, anche se uno degli obiettivi "indiretti" del team Microsoft era mostrare la qualità degli strumenti e delle piattaforme Microsoft in termini di AI e ML.

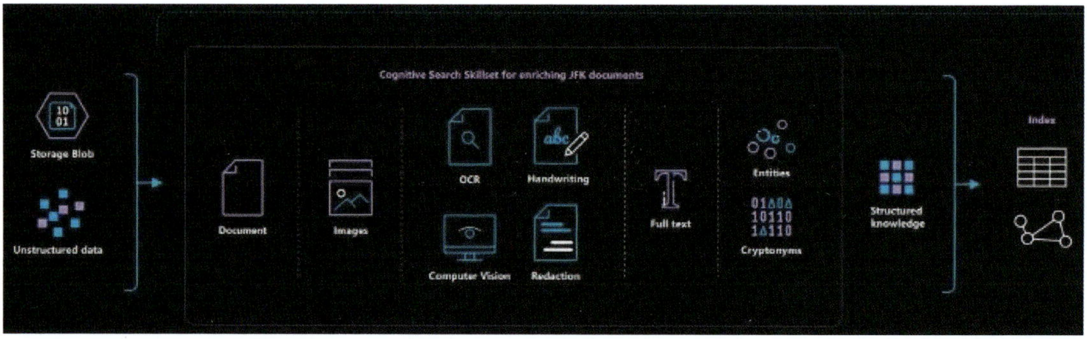

Thompson specifica che "l'esperimento" non vuole indicare un framework di riferimento o un'architettura scalabile per tutti gli scenari, sebbene possa dare un'idea di come potrebbe essere in uno scenario simile.

Schematizzo di seguito l'approccio utilizzato per la costruzione della soluzione citato da Thompson:

1. Il team ha utilizzato un set di documenti PDF JFK e immagini che sono stati caricati nel cloud in Azure Blob Storage.
2. Un servizio di ricerca di Azure è stato utilizzato per indicizzare il contenuto e alimentare l'esperienza utente. Sono state utilizzate funzionalità AI di ricerca cognitiva per creare una knowledge ad hoc.
3. È stato utilizzato un insieme di algoritmi di deep learning per estrarre le informazioni di testo dall'immagine tramite OCR, grafia e sottotitoli di immagini,
4. È stato utilizzato un confronto con un dictionary contenente tutti i nomi rilevanti, per estrarre le entità analoghe riconosciute nei documenti

Ed è proprio l'efficacia degli algoritmi di ML nell'OCR in grado di estrarre informazioni da immagini di documenti scritti a mano che evidenzia la potenzialità di uno strumento simile: 50.000 documenti, centinaia di migliaia di pagine e la possibilità di relazionare diverse entità grazie ad un sistema AI.

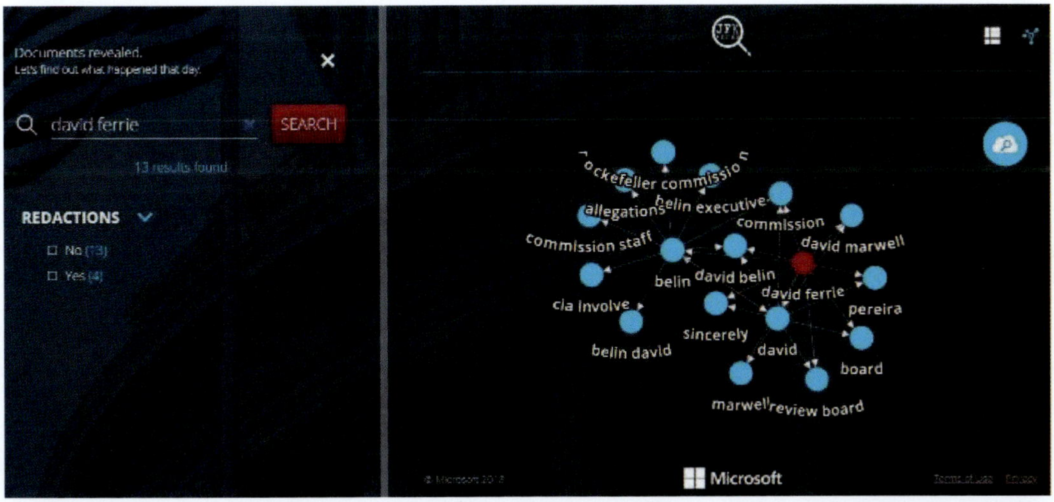

L'immagine sopra mostra le relazioni individuate nel set di documenti trattati dall'esperimento di Thompson e la costruzione di un grafo di relazioni tra il termine ricercato e i termini "connessi".

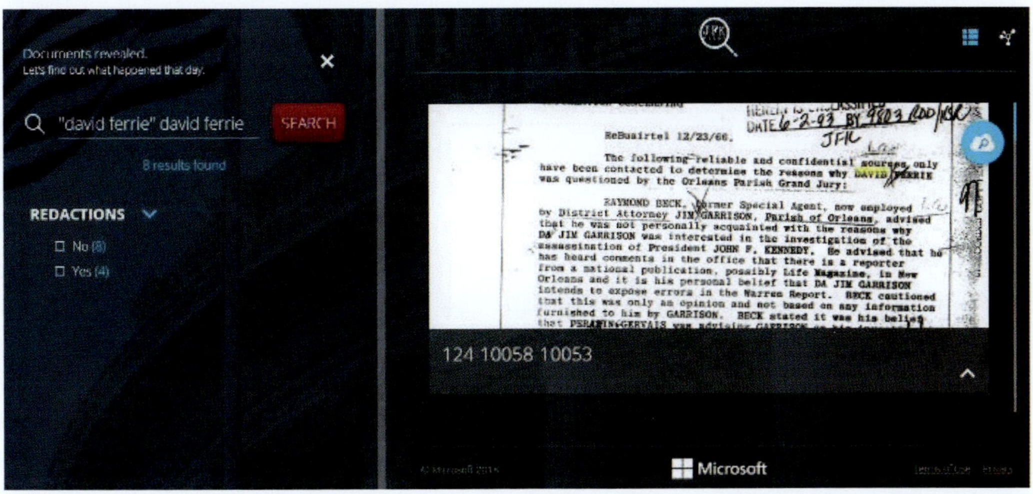

Sopra, nella stessa ricerca, un drill down sul documento che contiene il termine ricercato.

Il vantaggio di un tale strumento è piuttosto evidente: attraverso la navigazione nella rappresentazione grafica è possibile associare più risultati e filtrare con precisione sui documenti comuni alla ricerca.
Per effettuare le vostre personalissime indagini il sito dove il progetto è reso accessibile è questo:

https://jfk-demo.azurewebsites.net

Caso 3: il codice cifrato di Zodiac

il Killer dello Zodiaco (Zodiac Killer, o Zodiac) è un serial killer statunitense che uccise 5 persone fra il 1968 e il 1969 nella California settentrionale. L'appellativo venne coniato dallo stesso assassino in una serie di lettere inviate alla stampa fino al 1974 che contenevano anche quattro crittogrammi o messaggi cifrati, tre dei quali rimangono ancora senza soluzione.

I crimini vennero commessi a Benicia, a Vallejo, al Lago Berryessa e a San Francisco tra il dicembre 1968 e l'ottobre 1969: furono colpiti quattro uomini e tre donne di età comprese fra i 16 e i 29 anni, due di loro sopravvissero alle aggressioni. Gli sono state attribuite anche numerose altre vittime, senza tuttavia sufficienti prove per confermarle.

L'identità del killer rimane sconosciuta. La polizia di San Francisco ha catalogato il caso come "inattivo" nell'aprile del 2004, ma l'ha riaperto nel marzo 2007; anche in altre giurisdizioni il caso rimane aperto.

Il 1º agosto 1969, tre lettere quasi identiche firmate da Zodiac (era la prima volta che veniva usato questo nome) vennero recapitate a tre quotidiani, Vallejo Times-Herald, San Francisco Chronicle e San Francisco Examiner. In esse, Zodiac rivendicava la responsabilità dei tre omicidi e inoltre includeva su ciascuna di esse una terza parte di un crittogramma, per un totale di 408 caratteri (24 righe e 17 colonne), che a suo dire nascondeva la sua identità. Zodiac chiedeva che ciascuna parte fosse stampata sulla prima pagina del rispettivo quotidiano, altrimenti si sarebbe infuriato e avrebbe ucciso una dozzina di persone quel weekend. Tutte e tre le parti del crittogramma furono pubblicate e le minacce non ebbero seguito. Il 4 agosto 1969 un'altra lettera venne recapitata al San Francisco Examiner, con il saluto "Dear Editor This is the Zodiac speaking" ("Caro Direttore Qui è Zodiac che parla"). La lettera era una risposta alla richiesta del commissario Stiltz di Vallejo di fornire ulteriori dettagli sugli omicidi per verificarne l'autenticità. L'8 agosto 1969 due lettori del quotidiano, Donald e Bettye Harden di Salinas, riuscirono a risolvere il crittogramma.

L'immagine sotto riporta il crittogramma e il testo decodificato con una modalità piuttosto semplice di sostituzione.

1. TIMES HERALD 8/1/69

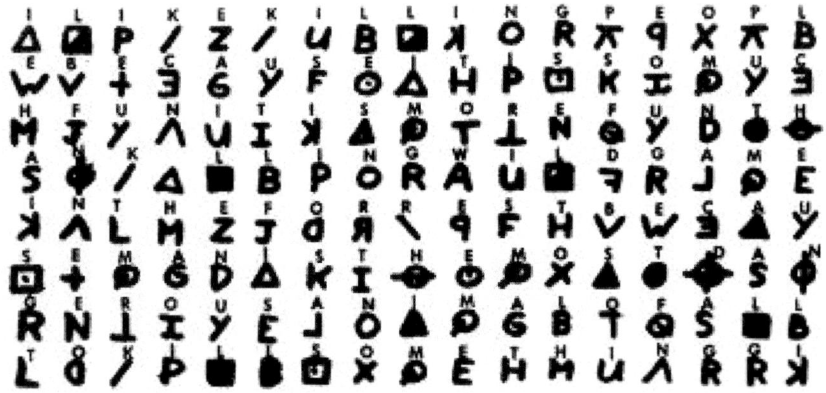

2. CHRONICLE 8/1/69

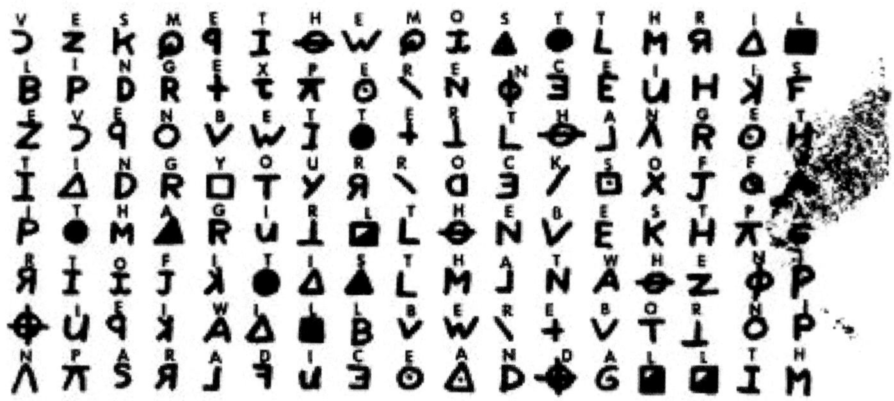

3. EXAMINER 8/1/69

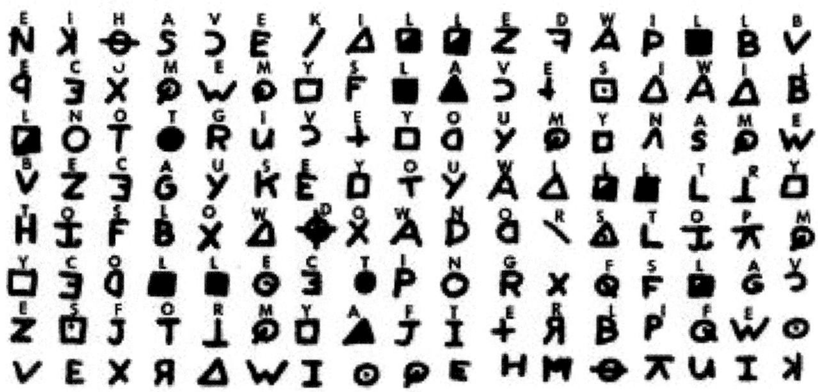

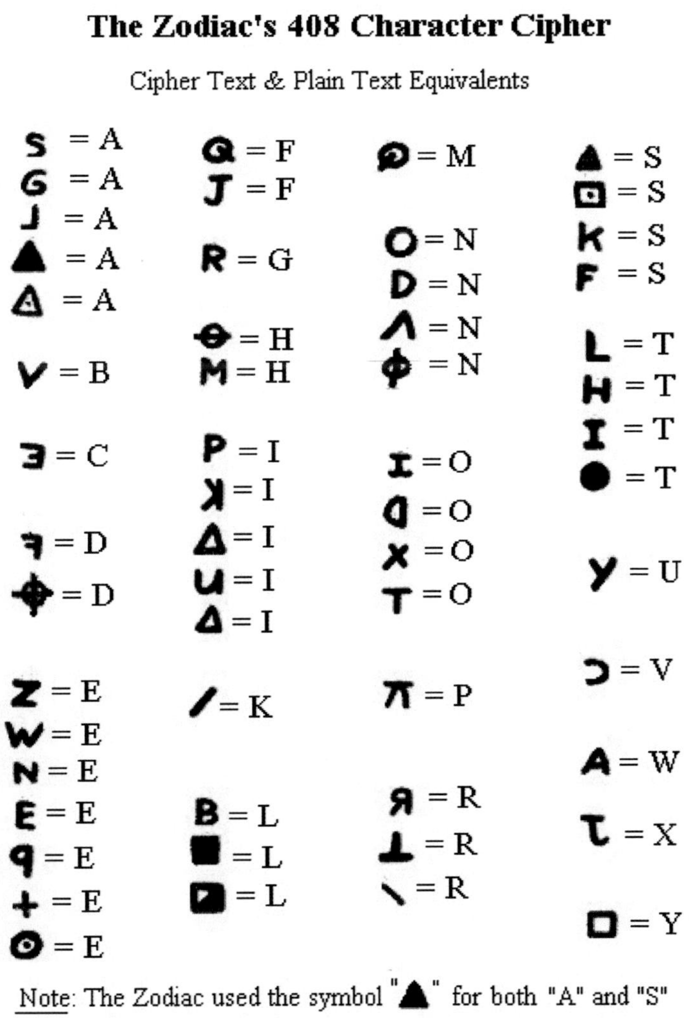

Il testo decodificato riportava l'inquietante vaneggiamento di un folle:

«i like killing people because it is so much fun it is more fun than killing wild game in the forrest because man is the most dangerous anamal of all to kill something gives me the most thrilling experence it is even better than getting your rocks off with a girl the best part of it is that when i die i will be reborn in paradice and all the i have killed will become my slaves i will not give you my name because you will try to sloi down or stop my collecting of slaves for my afterlife ebeorietemethhpiti»

con alcuni errori grammaticali e un ultimo termine EBEORIETEMETHHPITI che è risultato impossibile decifrare.

Pare che la rapidità con cui due appassionati di enigmistica avessero risolto il mistero non piacque all'autore, che successivamente si cimentò con altri crittogrammi che risultano ad oggi indecifrati, tanto che una delle ipotesi più accreditate è che i crittogrammi successivi non abbiano in realtà alcun testo da decifrare e siano solo una provocazione priva di senso dell'autore.

Ma se invece fossero decifrabili ma solo troppo complessi da decifrare? beh quale miglior occasione per tentare con il machine learning.

In un recente lavoro A. Banerjee ha proposto un approccio per tentare di comprendere se uno dei crittogrammi non risolti potesse beneficiare dell'AI e del machine learning per ricavare una soluzione.

Il crittogramma scelto è il crittogramma 340 spedito nel 1969 al quotidiano SF Chronicle

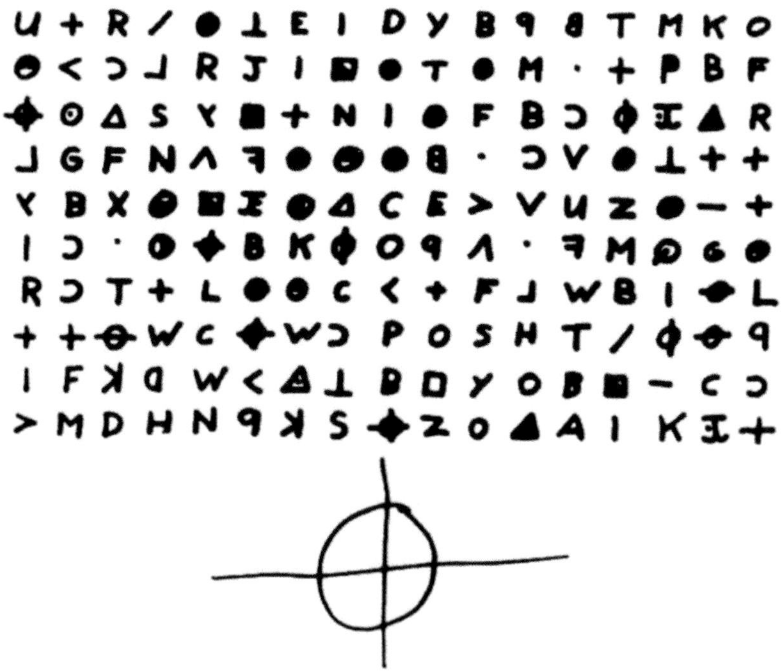

Un recente tentativo di risolvere il codice 340 ha suggerito l'utilizzo di un cifrario omofonico inverso. Un cifrario omofonico inverso ha la proprietà che un simbolo di testo cifrato può rappresentare uno o più caratteri. In pratica, ciò significa che entrambi i simboli " ϕ" e " <" potrebbero tradursi in " a " e / o " f ". Ciò crea un'ulteriore sfida durante la decrittografia perché trovare una possibile rappresentazione in chiaro di un simbolo di testo cifrato, non garantisce che lo stesso carattere inglese in chiaro, sia corretto per la successiva occorrenza di quel simbolo di testo cifrato. La sfida per l'AI è trovare una mappatura omofonica del testo cifrato inversa che dia la soluzione al codice 340.

Trovare tutti i possibili mapping di testo cifrato a mano e verificare la validità dei loro testi in chiaro associati potrebbe richiedere un tempo infinito. Questo è il motivo principale per poter utilizzare e sfruttare il Machine Learning. Per fare ciò, è necessario formalizzare il problema, comprendere i dati disponibili e sviluppare alcuni possibili approcci.

La seguente tabella (Credito: Professor Mark Stamp) rappresenta un modo per rappresentare il testo cifrato di Zodiac 340. Per ciascuno degli indici (i) del testo cifrato, le corrispondenze elencate rappresentano gli indici precedenti che hanno lo stesso simbolo di testo cifrato.

Ad esempio, il simbolo all'indice i = 102 si verifica anche agli indici 47 e 22. Una volta generata una soluzione in chiaro, è possibile verificare se gli indici con gli stessi simboli cifrati coincidono o meno. Idealmente, si vorrebbe generare delle soluzioni che riducano al minimo il numero di omofoni invertiti utilizzati e verificare se è possibile avere da questo approccio i benefici attesi.

Table 1: Constraints

i	match	i	match	i	match	i	match
0	—	34	20	68	—	102	47,22
1	—	35	—	69	—	103	77
2	—	36	—	70	38	104	80,71,64,63,39,19
3	—	37	—	71	64,63,39,19	105	66,31
4	—	38	—	72	48	106	—
5	—	39	19	73	—	107	24
6	—	40	—	74	—	108	—
7	—	41	—	75	16	109	99,67,15
8	—	42	14	76	10	110	40
9	—	43	26	77	—	111	37
10	—	44	21	78	—	112	—
11	—	45	33	79	8	113	42,14
12	—	46	12	80	71,64,63,39,19	114	59,7
13	—	47	22	81	—	115	28
14	—	48	—	82	—	116	72,48
15	—	49	0	83	9	117	46,12
16	—	50	—	84	—	118	76,10
17	—	51	—	85	61,53,52,18,4	119	101,44,21
18	4	52	18,4	86	57	120	113,42,14
19	—	53	52,18,4	87	65,2	121	109,99,67,15
20	—	54	—	88	55,6	122	50
21	—	55	6	89	78	123	32
22	—	56	5	90	56,5	124	74
23	—	57	—	91	62,23	125	102,47,22
24	—	58	30	92	—	126	91,62,23
25	—	59	7	93	58,30	127	104,80,71,64,63,39,19
26	—	60	—	94	75,16	128	68
27	—	61	53,52,18,4	95	—	129	17
28	—	62	23	96	83,9	130	27
29	—	63	39,19	97	89,78	131	116,72,48
30	—	64	63,39,19	98	3	132	127,104,80,71,64,63,39,19
31	—	65	2	99	67,15	133	—
32	—	66	31	100	25	134	117,46,12
33	—	67	15	101	44,21	135	69

Oltre alla tabella sopra, è disponibile una lista di parole usate da Zodiac (che non comunicava solo con crittogrammi ma con estese lettere) e un esempio della sua scrittura in chiaro. L'idea è utilizzare questi termini "specifici e noti" come dati di test e usarli per decifrare il codice.

L'approccio utilizzato

L' approccio generale utilizzato è quello in cui vengono generati possibili esempi di testo in chiaro e quindi confrontati con alcuni vincoli specifici. Il primo vincolo è che l'idea è ridurre il numero di omofoni invertiti come menzionato in precedenza. Inoltre, serve una soluzione che sia "simile all'inglese", ovvero che sia formata da parole reali e mostri un certo senso di struttura grammaticale. Controllare gli indici di corrispondenza di un dato testo in chiaro secondo la tabella sopra riportata è abbastanza facile (Python è utile alla causa...), ma come si può controllare "in stile inglese"?

SVM: Un Support Vector Machine è un modello ML adatto per il compito di NLP (Natural language processing) per determinare se una frase è "simile all'inglese" o meno (cfr. la sezione dedicata nel libro per un dettaglio sul SVM).

Il "Support Vector Machine" (SVM) è un algoritmo di apprendimento automatico supervisionato che può essere utilizzato sia per le sfide di classificazione che di regressione. Tuttavia, è utilizzato principalmente nei problemi di classificazione, l'idea è addestrare un SVM su vettori di caratteristiche di inglese sia comprensibile che senza senso.

In particolare, gli SVM sono dei modelli di apprendimento supervisionato associati ad algoritmi di apprendimento per la regressione e la classificazione. Dato un insieme di esempi per l'addestramento (training set), ognuno dei quali etichettato con la classe di appartenenza fra le due possibili classi, un algoritmo di addestramento per le SVM costruisce un modello che assegna i nuovi esempi ad una delle due classi, ottenendo quindi un classificatore lineare binario non probabilistico. Un modello SVM è una rappresentazione degli esempi come punti nello spazio, mappati in modo tale che gli esempi appartenenti alle due diverse categorie siano chiaramente separati da uno spazio il più possibile ampio. I nuovi esempi sono quindi mappati nello stesso spazio e la predizione della categoria, alla quale appartengono, viene fatta sulla base del "lato" nel quale ricade.

Oltre alla classificazione lineare è possibile fare uso delle SVM per svolgere efficacemente la classificazione non-lineare utilizzando il metodo kernel, mappando implicitamente i loro input in uno spazio delle feature multi-dimensionale.

Quando gli esempi non sono etichettati è impossibile addestrare in modo supervisionato e si rende necessario l'apprendimento non supervisionato, questo approccio cerca di identificare i naturali cluster in cui si raggruppano i dati, mappando successivamente i nuovi dati nei cluster ottenuti. L'algoritmo di clustering a vettori di supporto, creato da Hava Siegelmann e Vladimir N. Vapnik, applica le statistiche dei vettori di supporto, sviluppate negli algoritmi delle SVM, per classificare dati non etichettati, ed è uno degli algoritmi di clustering maggiormente utilizzato nelle applicazioni industriali.

Le macchine a vettori di supporto possono essere pensate come una tecnica alternativa per l'apprendimento di classificatori polinomiali, contrapposta alle tecniche classiche di addestramento delle reti neurali artificiali.

Le reti neurali ad un solo strato hanno un algoritmo di apprendimento efficiente, ma sono utili soltanto nel caso di dati linearmente separabili. Viceversa, le reti neurali multistrato possono rappresentare funzioni non lineari, ma sono difficili da addestrare a causa dell'alto numero di dimensioni dello spazio dei pesi e poiché le tecniche più diffuse, come la back-propagation, permettono di ottenere i pesi della rete risolvendo un problema di ottimizzazione non convesso e non vincolato che, di conseguenza, presenta un numero indeterminato di minimi locali.

La tecnica di addestramento SVM risolve entrambi i problemi: presenta un algoritmo efficiente ed è in grado di rappresentare funzioni non lineari complesse. I parametri caratteristici della rete sono ottenuti mediante la soluzione di un problema di programmazione quadratico-convesso con vincoli di uguaglianza o di tipo box (in cui il valore del parametro deve essere mantenuto all'interno di un intervallo), che prevede un unico minimo globale.

Per creare la classe positiva (Punteggio: 1) con i vettori, sono stati utilizzati i segmenti di 136 caratteri (esclusi spazi) dal Corpus Brown, un set di dati della lingua inglese.

La linguistica dei "Corpus" rappresenta una disciplina scientifica ormai giunta alla sua compiutezza; in cinquant'anni di attività, grazie alla moltitudine dei gruppi di ricerca in essa operanti, è riuscita a conquistarsi una posizione di centralità indiscussa nel panorama scientifico nazionale e internazionale. Servendosi di strumenti di analisi quantitativa e statistica, esplora le regolarità linguistiche che emergono dai testi e che costituiscono la base per la descrizione della struttura del linguaggio. L'obiettivo principale è quello di sviluppare modelli del funzionamento del linguaggio umano traducibili in programmi che possano essere eseguiti da calcolatore elettronico; in tal modo, esso può acquisire le competenze necessarie per comunicare direttamente nella nostra lingua.

Per la classe negativa (Punteggio 2), saranno mescolati casualmente il Corpus di Brown a livello di parole e quindi verranno scelti segmenti della stessa lunghezza.

Nell'immagine sotto il punteggio 1 indica un inglese "comprensibile" mentre il punteggio 0 è attribuito ad un inglese senza senso

Example Feature Vector:	Score
hingoftumblingdownstairshowbravetheyllallthink...	1
owndowndownwouldthefallnevercometoanendiwonder...	1
woodenliningbeautihintqueenfuriousgrandfathers...	0
crabwhisperedsomeonesmellkeepingarmlessmindswa...	0

L'algoritmo SVM ha bisogno di un modo per tracciare il nostro set di dati al fine di trovare una separazione che consenta di definire due classi. Prima di poter fornire dati al modello ML è però necessario fare un ulteriore passaggio di elaborazione: infatti alcune parole in una frase possono indicare più contesti rispetto al significato della frase, inoltre, alcune parole possono verificarsi con un'alta frequenza, ma contribuiscono poco al contesto generale di una frase.

Alcune strategie di NLP possono contribuire a ricavare il significato dell'occorrenza di una parola in un documento: in pratica, sarà enfatizzata la parola "uccidere" sull'articolo "il" certamente più opportuna per un tipo come Zodiac...

Tali strategie (una è chiamata TfidfVectorizer) vengono utilizzate per far sì che l'algoritmo SVM possa contestualizzare una stringa contigua in parole separate con diversa rilevanza.

Il passo successivo seguito da Banerjee è stato quello di utilizzare l'algoritmo dell'area delle reti neurali ricorrenti (RNN) denominato LSTM (Long Short Term Memory), Gli LSTM eccellono nell'apprendimento, nell'elaborazione e nella classificazione dei dati sequenziali. Le aree di applicazione comuni includono analisi del sentimento, modellazione del linguaggio, riconoscimento vocale e analisi video.

L'idea è far costruire agli LSTM una frase "simil-inglese" attorno ad una parola chiave e verificare rispetto alla tabella di corrispondenza del crittogramma riportato sopra quali frasi "simili all'inglese" avrebbero ottenuto il punteggio più alto.

L'elaborazione ha portato come frase con il più alto punteggio e con il numero di indici più alto la seguente:

Zodiac wonder why i was wiping the cab down i was leaving fake clues for the police to run all over town as one might.

Purtroppo, Banerjee riporta che solo 4 degli indici corrispondono, numero molto inferiore al necessario, questo è lo scotto da pagare perché il set di dati di addestramento dedotto dagli scritti originali di Zodiac è molto piccolo.

Anche se, in fin dei conti, non è stato (ad oggi) possibile decifrare il codice Zodiac 340, è stato invece possibile verificare un modello di ML su un problema cosi "famoso" di NLP. Alla fine, il modello è stato in grado di produrre diverse frasi (piuttosto morbose e creative) che Zodiac avrebbe potuto benissimo dire (per come si esprimeva nei suoi scritti "in chiaro").

Ecco di seguito alcune frasi (con punteggio inferiore rispetto a quella riportata in precedenza) elaborate dal modello utilizzando alcune parole chiavi:

Parola chiave: Private

Private dress like a guy who doenst cry a and the singularly abonormally the girl who never kissed i dont think she would be missed im.

Parola chiave: Kill

Kill pleas for water and i shall laugh at them others will hang by their thumbs and burn in the sun then i will rub them.

Parola chiave: Night

night they did not openly state this but implied this by saying it was a well lit night i could see the silhouettes on the horizon.

PARTE III

UNA DESCRIZIONE "LIGHT" DEI PRINCIPALI ALGORITMI DI MACHINE LEARNING

Una sezione del libro con un semplice obiettivo: cercare di descrivere ad alto livello i principali algoritmi per dotare il lettore del giusto glossario e delle idee di base che consentono una buona comprensione dei temi tecnici trattati.

Supervised ML

Come ho già evidenziato in precedenza, si definisce ML Supervised (supervisionata) quando un sistema è istruito utilizzando una base dati costituita da esempi e modelli decodificati di riferimento.

Classification

La classificazione viene utilizzata per prevedere la classe di cui fa parte uno specifico punto dati, che di solito è un valore discreto. Ad esempio, con la classificazione possiamo prevedere se una persona può essere considerata affidabile o non affidabile nel momento in cui gli si debba concedere un prestito: le classi sono infatti discrete "è affidabile", "non è affidabile".

La classificazione implica essenzialmente l'assegnazione di variabili di input (X) alla classe a cui probabilmente appartengono, in base a un modello di classificazione creato dai dati di training già correttamente classificati. I dati etichettati vengono utilizzati per addestrare un classificatore in modo che l'algoritmo funzioni bene su dati nuovi che non hanno ancora una classe.

Naïve Bayes

Questo è un algoritmo piuttosto semplice da implementare. Un caso d'uso classico per Naive Bayes è la classificazione di un documento in cui si determina se un dato documento di testo corrisponde a una o più categorie. Può essere usato per classificare se un'e-mail è spam o non spam o per classificare un articolo di notizie su tecnologia, politica o sport; nonostante i grandi progressi del Machine Learning negli ultimi anni, Naive Bayes ha dimostrato non solo di essere semplice ma anche veloce, preciso e affidabile. È stato utilizzato con successo per molti scopi, ma funziona particolarmente bene con problemi di elaborazione del linguaggio naturale (NLP).

Naive Bayes è una famiglia di algoritmi probabilistici che sfruttano la teoria della probabilità e il Teorema di Bayes per prevedere (ad esempio) l'etichetta di un testo (come una notizia o una recensione del cliente). Sono probabilistici, il che significa che calcolano la probabilità di ogni etichetta per un determinato testo e quindi scelgono l'etichetta con il punteggio più alto.

il Teorema di Bayes descrive la probabilità di una caratteristica, in base alla conoscenza precedente delle condizioni che potrebbero essere correlate a quella caratteristica.

$$P(A_i|E) = \frac{P(E|A_i)P)(A_i)}{P(E)} = \frac{P(E|A_i)P)(A_i)}{\sum_{j=1}^{n} P(E|A_i)P)(A_i)}$$

Dove:

- *P(A) è la probabilità a priori o probabilità marginale di A. "A priori" significa che non tiene conto di nessuna informazione riguardo E.*
- *P(A|E) è la probabilità condizionata di A, noto E. Viene anche chiamata probabilità a posteriori, visto che è derivata o dipende dallo specifico valore di E.*
- *P(E|A) è la probabilità condizionata di E, noto A.*
- *P(E) è la probabilità a priori di E, e funge da costante di normalizzazione.*

Intuitivamente, il teorema descrive il modo in cui le opinioni nell'osservare A siano arricchite dall'aver osservato l'evento E.

K-NN

K-Nearest Neighbours viene spesso utilizzato nelle applicazioni di ricerca in cui si cercano elementi "simili". Uno dei tipici casi d'uso della ricerca K-NN riguarda lo sviluppo di sistemi di raccomandazione tanto utilizzati dal marketing.

Date le sue caratteristiche K-NN potrebbe, e probabilmente dovrebbe, essere una delle prime scelte per uno studio di classificazione quando c'è poca o nessuna conoscenza precedente sui dati di distribuzione. Una delle sue caratteristiche è quella di essere un algoritmo piuttosto veloce perché la fase di addestramento è generalmente piuttosto minimale.

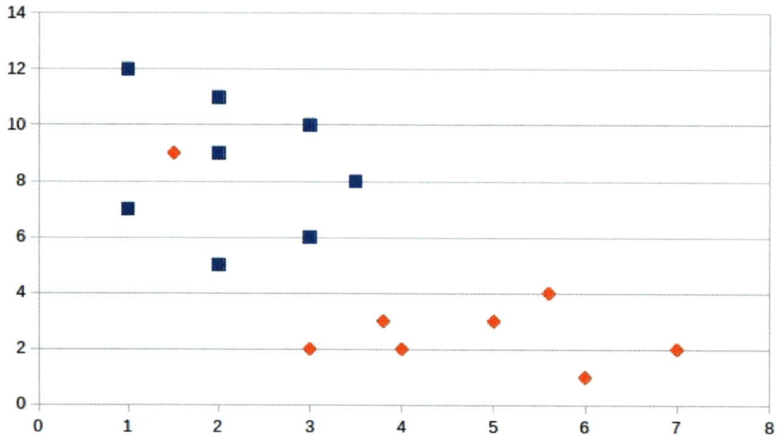

L'immagine sopra riporta la distribuzione di due distinti set di dati classificati come rombi e quadrati, questi set di dati noti sono di fatto il set di training, la loro distribuzione e l'algoritmo K-NN consentiranno di attribuire alla giusta classe nuovi dati non classificati (nell'immagine sotto triangoli):

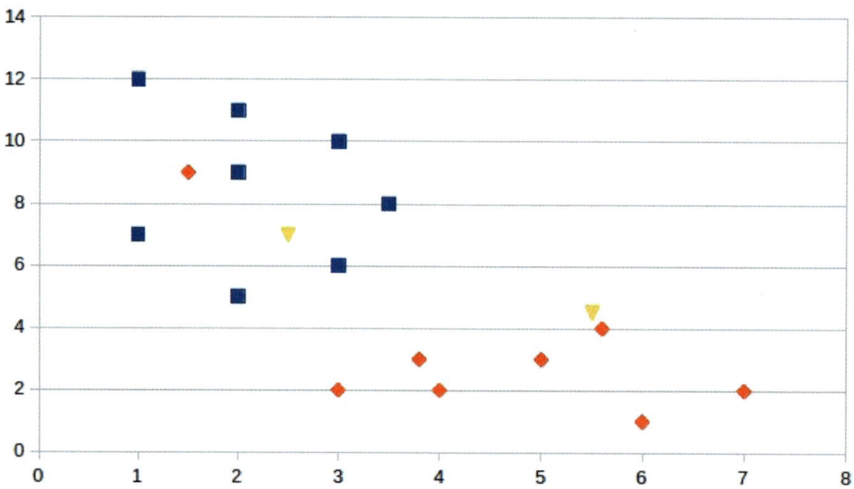

L'algoritmo K-NN consente di classificare i dati "triangoli" sulla base del set di dati di training rombi e quadrati.

Ora, dato un punto non classificato, possiamo assegnarlo a un gruppo osservando a quale gruppo appartengono **i vicini più vicini**. Ciò significa che un punto vicino a un gruppo di punti classificati come "rombi" ha una maggiore probabilità di essere classificato come "rombo".

Intuitivamente, possiamo vedere che il primo punto (2.5, 7) dovrebbe essere classificato come "quadrato" e il secondo punto (5.5, 4.5) dovrebbe essere classificato come "rombo".

Come intuibile possiamo utilizzare per il calcolo della distanza le distanze euclidee sul piano cartesiano in modo da poter definire univocamente i vicini più vicini.

$$d(P1, P2) = \sqrt{(x_2 - x_1)^2 + (y_2 - y_1)^2}$$

Rilevante nell'algoritmo è l'utilizzo del parametro K.

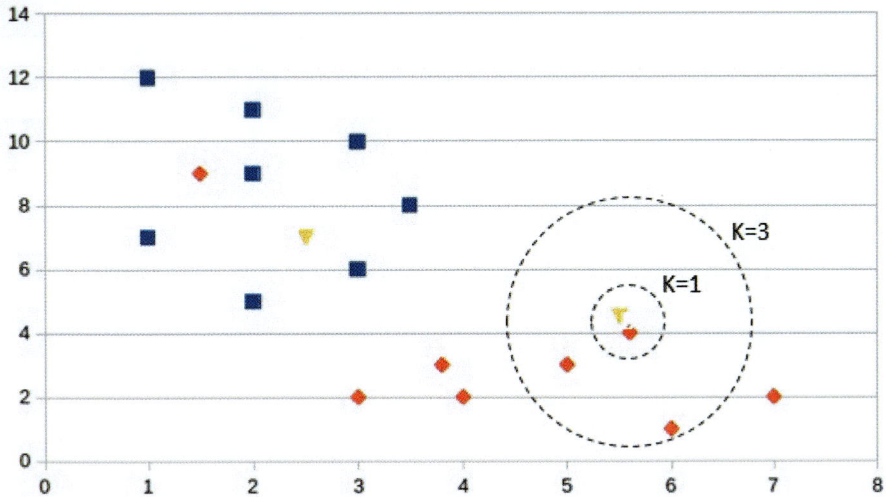

Il parametro K, come si vede, è determinante e non è ovvio come sceglierlo. Può essere visto come un parametro di "smoothing" nel senso che più è piccolo k, più l'assegnamento di regioni dello spazio a classi diverse cambia in maniera repentina. Ad esempio, se K=N, qualunque nuovo punto verrà assegnato sempre alla stessa classe (quella più numerosa nel dataset), mentre se K=1, un nuovo punto prenderà sempre il colore del punto ad esso più vicino, anche se fosse l'unico triangolo in mezzo a mille rombi.

Support Vector Machine

Questo algoritmo può essere utilizzato sia per problemi di regressione che di classificazione. Tuttavia, è utilizzato principalmente nei problemi di classificazione. Ha numerosissimi casi d'uso come il rilevamento dei volti, il riconoscimento della grafia e la classificazione delle immagini, solo per citare i più noti.

Gli SVM sono basati sull'idea di trovare un iperpiano che divida al meglio un set di dati in due classi, come mostrato nell'immagine seguente.

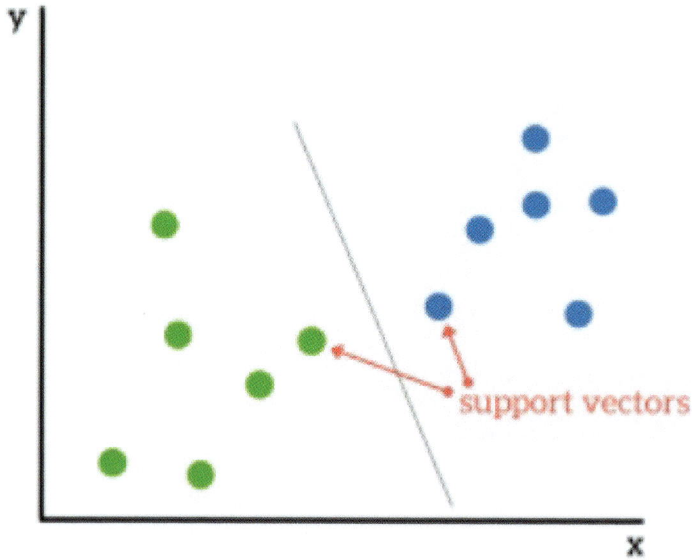

I vettori di supporto sono i punti dati più vicini all'iperpiano, i punti di un set di dati che, se rimossi, altererebbero la posizione dell'iperpiano di divisione. Per questo motivo, possono essere considerati gli elementi critici di un set di dati.

Per chiarire il concetto di iperpiano ipotizziamo un semplice esempio, per un'attività di classificazione con solo due funzioni (come l'immagine sopra), possiamo pensare a un iperpiano come una linea che separa e classifica linearmente un insieme di dati.

Intuitivamente, più lontano dall'iperpiano si trovano i nostri punti, più siamo fiduciosi che siano stati classificati correttamente. Pertanto, è rilevante che i nostri punti siano il più lontano possibile dall'iperpiano, pur rimanendo nella parte corretta.

Quindi, quando vengono aggiunti nuovi dati di test in base al "lato" dell'iperpiano in cui i dati finiscono saranno assegnati alla specifica classe.

La distanza tra l'iperpiano e il punto dati più vicino da entrambi i set è definita come margine. L'obiettivo è quello di scegliere un iperpiano con il maggior margine possibile tra l'iperpiano e qualsiasi punto all'interno del set di allenamento, dando una maggiore possibilità che i nuovi dati vengano classificati correttamente.

Naturalmente un caso comune è quello in cui il margine non è chiaramente definibile come nell'immagine sotto riportata a destra:

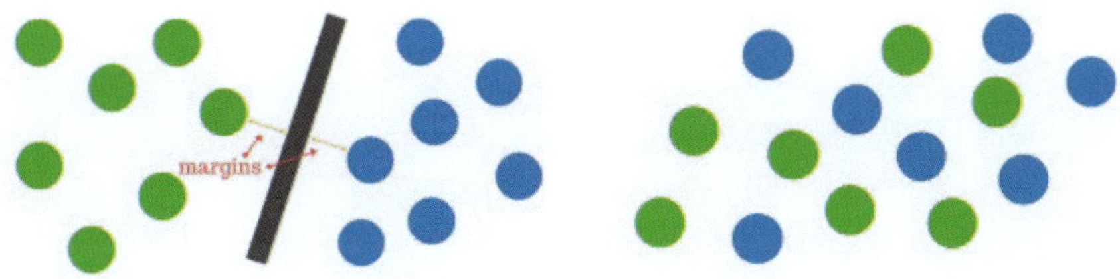

Per capire come l'algoritmo può "gestire" anche il caso di destra possiamo immaginare che l'immagine di destra rappresenti dei palloncini visti dall'alto: quelli verdi sono vicini al pavimento, mentre quelli blu sono sospesi verso il soffitto, passando da una visualizzazione 2D piatta a una 3D possiamo individuare l'iperpiano anche in questa condizione:

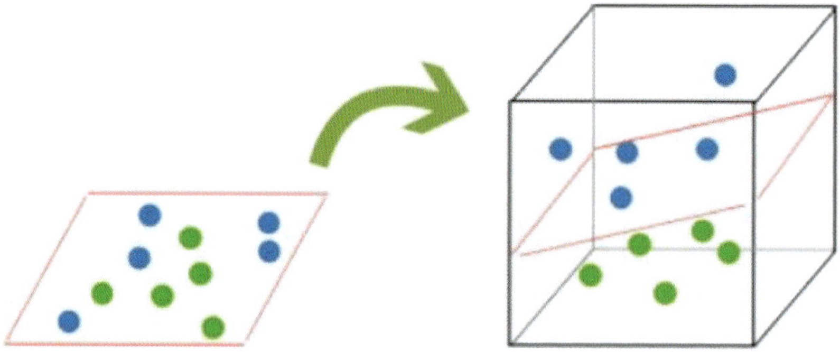

Senza complicare ulteriormente va da sé che è possibile avere un numero di dimensioni maggiore di 3... fino al limite in cui un iperpiano non potrà più essere definito.

Decision tree

Gli alberi decisionali (Decision tree) vengono utilizzati sia nei problemi di regressione che in quelli di classificazione. Un albero decisionale può essere utilizzato per rappresentare visivamente ed esplicitamente le decisioni e il processo decisionale.

Un Albero decisionale è un modello predittivo supervisionato che può imparare a prevedere uscite discrete o continue rispondendo a una serie di domande semplici basate sui valori delle caratteristiche di input che riceve.

Gli alberi decisionali utilizzano attributi diversi per suddividere ripetutamente i dati ricevuti in sottoinsiemi e ripete il processo fino a quando i sottoinsiemi sono puri. Puro significa che tutti condividono lo stesso valore obiettivo.

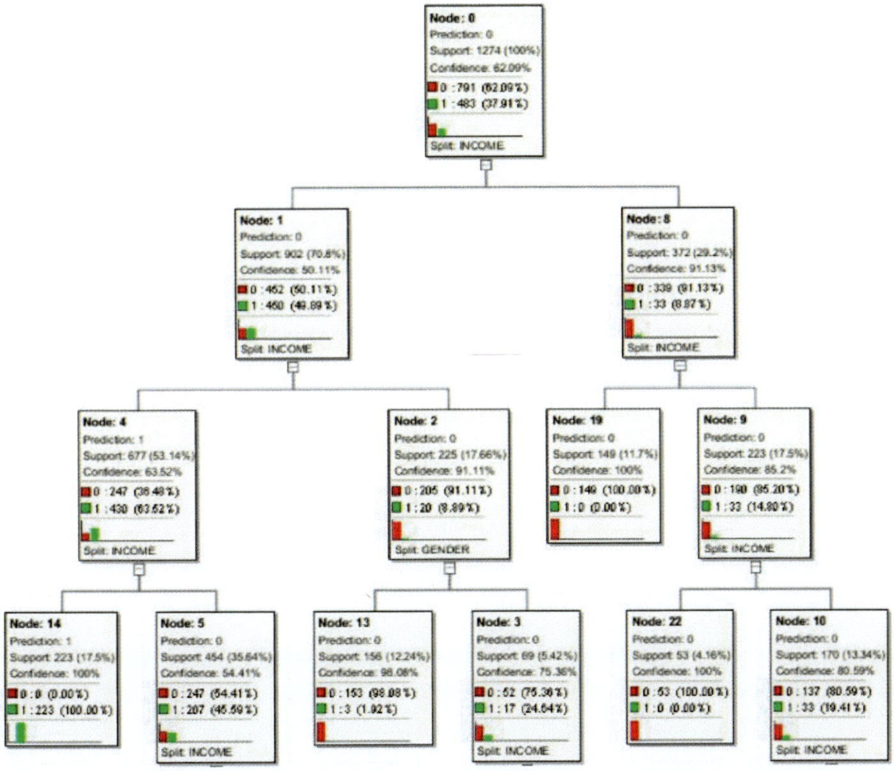

Per misurare la purezza o l'incertezza di un sottoinsieme, dobbiamo fornire una misura quantitativa in modo che l'algoritmo possa essere oggettivo quando si sceglie l'attributo e la condizione migliori da suddividere. Esistono diversi modi per misurare l'incertezza in un insieme di valori fra questi l'Entropia (rappresentato da "H") è uno dei più utilizzati.

$$H(X) = -\sum_{i=1}^{n} p_i \log p_i$$

Dove X è la divisione risultante, n è il numero di diversi valori obiettivo nel sottoinsieme, e p_i è la proporzione dell'i-esimo valore bersaglio nel sottoinsieme.

Infine, è importante determinare come misurare l'impurità "residua" dei sottoinsiemi risultanti una volta che sono stati scelti un attributo e una condizione. Per fare ciò, abbiamo bisogno di un modo per aggregare l'impurità di tutti i sottoinsiemi in una misura. Questo viene fatto usando la misura di guadagno delle informazioni, che misura la diminuzione prevista dell'impurità dopo una divisione. Questa formula per il guadagno di informazioni è:

$$Gain(S, D) = H(S) - \sum_{V \in D} \frac{|V|}{|S|} H(V)$$

S rappresenta il sottoinsieme prima di qualsiasi divisione e D rappresenta i possibili risultati della divisione utilizzando un determinato attributo e condizione. V presume che tutti i valori D possano essere misurati uno per uno. Le linee parallele su V e S denotano la dimensione del set.

In parole semplici: il guadagno calcola la differenza di entropia prima e dopo la divisione.

Random Forest

La random forest è un classificatore d'insieme che è composto da molti decision tree e dà in uscita la classe che corrisponde all'uscita delle classi degli alberi presi individualmente.

Nella random forest ogni albero è costruito su un campione casuale dai dati originali, inoltre in ciascun nodo dell'albero, un sottoinsieme di funzioni viene selezionato in modo casuale per generare la divisione migliore.

Lo scopo di utilizzare la random forest è quello di combinare la predizione di molti alberi decisionali per migliorare la generalizzazione delle regole di classificazione. Per farlo, si costruiscono più decision tree su una parte dei dati disponibili, dove i singoli esempi vengono scelti in maniera casuale. Oltre ad una scelta casuale dei dati anche il numero di variabili selezionate viene scelto casualmente tra quelle disponibili. Con una random forest potremmo dare in input tutte le variabili insieme, ogni albero sceglierà il suo set di variabili e costruirà un modello di conseguenza.

Utilizzare la random forest è decisamente più produttivo rispetto ad usare un singolo decision tree, poiché abbassa la varianza del modello, anche se ne aumenta il bias, nel caso dei decision tree però l'aumento del bias è generalmente trascurabile perché è sempre molto basso nel caso dei decision tree. Arricchendo la random forest con molti decision tree si migliora l'affidabilità del modello.

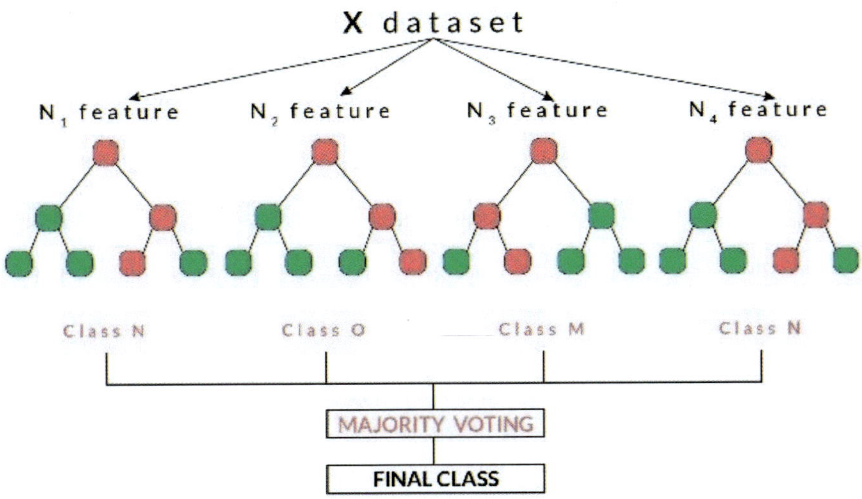

Credit: QuantInsti Blog

L'immagine sopra mostra come ogni albero decisionale ha previsto una classe specifica. L'output finale della random forest sarà la Classe N, in quanto è l'output previsto da due dei quattro alberi decisionali.

Regression

La regressione è utilizzata per prevedere un valore continuo. La previsione dei prezzi di una casa in base alle caratteristiche di una casa come le dimensioni, il prezzo ecc. È uno degli esempi comuni di regressione.

Linear regression

Questo è uno dei tipi più comuni e interessanti di tecnica di regressione, in un capitolo nella quarta parte del libro è possibile approfondire con un maggiore dettaglio alcune caratteristiche della regressione lineare.

La regressione lineare si basa su una funzione in cui una variabile target Y è derivabile da una variabile di input X.

$$Y = \theta_0 + \theta_{1^x} \qquad f(Y) = a(x) + b$$

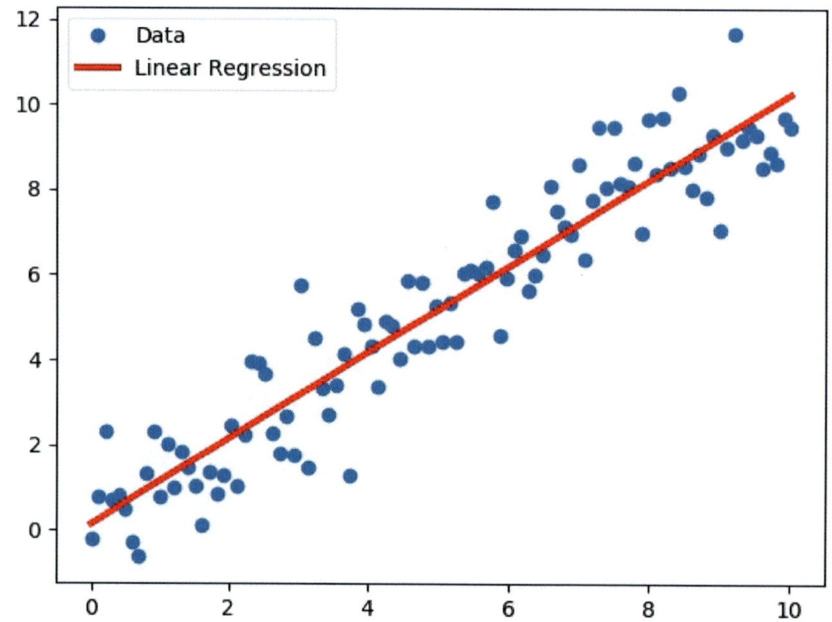

Durante il training e la costruzione di un modello di regressione, sono i coefficienti ***a*** e ***b*** della funzione che vengono appresi e adattati ai dati di training. Lo scopo del training è quello di trovare una linea ottimale, in modo tale che la funzione di costo sia ridotta al minimo. La funzione di costo aiuta a misurare l'errore. Durante il processo di training si cerca di ridurre al minimo l'errore tra i valori effettivi e previsti e quindi di ridurre al minimo la funzione di costo.

Una specifica grandezza chiamata R^2 fornisce un valore compreso tra 0 e 1 che evidenzia la "qualità" della previsione.

Polynomial regression

La regressione polinomiale aumenta la complessità della linea di regressione aumentandone il grado con l'obiettivo di migliorare il modello aumentando il valore di R^2

$$Y = \theta_0 + \theta_{1^x} + \theta_{2^{x^2}}$$

La funzione sopra riportata è ancora considerata come un lineare in quanto i coefficienti / pesi associati alle caratteristiche sono ancora lineari. x^2 è solo una funzionalità. Tuttavia, la curva che stiamo adattando è di natura quadratica.

Per convertire le funzionalità originali in termini di ordine superiore è possibile utilizzare una delle tante classi messe a disposizioni dalle librerie ML come Scikit-learn, una volta convertita la funzionalità sarà possibile addestrare il modello usando la regressione lineare.

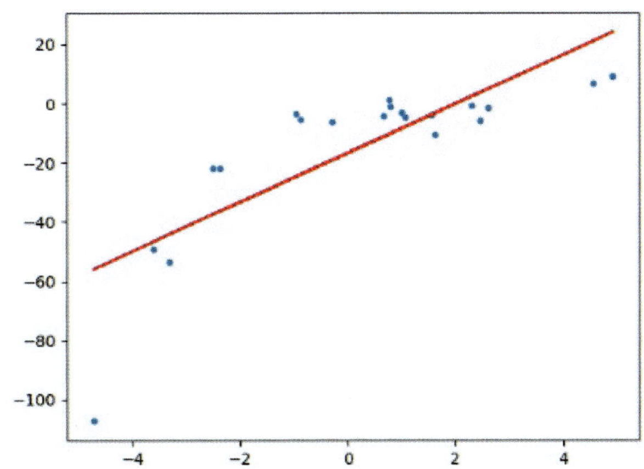

Sopra un esempio di distribuzione dati in cui la regressione lineare ha un R^2 troppo basso per poter sfruttare la semplice regressione lineare

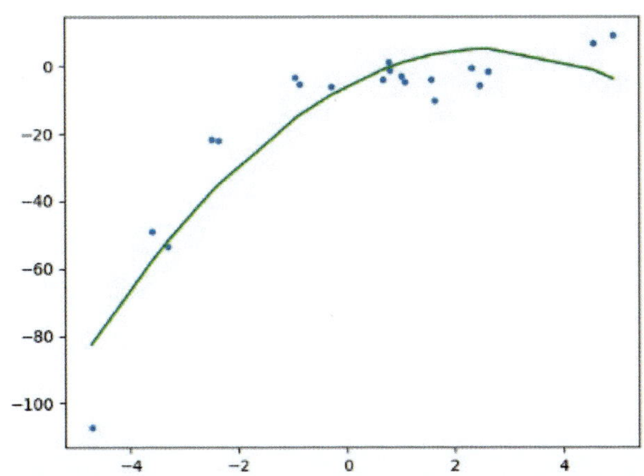

Sopra lo stesso esempio ma con una regressione polinomiale (di secondo grado) che presenta un R^2 migliore.

La tentazione potrebbe essere quella di aumentare il grado della funzione fino ad ottenere un R^2 prossimo a 1, ma in tal caso s'incorrerebbe in un problema di overfitting perché il modello catturerebbe anche il rumore dei dati presenti rispondendo perfettamente al training set senza però poi poter effettuare previsioni su nuovi dati.

Come possiamo scegliere un modello ottimale? Per rispondere a questa domanda, dobbiamo capire il compromesso tra due grandezze denominate **bias** e **varianza**.

Il **bias** si riferisce all'errore dovuto alle ipotesi semplicistiche del modello nella costruzione dei dati. Un elevato bias significa che il modello non è in grado di catturare i pattern nei dati (underfitting).

La **varianza** si riferisce all'errore dovuto al modello complesso che tenta di adattare i dati. Elevata varianza significa che il modello passa attraverso la maggior parte dei punti dati e risulta in un adattamento eccessivo dei dati (overfitting).

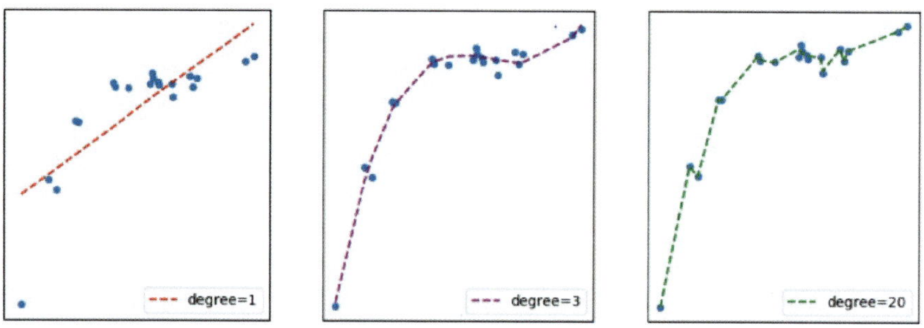

Underfit
Bias Alto
Varianza bassa

Corrispondenza ideale
Bias basso
Varianza bassa

Overfit
Bias basso
Varianza alta

Dall'immagine sottostante possiamo osservare che quando la complessità del modello aumenta, il bias diminuisce e la varianza aumenta e viceversa. Idealmente, un modello di apprendimento automatico dovrebbe avere bassa varianza e bassa bias. Ma praticamente è impossibile avere entrambi. Pertanto, per ottenere un buon modello che funzioni bene sia sul training che sui dati da prevedere, viene effettuato un compromesso.

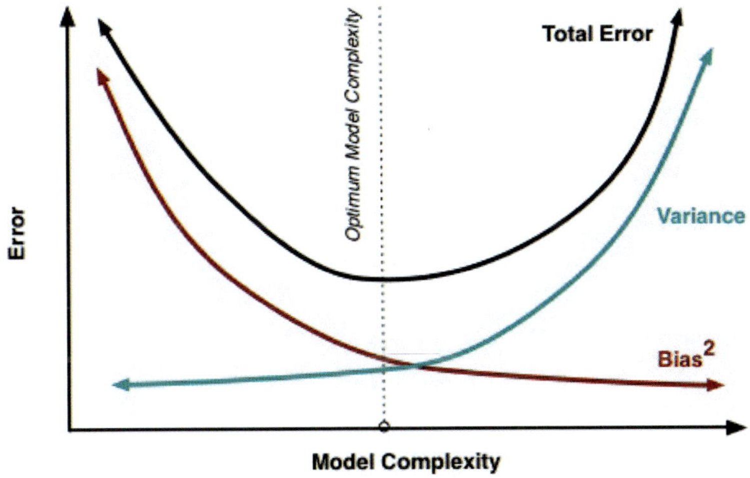

Un'altra rappresentazione che visualizza bene il rapporto bias vs varianza rispetto al giusto equilibrio è la seguente:

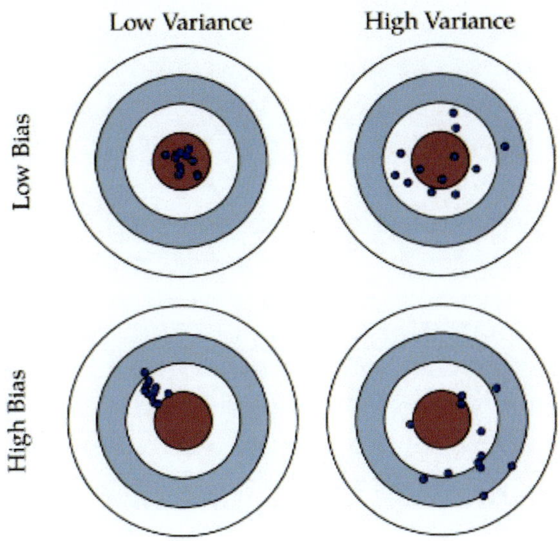

Ridge/Lasso regression

La regressione lasso è un tipo di regressione lineare che utilizza il restringimento. Il restringimento si ha dove i valori dei dati vengono ridotti verso un punto centrale, come la media campionaria. La procedura lasso favorisce i modelli semplici. Questo particolare tipo di regressione è adatto per i modelli che mostrano alti livelli di muticollinearità o quando si desidera automatizzare alcune parti della selezione del modello, come la selezione di variabili / l'eliminazione dei parametri.

La multicollinearità si verifica generalmente quando vi sono alte correlazioni tra due o più variabili predittive. In altre parole, una variabile predittore può essere utilizzata per prevedere l'altra. Ciò crea informazioni ridondanti, distorcendo i risultati in un modello di regressione. Esempi di variabili predittive correlate (chiamate anche predittori multicollineari) sono: altezza e peso di una persona, età e prezzo di vendita di un'auto, o anni di istruzione e reddito annuale.

La regressione ridge è anch'essa un tipo di regressione regolarizzato come la regressione lasso, con la differenza che nella regressione lasso il termine di regolarizzazione è in valore assoluto, la regolarizzazione implica l'introduzione di ulteriore informazione allo scopo di risolvere un problema mal condizionato o per prevenire l'eccessivo adattamento. Tale informazione è solitamente nella forma di una penalità per complessità.

Per confrontare i due tipi di regressione si può usare l'R^2 calcolato sul dataset di training. In generale ci si può aspettare che la regressione ridge svolga un lavoro migliore quando il numero dei predittori è elevato, e al tempo stesso che la regressione lasso svolga un lavoro migliore quando il numero dei predittori è piccolo.

Unsupervised ML

Il ML non supervisionato, come evidenziato in precedenza, è una tecnica di apprendimento automatico che consiste nel fornire ad un sistema una serie di input che esso riclassificherà e organizzerà sulla base di caratteristiche comuni per cercare di effettuare previsioni sugli input successivi. Al contrario dell'apprendimento supervisionato, durante l'apprendimento vengono forniti al modello solo esempi non noti, in quanto le classi non sono conosciute a priori ma devono essere apprese automaticamente.

Clustering

Il "Clustering" è il processo di raggruppamento di entità simili insieme. L'obiettivo di questa tecnica di apprendimento automatico senza supervisione è trovare somiglianze nel punto dati e raggruppare insieme punti dati simili.

Il raggruppamento di entità simili insieme aiuta a profilare gli attributi di diversi gruppi. In altre parole, questo ci darà un'idea dei modelli sottostanti di diversi gruppi. Il clustering può essere anche utilizzato per ridurre la dimensionalità dei dati quando si ha a che fare con un numero copioso di variabili.

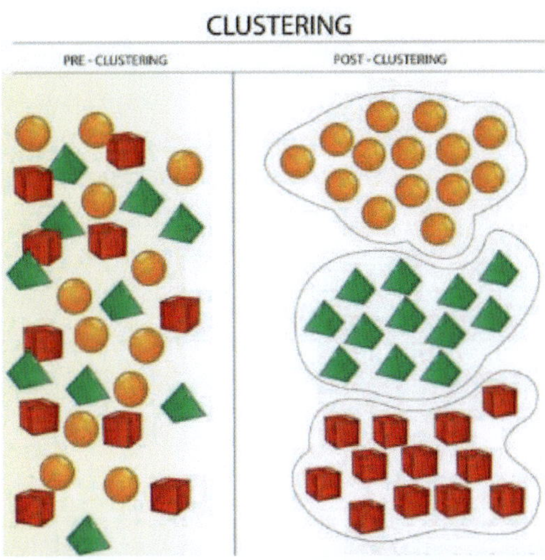

(credito: jigsaw academy education pvt ltd)

K-Means

Il clustering K-Means è un algoritmo di ML che, come suggerisce il nome, trova un numero fisso (k) di cluster in un insieme di dati. Ricordo che un cluster è un gruppo di punti dati raggruppati in base alle somiglianze nelle loro caratteristiche.

Quando si utilizza un algoritmo K-Means, un cluster è definito da un centroide, che è un punto (immaginario o reale) al centro di un cluster. Ogni punto in un set di dati è parte del cluster il cui centroide è più vicino. Per dirla semplicemente, K-Means trova il k numero di centroidi, quindi assegna tutti i punti dati al cluster più vicino, con l'obiettivo di mantenere piccoli i centroidi.

Descriviamo brevemente come funziona l'algoritmo.

Si inizia definendo in modo casuale k centroidi. Da lì di attiva una ricorsività di passaggi costituiti da:

1. Assegnazione di ciascun punto dati al centroide corrispondente più vicino, utilizzando la distanza euclidea standard. In parole povere: la distanza in linea retta tra il punto dati e il centroide.
2. Per ciascun centroide, si calcola la media dei valori di tutti i punti che appartengono ad esso. Il valore medio diventa il nuovo valore del centroide.

Una volta completato il passaggio 2, tutti i centroidi hanno nuovi valori che corrispondono ai mezzi di tutti i punti corrispondenti. Questi nuovi punti vengono ulteriormente sottoposti ai passaggi uno e due che producono ancora un altro insieme di valori del centroide. Questo processo viene ripetuto più e più volte fino a quando non vi è alcun cambiamento nei valori del centroide il che significa che sono stati accuratamente raggruppati. In alternativa, il processo può essere fermato quando è stato raggiunto un numero massimo di passi precedentemente determinato.

Esemplifichiamo il concetto esposto sopra:

Partiamo da un set di dati rappresentato graficamente.

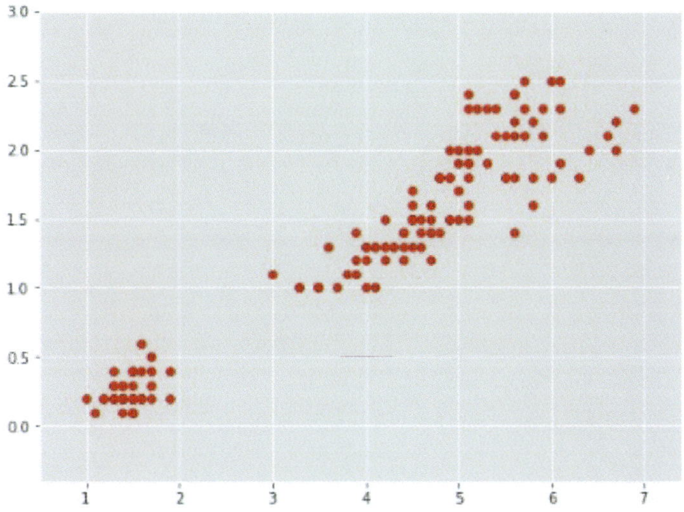

Iterazione 1: Per prima cosa, creiamo due centroidi generati casualmente e assegniamo ciascun punto di dati al cluster del centroide più vicino. In questo caso, poiché stiamo usando due centroidi, il nostro valore k è 2.

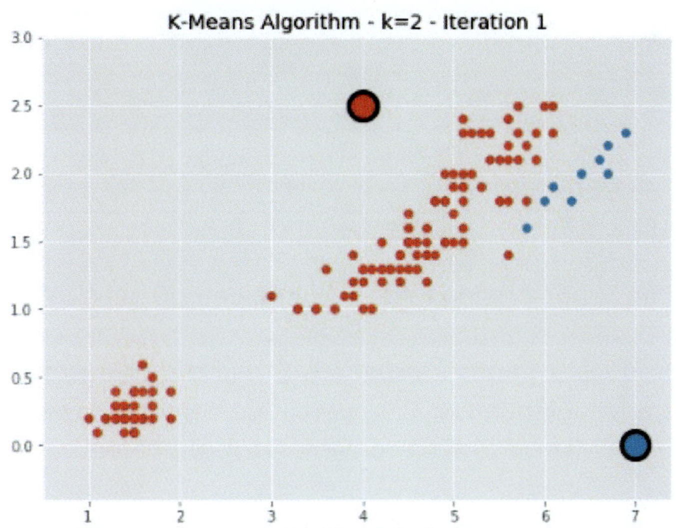

Iterazione 2: come si può vedere sopra, i centroidi non sono equamente distribuiti. Nella seconda iterazione dell'algoritmo, i valori medi di ciascuno dei due cluster vengono trovati e diventano i nuovi valori del centroide.

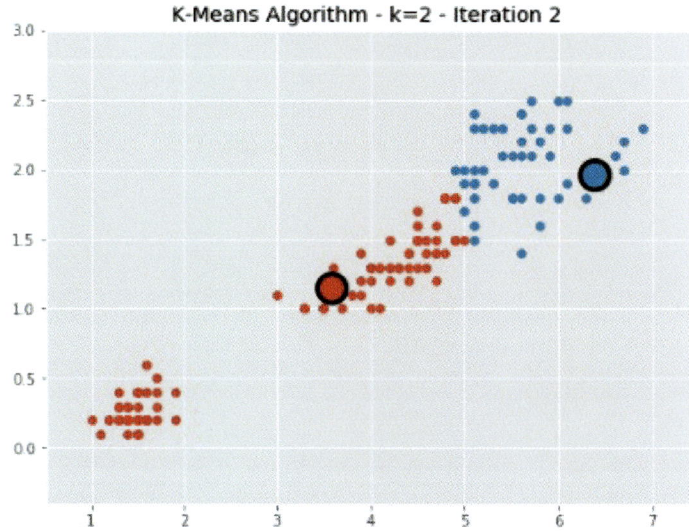

Iterazioni 3-5: ripetiamo il processo fino a quando non ci sono ulteriori cambiamenti nel valore dei centroidi.

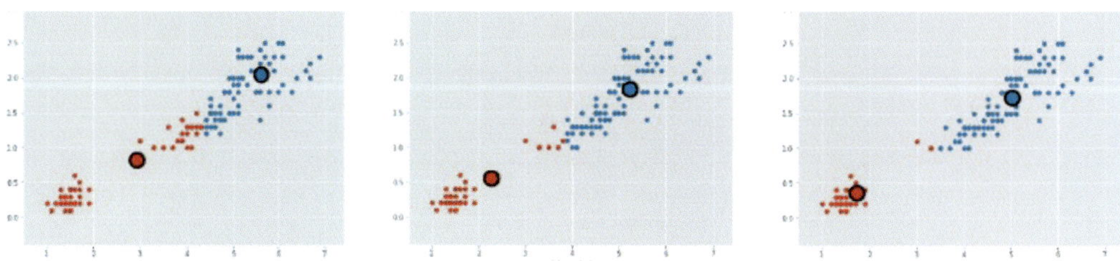

Infine, dopo l'iterazione 5, non ci sono ulteriori cambiamenti nei cluster.

Un punto rilevante a questo punto è scegliere il numero corretto per K, nell'esempio sopra l'utilizzo arbitrario del numero 2 genera due raggruppamenti su cui però non possiamo dare un giudizio di merito sulla corretta attribuzione del valore a K.

Per trovare il migliore k dobbiamo misurare la qualità dei cluster. Il metodo più tradizionale e diretto è iniziare con un k casuale, creare centroidi ed eseguire l'algoritmo come spiegato sopra. Viene indicata una somma in base alle distanze tra ciascun punto e il suo centroide più vicino. Poiché un aumento di cluster è correlato a raggruppamenti e distanze minori, questa somma diminuirà sempre di più all'aumentare di k; come esempio estremo, se sceglieremo un valore k uguale al numero di punti dati che abbiamo, la somma sarà zero.

L'obiettivo di questo processo è trovare il punto in cui l'aumento di k causerà una diminuzione molto piccola nella somma di errore, mentre la diminuzione di k aumenterà bruscamente la somma di errore. Questo punto è chiamato il "punto di gomito". Nell'immagine sottostante, è chiaro che il punto "a gomito" è a k -3.

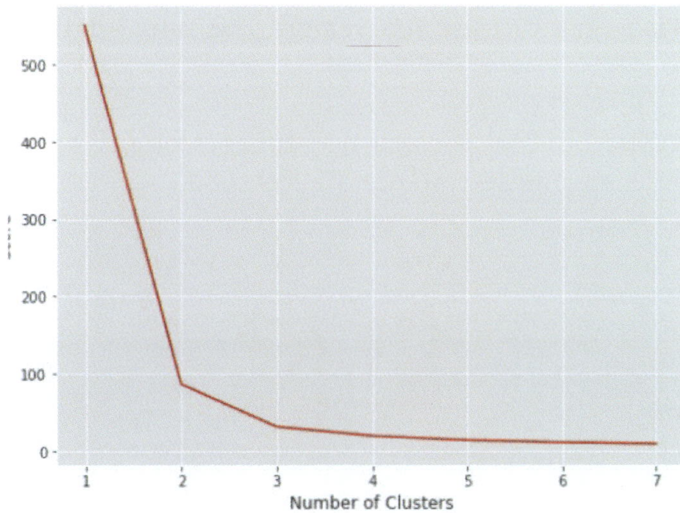

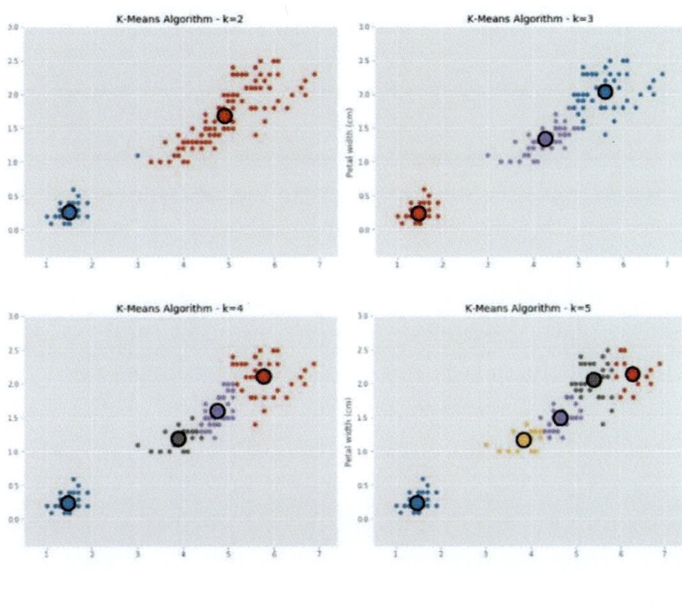

Sopra un esempio con diversi valori di K e diversi cluster creati.

DBSCAN

DBSCAN è un algoritmo di clustering basato sulla densità, in cui il numero di cluster viene deciso in base ai dati forniti. La differenza con K-Means è evidente poiché si tratta di un algoritmo di clustering basato sulla densità; proprio per questo motivo alcuni punti nel set di dati potrebbero non appartenere a nessun cluster, questo evidenzia un'ulteriore differenza con K-Means in cui si assume sempre che tutti i dati appartengano ad un cluster.

Il risultato del clustering DBSCAN per una particolare scelta di parametri è mostrato a titolo di esempio nell'immagine sottostante. I punti sono i punti dati e i rettangoli sono i cluster formati.

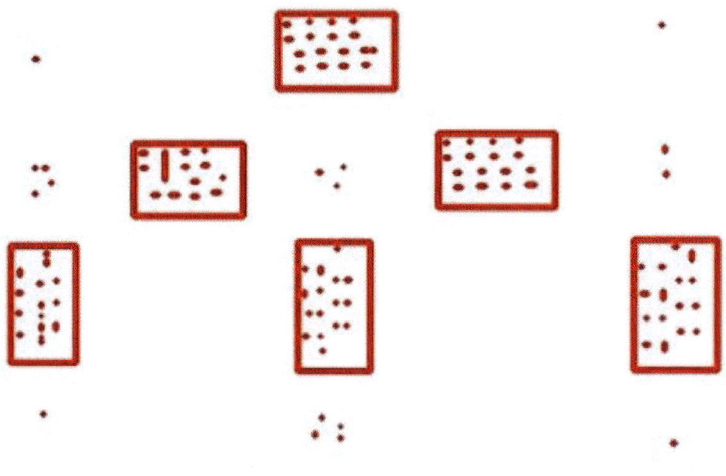

In buona sostanza DBSCAN raggruppa punti vicini tra loro sulla base di una misurazione della distanza (di solito distanza euclidea) e un numero minimo di punti. Segna anche come valori anomali i punti che si trovano nelle regioni a bassa densità.

L'algoritmo DBSCAN richiede fondamentalmente 2 parametri:

1. eps: la distanza minima tra due punti. Ciò significa che se la distanza tra due punti è inferiore o uguale a questo valore (eps), questi punti sono considerati vicini.

2. minPoints: il numero minimo di punti per formare una regione densa. Ad esempio, se impostiamo il parametro minPoints su 5, allora abbiamo bisogno di almeno 5 punti per formare una regione densa.

Per scegliere buoni parametri dobbiamo capire come sono utilizzati e avere almeno una conoscenza preliminare di base sul set di dati che verrà utilizzato.

eps: se il valore eps scelto è troppo piccolo, gran parte dei dati non sarà raggruppata. Verranno considerati valori anomali perché non soddisfano il numero di punti per creare una regione densa. D'altra parte, se il valore scelto è troppo alto, i cluster si uniranno e la maggior parte degli oggetti si troverà nello stesso cluster. In generale sono preferibili valori eps piccoli.

minPoints: Come regola generale, è possibile ricavare un numero minimo di punti da un numero di dimensioni (D) nel set di dati, come minPoints ≥ D + 1. I valori più grandi sono solitamente migliori per i set di dati con rumore e formeranno cluster più significativi. Il valore minimo per i minPoint deve essere 3, ma maggiore è il set di dati, maggiore è il valore di minPoint che deve essere scelto.

L'algoritmo DBSCAN dovrebbe essere utilizzato per trovare associazioni e strutture in dati difficili da indagare manualmente, ma che possono essere pertinenti e utili per trovare schemi e prevedere tendenze.

Pensiamo a un uso pratico di DBSCAN. Supponiamo di avere un e-commerce e vogliamo migliorare le nostre vendite raccomandando prodotti rilevanti ai nostri clienti. Non sappiamo esattamente cosa cercano i nostri clienti, ma sulla base di un set di dati possiamo prevedere e consigliare un prodotto pertinente a un cliente specifico. Possiamo applicare DBSCAN al nostro set di dati (basato sul database di e-commerce) e trovare cluster basati sui prodotti che gli utenti hanno acquistato, individuando cosi clienti "simili" a cui fare proposte commerciali che tengano conto dei dati dei cluster di appartenenza.

Agglomerative

L'algoritmo agglomerative è il tipo più comune di clustering gerarchico utilizzato per raggruppare gli oggetti nei cluster in base alla loro somiglianza.

Il primo step dell'algoritmo inizia trattando ogni oggetto come un cluster singleton. Successivamente, le coppie di cluster vengono unite fino a quando tutti i cluster non sono stati uniti in un unico grande cluster contenente tutti gli oggetti. Il risultato è una rappresentazione ad albero degli oggetti, denominata dendrogramma.

Il clustering agglomerative funziona in modo "bottom-up". Cioè, ogni oggetto è inizialmente considerato come un cluster a singolo elemento (foglia). Ad ogni passo dell'algoritmo, i due cluster più simili sono combinati in un nuovo cluster più grande (nodi). Questa procedura viene iterata fino a quando tutti i punti non sono membri di un solo grande cluster (root) (vedere la figura sotto).

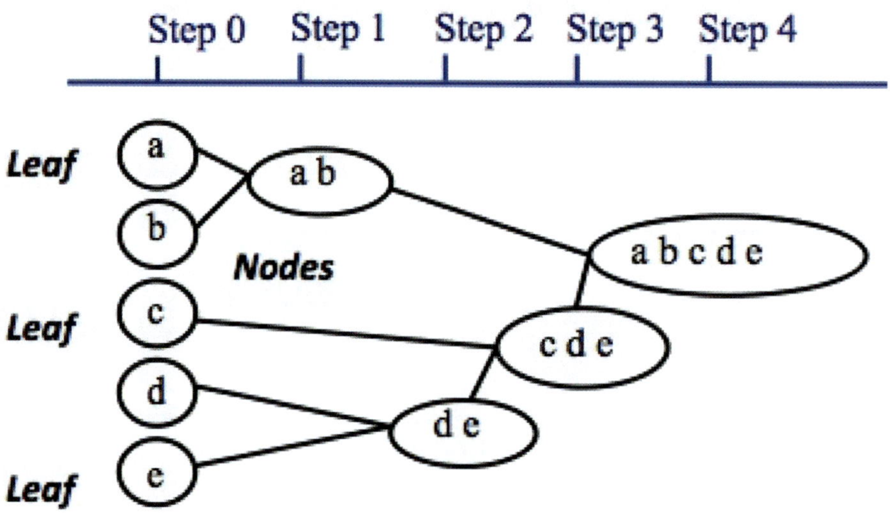

Mean shift

Mean Shift è un algoritmo iterativo non parametrico potente e versatile che può essere utilizzato per molti scopi, il clustering è uno di quelli.

Per capire il funzionamento dell'algoritmo è necessario comprendere il concetto di spostamento medio.

Lo spostamento medio considera lo spazio delle funzioni come una funzione di densità di probabilità empirica. Se l'input è un insieme di punti, lo spostamento medio li considera come campionati dalla funzione di densità di probabilità sottostante. Se le regioni dense (o cluster) sono presenti nello spazio delle funzioni corrispondono alla modalità (o ai massimi locali) della funzione di densità di probabilità.

Possiamo anche identificare i cluster associati alla modalità data usando Mean Shift.

Per ogni punto di dati, lo spostamento medio è associato al picco vicino della funzione di densità di probabilità del set di dati. Per ogni punto di dati, lo spostamento medio definisce una finestra attorno ad esso e calcola la media del punto dati. Quindi sposta il centro della finestra sulla media e ripete l'algoritmo finché converge. Dopo ogni iterazione, possiamo considerare che la finestra si sposta su una regione più densa del set di dati.

Naturalmente questa spiegazione formale non è particolarmente accessibile e intuitiva, proviamo quindi a rendere più semplice la comprensione.

Immaginiamo di avere un insieme di punti nello spazio bidimensionale e di disegnare un cerchio da qualche parte in questo spazio (supponiamo che almeno uno dei punti sia all'interno di questo cerchio). Questo circolo viene definito "kernel". Per ora, possiamo solo pensare a un kernel definito dal suo centro e dal suo raggio, dove il termine in gergo per il raggio è la "larghezza di banda". La larghezza di banda è essenzialmente l'unico parametro del metodo mean-shift.

Il compito attuale è quello di spostare questo kernel (cioè spingere il suo centro) in modo tale che più punti siano contenuti al suo interno. Continuiamo a spostare questo kernel fino a quando non sarà possibile spostarlo in modo tale da contenere più punti possibili all'interno di esso. Questa è l'idea di base dell’algoritmo.

Pertanto, nella figura seguente, se il nostro kernel inizia come il cerchio in basso a destra, dopo la prima iterazione potrebbe finire nella posizione del cerchio in centro, e potrebbe continuare a muoversi fino converge alla posizione del cerchio in alto.

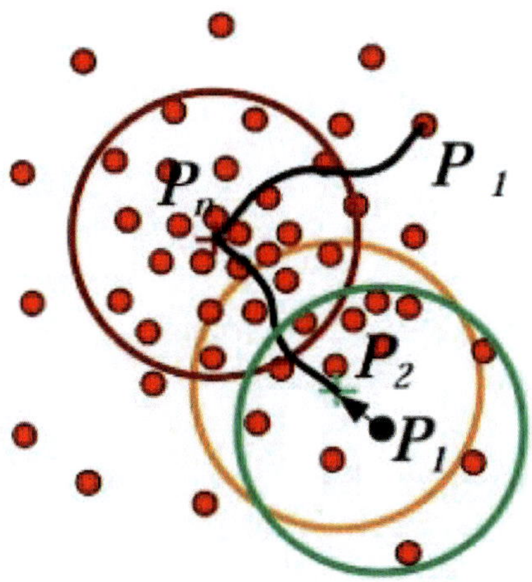

Come vengono calcolate le dimensioni e le direzioni di questi spostamenti (ad esempio, il vettore di spostamento medio)?

È necessario spostare il kernel nella posizione media di tutti i punti al suo interno (cioè il centroide). L'algoritmo sposta in modo iterativo il kernel alla media dei punti al suo interno. In realtà, questo è quello che l'algoritmo esegue se è stato scelto di eseguire l'algoritmo usando un "kernel specifico".

Fuzzy C-Means

Fuzzy c-means (FCM) è un metodo di clustering che consente a un gruppo di dati di appartenere a due o più cluster.

In linea di massima, questo algoritmo funziona assegnando l'appartenenza a ciascun punto dati corredato a ciascun centro del cluster in base alla distanza tra il cluster e il punto dati. Più i dati sono vicini al centro del cluster, più è la sua appartenenza al particolare centro del cluster. Chiaramente, la somma dell'iscrizione di ciascun punto di dati dovrebbe essere uguale a uno. L'algoritmo si basa sulla minimizzazione della seguente funzione obiettivo:

$$\arg\min_{C} \sum_{i=1}^{n} \sum_{j=1}^{c} w_{ij}^{m} \left\| \mathbf{x}_i - \mathbf{c}_j \right\|^2$$

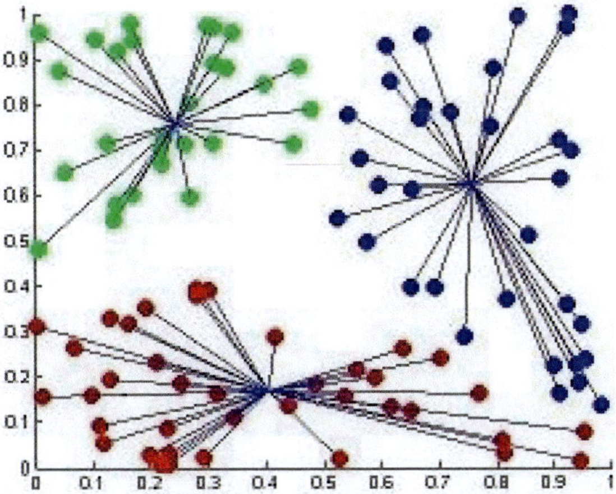

Pattern Search

Il pattern search (o recognition) è il riconoscimento automatico di pattern e regolarità all'interno di un set di dati.

Esso consiste nell'analisi e identificazione di pattern all'interno di dati grezzi al fine di identificarne la classificazione.

Il pattern recognition ha come obiettivo quello di apprendere un classificatore di dati (pattern) basati su conoscenza a priori o informazioni statistiche estratte dai pattern. I pattern da classificare sono tipicamente gruppi di misure od osservazioni, che definiscono punti in un appropriato spazio multidimensionale.

Eclat

Eclat è un algoritmo di ricerca in profondità che utilizza l'intersezione impostata. L'algoritmo Eclat viene utilizzato per eseguire la ricerca di set di elementi. L'estrazione degli oggetti ci permette di trovare modelli frequenti nei dati, ad esempio (per esemplificare) se un consumatore acquista latte, compra anche il pane. Questo tipo di modello definisce le regole di associazione ed è utilizzato in molti domini applicativi. L'algoritmo infatti, dato un insieme di operazioni, trova le regole che possono predire il verificarsi di un elemento specifico in base a quanto rilevato sulle occorrenze di altri elementi dell'insieme considerato.

L'algoritmo Eclat è un algoritmo molto semplice per trovare i set di elementi più frequenti.

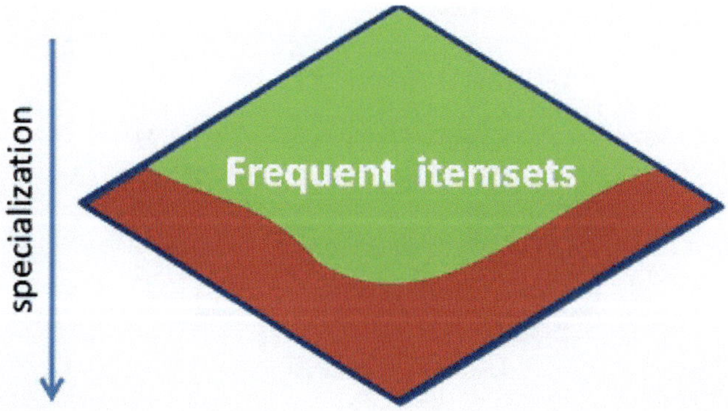

Apriori

Apriori è un classico algoritmo di ricerca delle associazioni. È utilizzato per la generazione di dataset frequenti, per approssimazioni successive, a partire dai dataset con un solo elemento. In sintesi, il presupposto teorico su cui si basa l'algoritmo parte dalla considerazione che se un insieme di oggetti è frequente, allora anche tutti i suoi sottoinsiemi sono frequenti, e viceversa.

Un ambito dove questo algoritmo trova grande applicabilità è il market/basket analysis. Per ricavare le associazioni viene impiegato un approccio bottom up, dove i sottoinsiemi frequenti sono costruiti aggiungendo un item per volta (generazione dei candidati); i gruppi di candidati sono successivamente verificati sui dati e l'algoritmo termina.

Apriori, anche se storicamente significativo, soffre di alcune inefficienze. In particolare, la generazione dei candidati crea molti sottoinsiemi. Nel processo vengono individuati i sottoinsiemi significativi solo dopo aver trovato tutti i sottoinsiemi propri.

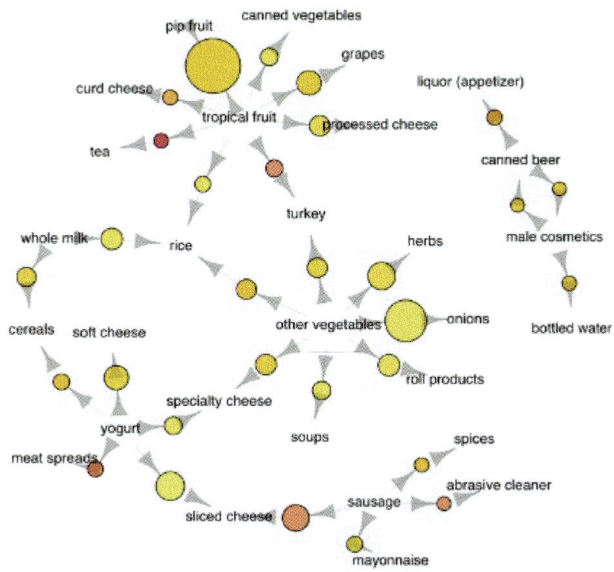

Sopra un esempio di rappresentazione Apriori.

FP-Growth

L'algoritmo FP-Growth Algorithm, è un metodo efficiente e scalabile per estrarre l'insieme completo di modelli frequenti per crescita di frammenti di modelli, utilizzando una struttura ad albero prefisso per memorizzare informazioni cruciali e compresse su modelli frequenti chiamati albero di modelli frequenti (albero FP).

Utilizzando il metodo FP-Growth, il numero di scansioni dell'intero database può essere ridotto a due. L'algoritmo estrae set di elementi frequenti che possono essere utilizzati per estrarre le regole di associazione.

Il più grande vantaggio di FP-Growth è il fatto che l'algoritmo ha bisogno di leggere i dati solo due volte, al contrario di apriori che legge i dati una volta per ogni iterazione. Questo lo rende molto più veloce di apriori. L'algoritmo FP-Growth memorizza in memoria una versione compatta del database.

L'idea principale dell'algoritmo consiste nell'utilizzare una strategia *divide et impera*: comprime il database che fornisce gli insiemi frequenti; quindi divide questo database compresso in un set di database condizionali, ciascuno associato a un set frequente.

Per comprimere l'origine dati, è necessaria una struttura dati speciale chiamata FP-Tree. L'albero viene utilizzato per la parte di esecuzione dell'algoritmo. L'albero FP è una rappresentazione compressa dell'input. Durante la lettura dell'origine dati ogni transazione viene mappata su un percorso nell'albero FP. Poiché una transazione diversa può avere più elementi in comune, il loro percorso potrebbe sovrapporsi. Con questo è possibile comprimere la struttura. Sotto un esempio per la generazione di un albero FP utilizzando 10 transazioni.

TID	Items
1	{a,b}
2	{b,c,d}
3	{a,c,d,e}
4	{a,d,e}
5	{a,b,c}
6	{a,b,c,d}
7	{a}
8	{a,b,c}
9	{a,b,d}
10	{b,c,e}

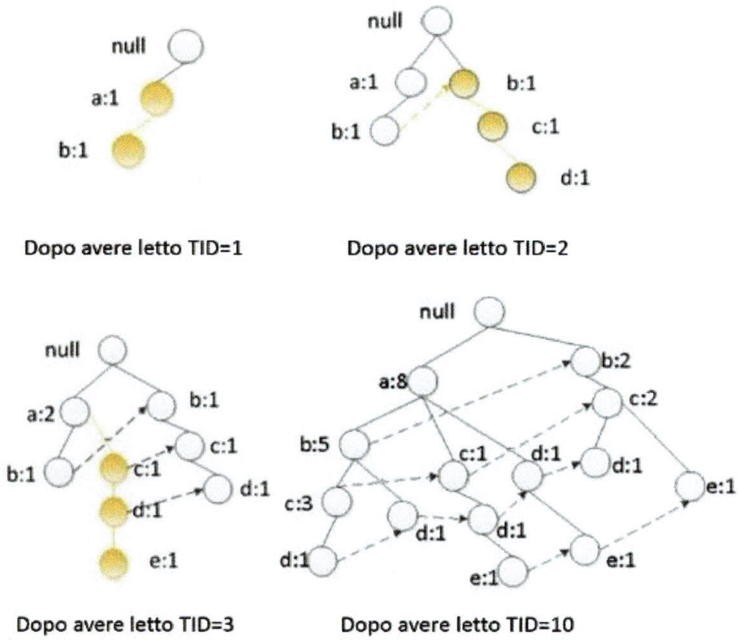

L'albero FP-Tree è generato in modo semplice.

Innanzitutto, viene letta una transazione dal database. L'algoritmo controlla se il prefisso corrisponde ad un percorso nell'albero FP. In questo caso il numero di supporto dei nodi corrispondenti nell'albero viene incrementato. Se non ci sono percorsi sovrapposti, vengono creati nuovi nodi con un numero di supporto di 1.

L'albero FP corrispondente viene utilizzato per estrarre direttamente da questa struttura i set di item più frequenti. Ogni nodo dell'albero contiene l'etichetta di un elemento insieme ad un contatore che mostra il numero di transazioni mappate sul percorso dato.

Nel migliore dei casi c'è solo un singolo nodo, perché tutte le transazioni hanno lo stesso insieme di elementi. Lo scenario peggiore sarebbe una fonte di dati in cui ogni transazione ha un insieme unico di elementi. Di solito l'albero FP è più piccolo di quello non compresso, perché molte transazioni condividono voci.

Come già accennato, l'algoritmo deve eseguire due volte la scansione della fonte dati.

1. Il set di dati viene scansionato per determinare il supporto di ogni elemento. Gli elementi rari vengono scartati e non utilizzati nell'albero FP-Tree. Tutti gli item frequenti vengono ordinati in base al loro supporto.
2. L'algoritmo fa il secondo passaggio sui dati per costruire l'albero FP.

Generalization

La generalizzazione (generalization) è basata su una funzione di perdita generale che misura l'errore di ricostruzione tra il valore di input e quello di output: la riduzione della dimensionalità dei dati è il tipico dominio della generalizzazione, si avvantaggia una più semplice struttura dei dati in cambio di un'affidabilità minore dei risultati degli algoritmi, trovando il giusto equilibrio tra accettabilità dei risultati e complessità del set di dati.

T-Sne

Il T-Sne (t-distributed stochastic neighbor embedding) è un algoritmo di riduzione della dimensionalità, è ampiamente utilizzato come strumento di apprendimento automatico in molti ambiti di ricerca. È una tecnica di riduzione della dimensionalità non lineare che si presta particolarmente all'inclusione di dataset ad alta dimensionalità in uno spazio a due o tre dimensioni, che possono essere visualizzati tramite un grafico di dispersione. L'algoritmo modella i punti in modo che oggetti vicini nello spazio originale risultino vicini nello spazio a dimensionalità ridotta, e oggetti lontani risultino lontani, cercando di preservare la struttura locale.

Visualizzare dati ad alta dimensione proiettandolo in uno spazio a bassa dimensione è un'operazione classica che chiunque abbia lavorato con i dati probabilmente ha fatto almeno una volta nella vita. Ci sono una grande varietà di metodi per ridurre la dimensionalità, ma un metodo molto popolare è l'algoritmo t-SNE.

L'algoritmo si articola in due fasi principali. Nella prima fase viene costruita una distribuzione di probabilità che ad ogni coppia di punti nello spazio originale ad alta dimensionalità, associa un valore di probabilità elevato se i due punti sono simili, basso se sono dissimili. Quindi viene definita una seconda distribuzione di probabilità analoga, nello spazio a dimensione ridotta. L'algoritmo quindi minimizza la divergenza di Kullback-Leibler delle le due distribuzioni tramite discesa del gradiente, riorganizzando i punti nello spazio a dimensione ridotta.

In teoria della probabilità e in teoria dell'informazione, la divergenza di Kullback–Leibler è una misura non simmetrica della differenza tra due distribuzioni di probabilità P e Q. Specificamente, la divergenza di Kullback–Leibler di Q da P è la misura dell'informazione persa quando Q è usata per approssimare P.

PCA

Anche il PCA (Principal Component Analysis) è un metodo di riduzione della dimensionalità che viene spesso utilizzato per ridurre la dimensionalità di insiemi di dati di grandi dimensioni, trasformando un ampio set di variabili in uno più piccolo che contiene ancora la maggior parte delle informazioni nel set di grandi dimensioni.

Rispetto a t-SNE, PCA presenta alcuni gravi inconvenienti. Uno svantaggio di PCA è che si tratta di una proiezione lineare, il che significa che non può acquisire dipendenze non lineari.

Nella riduzione della dimensionalità PCA non è in grado di funzionare correttamente ogni volta che non riesce ad individuare un iperpiano di separazione

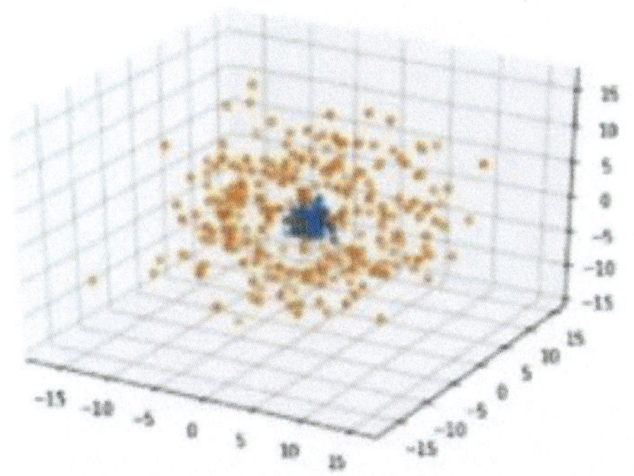

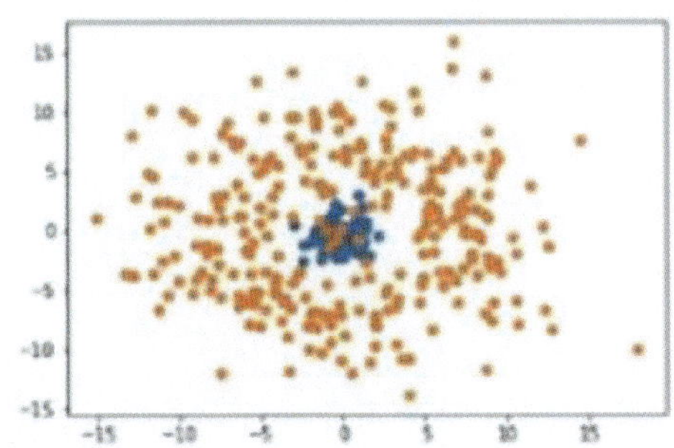

Nell'esempio sopra la riduzione della dimensionalità con PCA rende i due cluster completamente sovrapposti l'uno con l'altro. PCA non ha modo di dividere questi cluster non lineari l'uno dall'altro, poiché tutto ciò che può realmente fare è tagliare i dati attraverso un determinato piano: questo è ciò che fa una proiezione lineare.

LSA

L'algoritmo LSA (Latent Semantic Analysis) è utilizzato per estrarre e rappresentare il significato dell'uso contestuale delle parole mediante calcoli statistici applicati a un grande corpus di testo, è uno degli algoritmi tipici dell'area dell'intelligenza artificiale legata al campo del NLP (natural language processing).

Usando un'analogia con la compressione fotografica possiamo dire che la LSA è in grado di estrarre quello che sembra essere il significato semantico delle parole da un insieme di documenti "sfocando" le distinzioni tra le parole.

L'algoritmo LSA assume quindi che le parole che hanno un significato simile si presenteranno in parti di testo simili.

I grafici seguenti mostrano l'algoritmo in azione che posiziona sulla base del "peso" (celle scure peso maggiore) le parole (sulle righe) e i documenti che le contengono (sulle colonne):

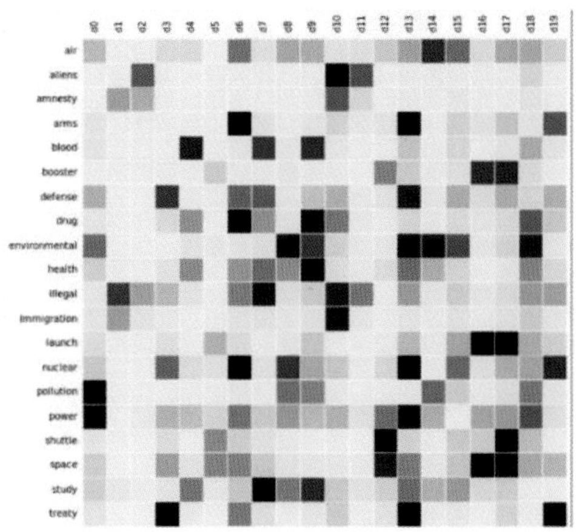

Matrice parole/documenti e peso relativo prima del processo di rilevamento e raggruppamento LSA

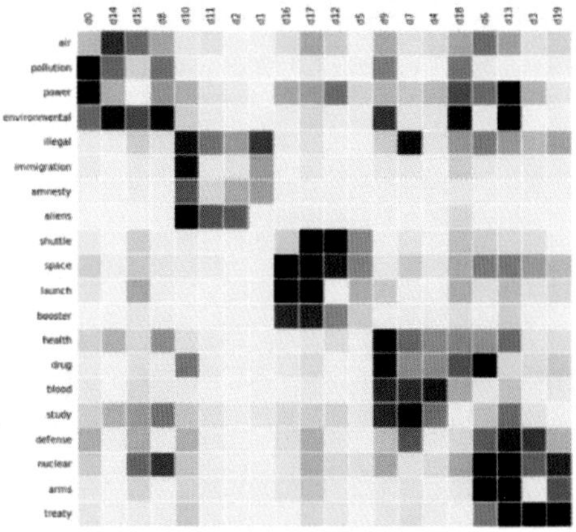

Matrice parole/documenti e peso relativo Dopo l'esecuzione del processo di rilevamento e raggruppamento LSA

SVD

Il Singular Value Decomposition (SVD) è uno degli algoritmi di apprendimento senza supervisione più utilizzati, ed è al centro di molti sistemi di riduzione di dimensionalità e di raccomandazione che sono il nucleo di società come Google, Netflix, Facebook, Youtube e altri.

Nel SVD i dati sono rappresentati come una grande matrice e SVD è un calcolo che consente di scomporre la matrice in un prodotto di 3 matrici più piccole.

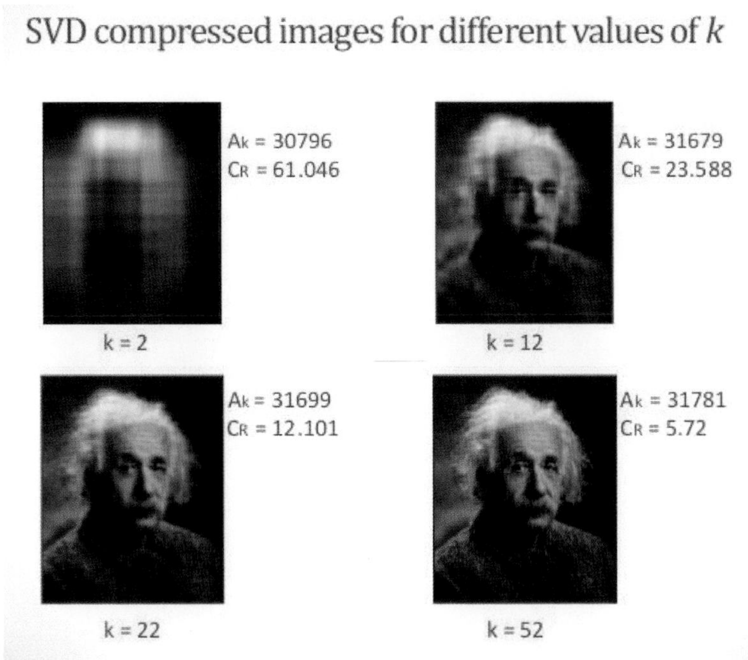

Sopra esempio di compressione delle dimensioni di un'immagine usando SVD, come tutti gli algoritmi di riduzione della dimensionalità l'obiettivo è trovare il miglior rapporto tra minor complessità, grazie alla riduzione della dimensionalità, e sufficiente "qualità" del risultato.

LDA

L'algoritmo LDA (Latent Dirichlet Allocation) è anch'esso legato alla tematica AI del NLP e viene utilizzato per quella che viene definita la modellazione degli argomenti, si riferisce al compito di identificare gli argomenti che meglio descrivono un insieme di documenti. Questi argomenti emergeranno solo durante il processo di modellazione dell'argomento (quindi chiamato latente).

Per spiegare brevemente, LDA possiamo immaginare una serie fissa di argomenti. Ogni argomento rappresenta un insieme di parole.

L'obiettivo della LDA è di mappare tutti i documenti agli argomenti in un modo tale che le parole in ogni documento siano per lo più catturate da quegli argomenti specifici.

Alcuni esempi possono rispondere alla domanda su quali sono gli usi del mondo reale della modellazione degli argomenti:

- Gli storici possono utilizzare la LDA per identificare eventi importanti nella storia analizzando il testo in base all'anno.
- Le librerie basate sul Web possono utilizzare la LDA per consigliare libri basati sulle letture precedenti.
- I giornali possono utilizzare la modellazione di argomenti per comprendere rapidamente gli articoli o raggruppare articoli simili.

Reinforcement ML

L'apprendimento di rinforzo può essere compreso usando i concetti di agenti, ambienti, stati, azioni e ricompense. Di seguito un breve glossario per poter meglio comprendere le descrizioni successive

Agente: un agente intraprende azioni; ad esempio, un drone che effettua una consegna o Super Mario che corre in un videogioco. L'algoritmo è l'agente.

Azione (A): è l'insieme di tutte le mosse possibili che l'agente può effettuare. Un'azione è quasi auto-esplicativa, ma va evidenziato che sono gli agenti a scegliere tra una lista di possibili azioni.

Fattore di sconto: il fattore di sconto viene moltiplicato per i premi futuri scoperti dall'agente al fine di smorzare l'effetto di tali premi sulla scelta dell'azione dell'agente in modo da rendere i premi futuri meno importanti dei premi immediati.

Ambiente: è il “mondo” attraverso il quale si muove l'agente. L'ambiente prende come input lo stato e l'azione dell'agente e restituisce come output la ricompensa dell'agente e il suo stato successivo.

Stato (S): uno stato è una situazione concreta e immediata in cui l'agente si trova; cioè un “luogo” e un momento specifici, una configurazione istantanea che mette l'agente in relazione ad altre cose rilevanti nell’ambiente.

Ricompensa (R): una ricompensa è il feedback con cui misuriamo il successo o il fallimento delle azioni di un agente. Da un determinato stato, un agente invia l'output sotto forma di azioni all'ambiente, e l'ambiente restituisce il nuovo stato dell'agente (che risulta dall'azione sullo stato precedente) nonché i premi, se ce ne sono. I premi possono essere immediati o ritardati. Valutano efficacemente l'azione dell'agente.

Policy (π): la policy è la strategia che l'agente impiega per determinare l'azione successiva in base allo stato corrente. Mappa gli stati alle azioni e le azioni che promettono la ricompensa più alta.

Valore V: è rendimento atteso a lungo termine considerando anche il fattore di sconto, a differenza del premio a breve termine è definito come il rendimento previsto a lungo termine dello stato corrente in base alla politica π.

Valore Q: il valore Q è simile al Valore V, tranne che richiede un parametro aggiuntivo, ossia l'azione corrente, si riferisce al ritorno a lungo termine dello stato attuale, prendendo provvedimenti sotto la politica π. Q mappa le coppie azione-stato in ricompense.

Traiettoria: è una sequenza di stati e azioni che influenzano tali stati.

Detto questo, possiamo dire che quindi gli ambienti sono funzioni che trasformano un'azione intrapresa nello stato corrente in uno stato successivo e una ricompensa; gli agenti sono funzioni che trasformano il nuovo stato e premiano nell'azione successiva. Possiamo conoscere la funzione dell'agente, ma non possiamo conoscere la funzione dell'ambiente.

È una scatola nera in cui vediamo solo gli input e gli output.

È come il rapporto della maggior parte delle persone con la tecnologia: sappiamo cosa fa, ma non sappiamo esattamente come funziona. L'apprendimento del rinforzo rappresenta il tentativo di un agente di approssimare la funzione dell'ambiente, in modo tale che possiamo inviare azioni nell'ambiente della scatola nera che massimizza i premi che elargisce.

Genetic algorithm

Un algoritmo genetico è un esempio di algoritmo di "calcolo evolutivo" che è una famiglia di algoritmi di AI ispirati all'evoluzione biologica. Questi metodi sono considerati come relativi all'area meta-heuristic optimization che significa che possono essere utili per trovare buone soluzioni per problemi di ottimizzazione (massimizzazione o minimizzazione), ma non forniscono garanzie di trovare la soluzione ottimale globale.

Risolvere un problema utilizzando l'algoritmo genetico richiede di rappresentare la sua soluzione come una stringa di cromosomi (ad esempio una matrice di bit) e richiede anche di avere una funzione di fitness che può essere utilizzata per valutare le soluzioni (!)

Un algoritmo genetico funziona mantenendo un pool di soluzioni candidate (di nome generazione). Iterativamente, la generazione si evolve per produrre la generazione successiva che ha soluzioni candidate con valori di fitness più elevati (migliori) rispetto alla generazione precedente. Questo processo viene ripetuto per un numero prestabilito di generazioni o fino a quando viene trovata una soluzione con valore di idoneità dell'obiettivo.

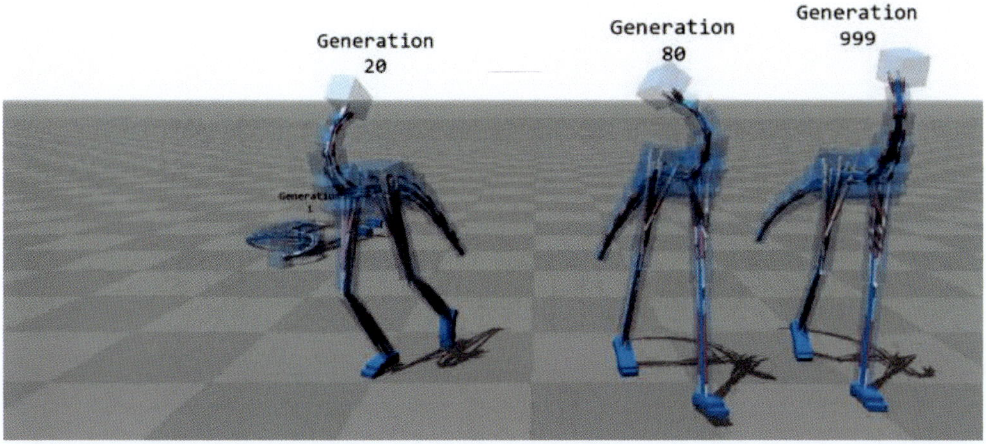

L'immagine sopra mostra un frame di un'animazione in cui un algoritmo genetico è stato utilizzato per apprendere la tecnica di locomozione di un modello 3D bipede dotato di coda, privo di braccia e dotato di collo prominente (diciamo "struzzo-morfo") nell'immagine potete vedere come le diverse generazioni migliorano la postura del modello (nell'animazione potrete invece apprezzare anche la modalità di locomozione pressoché "perfetta" nella generazione 999)

https://cdn-images-1.medium.com/max/1000/1*V22K8UExlLuaegeevJRhdQ.gif

L'algoritmo crea una nuova generazione dalla generazione precedente in un modo ispirato alla biologia che consiste in 3 passaggi fondamentali:

Selezione: viene valutata l'idoneità dei membri della generazione attuale, quindi viene selezionato il sottoinsieme con i migliori valori di fitness in modo da fungere da genitori per la generazione successiva. In breve, la sopravvivenza per il più adatto.

Crossover: vengono unite coppie di genitori selezionati per generare una nuova soluzione figlio. Il crossover può avvenire in diverse forme, la forma più semplice è il crossover a un punto che divide la rappresentazione di stringa di ciascuna soluzione in due parti nella stessa posizione, quindi concatena la prima parte di una soluzione con la seconda parte della seconda per formare la rappresentazione della soluzione figlio.

Mutazione: in biologia, la mutazione avviene con bassa probabilità quando un figlio può avere una caratteristica che non è stata ereditata dai genitori. Allo stesso modo, nella fase di mutazione dell'algoritmo genetico la soluzione della prole viene perturbata con una probabilità molto piccola.

A3C

A3C è acronimo di Asynchronous Advantage Actor-Critic è un algoritmo di apprendimento di rinforzo sviluppato da Google Deep Mind (il gruppo AI di Google), anche OpenAI (compagnia di Elon Musk per l'intelligenza artificiale) ha iniziato ad adottare questo algoritmo e per una buona ragione.

A3C supera in prestazioni la maggior parte degli algoritmi come Deep Q Networks (DQN).

È in generale più veloce, più semplice e ha un punteggio più alto nelle attività di Deep Reinforcement Learning.

Descriviamo brevemente la componente dell'algoritmo definito "Actor-critic" che aggiunge un secondo set di uscite alla rete neurale, infatti il primo è quello originale: un insieme di azioni, noto anche come Actor, questa è la parte in cui l'agente sceglie ciò che vuole fare, mentre il secondo è il valore dello stato in cui si trova l'agente, ed è noto come Critic:

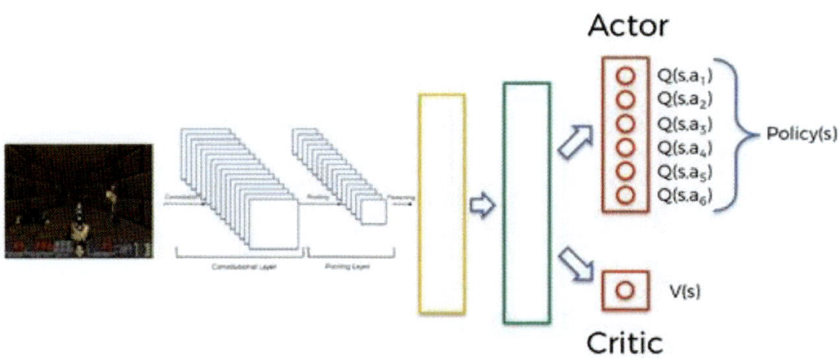

Nell'immagine sopra, i valori Q nell'attore sono noti come la policy π.

La parte Asynchronous in A3C rappresenta la modalità con cui vengono eseguiti i task dell'algoritmo da parte dell'agente che cerca di risolvere lo specifico problema, la modalità asincrona consente l'esecuzione di più task contemporaneamente, uno dei vantaggi di questa modalità è che se un task si blocca gli altri task possono condividere informazioni e intervenire verso il task bloccato con un'alternativa operativa.

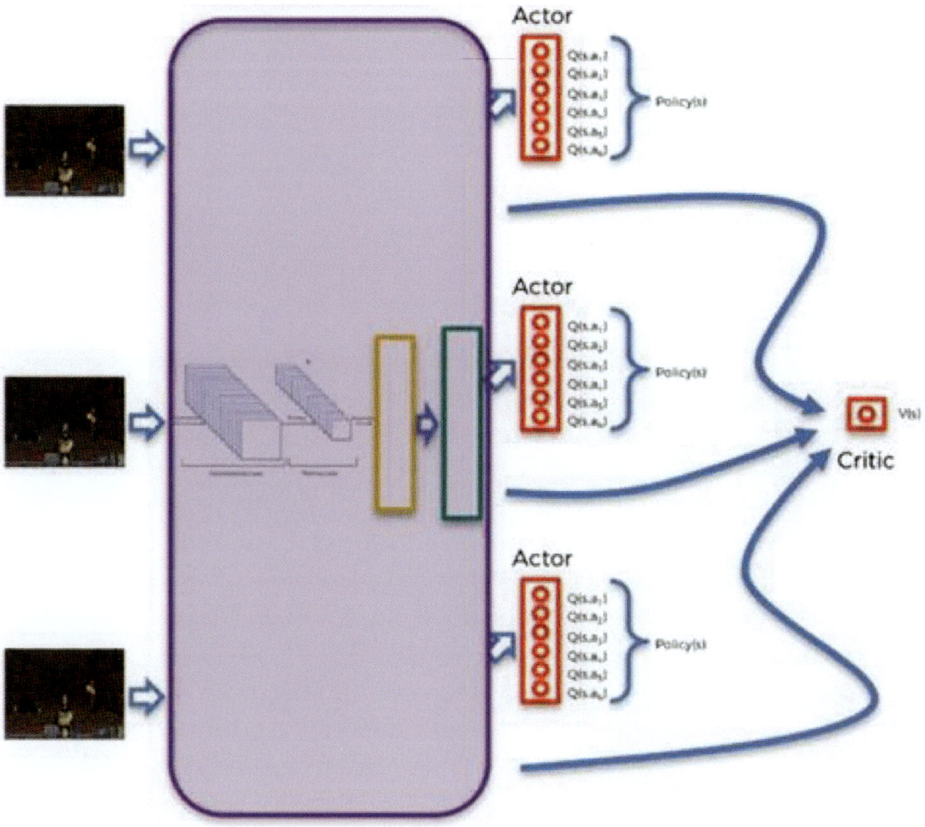

Nell'immagine sopra si vede come gli agenti condividono una rete neurale che si nutre di actor separati per eseguire azioni diverse. La rete neurale si nutre anche di un critic che li collega insieme. Gli agenti aumentano la propria conoscenza l'un l'altro con la conoscenza dell'ambiente attraverso il critic condividendo i pesi all'interno della rete e quando la rete viene aggiornata, tutti i pesi degli agenti vengono aggiornati. Ogni agente ha il proprio output di azioni e il valore dello stato in cui è terminato viene inviato al critic. Il critic quindi condivide le informazioni con tutti gli agenti.

Il termine advantage nell'algoritmo A3C consiste in due valori che vengono propagati all'indietro verso il critic e verso gli agenti.

Questi due valori sono:

- Value Loss (collegato al critic)
- Policy Loss (relativa all'actor)

Per aiutare a calcolare la perdita di policy si utilizza un'equazione di vantaggio.

Il critic conosce il valore dello stato ma non sa quanto sia migliore il valore Q che viene selezionato, rispetto al valore attuale dello stato. È qui che entra in gioco il vantaggio. Più alto è il vantaggio, più gli agenti cercheranno di eseguire quelle azioni.

La perdita di policy aiuta a migliorare il comportamento dell'agente, facendo sì che facciano più azioni positive piuttosto che quelle che influenzano negativamente l'equazione di vantaggio.

SARSA

SARSA (così chiamato perché utilizza le esperienze di azione stato-azione-ricompensa-stato per aggiornare il valore Q) è un algoritmo che stima il valore della policy seguita.

Il workflow di un calcolo eseguito con l'algoritmo SARSA ha la forma "*s, a, r, s ', a'*", il che significa che l'agente era in uno stato *s*, ha fatto un'azione *a*, ha ricevuto la ricompensa *r* e si è ritrovato nello stato *s'*, da cui ha deciso di fare un'azione *a'*. Ciò fornisce una nuova esperienza per aggiornare il valore Q.

Q-learning

Q-learning è uno dei più conosciuti algoritmi di apprendimento per rinforzo. Fa parte della famiglia di algoritmi adottati nelle tecniche delle differenze temporali, adottate nel caso di modelli a informazione incompleta. Uno dei suoi maggiori punti di rilievo consiste nell'abilità di comparare l'utilità attesa delle azioni disponibili senza richiedere un modello dell'ambiente.

Il suo obiettivo è quello di permettere ad un sistema di apprendimento automatico di adattarsi all'ambiente che lo circonda, migliorando la scelta delle azioni da eseguire. Per giungere a questo obiettivo, cerca di massimizzare il valore del successivo premio guadagnato.

Il modello del problema può essere descritto da un agente, un insieme di stati S e un insieme di azione per stato A.

Effettuando un'azione l'agente si muove da uno stato ad un altro stato. Ogni stato fornisce all'agente una ricompensa (un numero reale o naturale). L'obiettivo dell'agente è quello di massimizzare la ricompensa totale. L'agente fa questo apprendendo quali sono le azioni ottimali associate ad ogni stato.

Due variabili influenzano il comportamento dell'algoritmo:

- **Il tasso di apprendimento** determina con quale estensione le nuove informazioni acquisite sovrascriveranno le vecchie informazioni. Un fattore 0 impedirebbe all'agente di apprendere, al contrario un fattore pari ad 1 farebbe sì che l'agente si interessi solo delle informazioni recenti.
- **Il fattore di sconto** determina l'importanza delle ricompense future. Un fattore pari a 0 renderà l'agente "opportunista" facendo sì che consideri solo le ricompense attuali, mentre un fattore tendente ad 1 renderà l'agente attento anche alle ricompense che riceverà in un futuro a lungo termine.

Deep-Q-Network (DQN)

il DQN si basa direttamente sulle tecniche di Q-learning classiche, infatti se le combinazioni di stati e azioni sono troppo grandi, la memoria e il requisito di calcolo per Q saranno troppo alti. Per affrontarlo, è possibile passare ad una rete profonda Q (DQN) per approssimare Q (s, a). L'algoritmo di apprendimento è chiamato Deep Q-learning. Con il nuovo approccio, è così possibile generalizzare l'approssimazione della funzione del valore Q piuttosto che ricordare le singole soluzioni.

Neural network & Deep Learning

Una rete neurale artificiali (Neural Network) è un modello computazionale che si ispira al modo in cui le reti neurali biologiche nel cervello umano elaborano le informazioni. Le reti neurali artificiali generano molta eccitazione nella ricerca e nell'industria del machine learning, grazie a numerosi risultati rivoluzionari nel riconoscimento vocale, nella visione artificiale e nell'elaborazione del testo.

L'apprendimento profondo mappa gli input in output e trova le correlazioni. È conosciuto come un "approssimatore universale", perché può imparare ad approssimare una funzione sconosciuta tra qualsiasi input e qualsiasi output, assumendo che siano correlati (per correlazione o causalità, per esempio). Nel processo di apprendimento, una rete neurale trova il modo giusto e corretto di trasformare ogni input nel corretto output.

Le reti neurali possono avere più strati (e quindi una profondità) e gli strati sono fatti di nodi.

Un nodo è solo un luogo in cui avviene la computazione, modellata approssimativamente sulla logica di funzionamento del neurone nel cervello umano, che si attiva quando incontra stimoli sufficienti. Un nodo combina l'input dei dati con un insieme di coefficienti, o pesi, che amplificano o attenuano quell'input, assegnando in tal modo significato agli input rispetto al compito che l'algoritmo sta cercando di apprendere; Questi prodotti di peso in ingresso vengono sommati e quindi la somma viene passata attraverso la cosiddetta funzione di attivazione di un nodo, per determinare se e in che misura quel segnale dovrebbe progredire ulteriormente attraverso la rete per influenzare il risultato finale, ad esempio un attività di classificazione. Se i segnali passano attraverso un neurone si dice che il neurone è stato "attivato".

Ecco un diagramma di come potrebbe apparire un nodo:

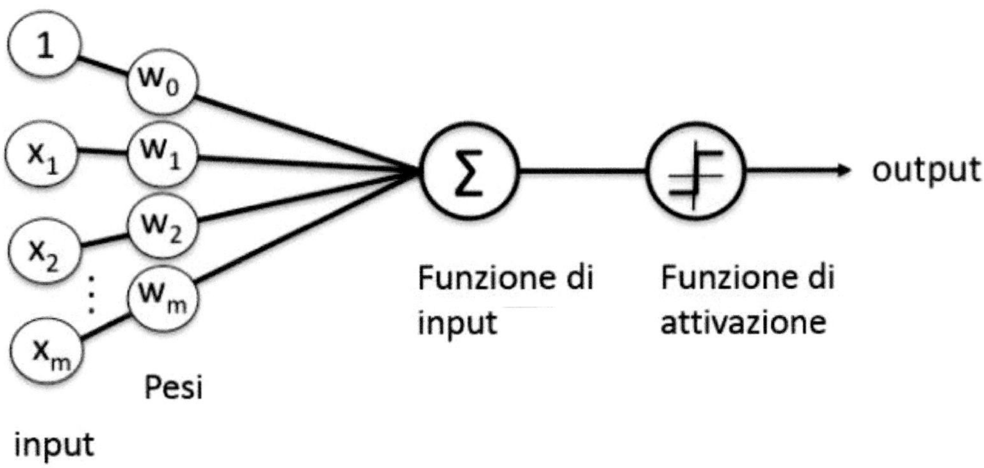

Le reti di apprendimento profondo si distinguono dalle reti neurali più comuni a livello di singolo strato nascosto per la loro profondità; ossia, il numero di livelli di nodo attraverso i quali i dati devono passare in un processo a più fasi di riconoscimento di schemi.

Le versioni più vecchie di reti neurali come i primi percettori erano poco profonde, composte da uno strato di input e uno di output, e al massimo da uno strato nascosto nel mezzo. In presenza di più di tre livelli (compresi input e output) allora il tipo di approfondimento si definisce "profondo".

Nelle reti di deep learning, ogni strato di nodi si allena su un insieme distinto di caratteristiche basate sull'output del livello precedente. Più avanzi nella rete neurale, più complesse saranno le caratteristiche che i tuoi nodi possono riconoscere, poiché aggregano e ricombinano le caratteristiche del livello precedente.

Questo è noto come *gerarchia delle funzionalità* ed è una gerarchia di crescente complessità e astrazione. Realizza reti di deep learning in grado di gestire set di dati molto grandi e ad alta dimensionalità con miliardi di parametri che passano attraverso funzioni non lineari .

Soprattutto, queste reti neurali sono in grado di scoprire strutture latenti all'interno di dati non strutturati e non etichettati, che è la stragrande maggioranza dei dati nel mondo. Un'altra parola per i dati non strutturati è il dato raw; cioè immagini, testi, registrazioni video e audio. Pertanto, uno dei problemi che l'apprendimento profondo risolve meglio è l'elaborazione e il clustering dei dati grezzi e non etichettati, le somiglianze e le anomalie nei dati.

Le reti di deep learning eseguono l'estrazione automatica delle feature senza intervento umano, a differenza della maggior parte degli algoritmi di machine learning tradizionali.

Algoritmi con una marcia in più…

È importante ricordare che i temi legati al ML non sono poi cosi "recenti": diversi algoritmi che ancora oggi vengono estensivamente utilizzati nei modelli di ML esistono da decenni. È possibile rispondere alla domanda "perché proprio ora il ML riesce a fornire una marcia in più nella risoluzione di così tanti problemi di tipo e natura diversa?"

Due punti focali possono rispondere alla domanda:

- Disponibilità dei dati. L'utilizzo estensivo di dispositivi digitali (computer portatili, cellulari, cellulari, ecc.) generano enormi quantità di dati che è possibile fornire agli algoritmi di ML, la frontiera dei Big Data ha aperto le porte all'efficacia dei modelli di ML.
- La capacità di calcolo. È da relativamente poco tempo che abbiamo la capacità computazionale per addestrare modelli di ML (in particolare le reti neurali) in grado di sfruttare gli enormi set di dati di cui disponiamo ora.

In dettaglio, anche se si accumulano più dati, di solito le prestazioni dell'apprendimento degli algoritmi più datati e meno sofisticati (come la regressione logistica ad esempio) arrivano ad un livello di "performance" che non può ulteriormente migliorare anche se vengono forniti più dati.

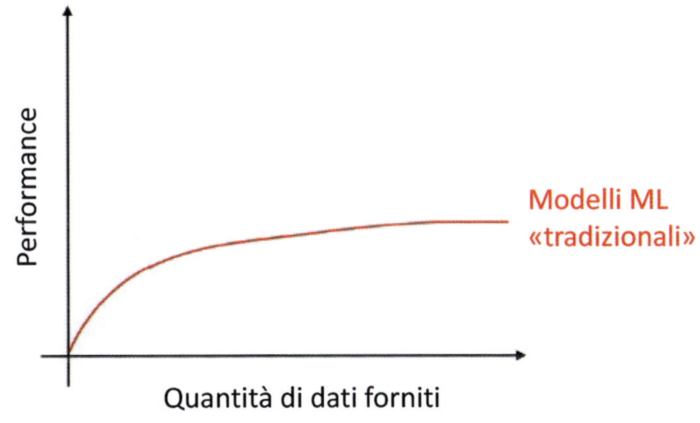

Crediti: Andrew Ng

È come se gli algoritmi più datati non sapessero cosa fare con tutti i dati ora disponibili.

È sufficiente addestrare una piccola rete neurale (NN) per eseguire lo stesso compito di apprendimento supervisionato della regressione logistica (per rimanere nell'esempio citato in precedenza) e si potrebbe ottenere prestazioni leggermente migliori:

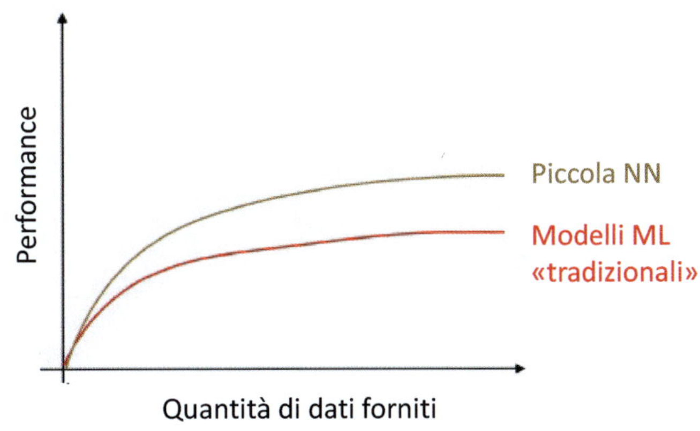

Crediti: Andrew Ng

Per "Piccola NN" intendo una rete neurale con solo un piccolo numero di strati nascosti, aumentandoli (e rendendo la rete ancora più "deep" e "grande") è possibile ottenere prestazioni ancora migliori:

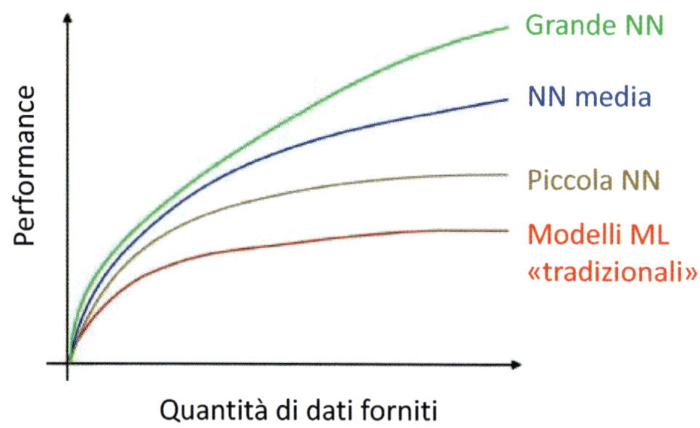

Crediti: Andrew Ng

Va da sé che si ottengono le migliori prestazioni quando si allena una rete neurale molto grande per la quale è necessario fornire sempre più dati.

Molti altri dettagli come l'architettura di rete neurale sono importanti, e su questi temi c'è stata molta innovazione. Ma alla fine uno dei modi più affidabili per migliorare le prestazioni di un algoritmo resta quello di addestrare reti più grandi utilizzando sempre più dati.

Caratteristiche distintive

Possiamo quindi affermare che, perché sia possibile che un algoritmo ML riconosca modelli molto complessi, diventa indispensabile iniziare ad utilizzare le reti neurali. Quando i modelli diventano veramente complessi, le reti neurali vincono contro tutti gli altri modelli. Inoltre, grazie alle GPU sempre più potenti l'addestramento può essere molto più veloce che con la classica capacità elaborativa delle CPU.

Le funzionalità avanzate della GPU erano originariamente utilizzate principalmente per il rendering di giochi 3D. Ma ora queste capacità vengono sfruttate in modo più ampio per accelerare i carichi di lavoro computazionali in settori quali la modellistica finanziaria, la ricerca scientifica all'avanguardia e la data science.

Le reti neurali stanno rivoluzionando il campo dell'intelligenza artificiale.

Naturalmente l'analisi di modelli "semplici" può essere affrontata con successo con algoritmi di ML di classificazione di base come la ben nota regressione logistica.

Ma quando i dati hanno decine o centinaia di input diversi le reti neurali sono la risposta corretta in grado di vincere qualunque confronto con gli altri metodi. Tuttavia, quando i modelli diventano ancora più complessi, le reti neurali con pochi strati diventano inutilizzabili.

La ragione è che il numero di nodi richiesto per ogni strato cresce esponenzialmente con il numero di possibili modelli nei dati. Inoltre, l'addestramento diventa troppo costoso e la precisione comincia a risentirne. Così, per un modello intricato - come l'immagine di un volto umano, per esempio - i motori di classificazione basilari e le reti neurali poco profonde non sono più adatti allo scopo, l'unica scelta pratica è una rete neurale profonda.

Ma cosa consente ad una rete profonda di riconoscere questi modelli complessi? La chiave di tutto è che le reti profonde sono in grado di dividere schemi complessi in una serie di modelli più semplici. Per esempio, immaginiamo che una rete debba decidere se un'immagine contiene un volto umano. Una rete profonda utilizzerà prima i bordi per rilevare le diverse parti del viso - le labbra, naso, occhi, orecchie, e così via - per poi combinare i risultati insieme per formare l'intera faccia.

Questa importante caratteristica - usare modelli più semplici per rilevare modelli complessi - è il punto di forza delle reti neurali. La precisione di queste reti è diventata impressionante.

Non sorprende infatti che le reti profonde siano ispirate alla struttura del nostro cervello. Già dalle prime reti neurali, i ricercatori volevano provare a collegare un gran numero di percettroni insieme in un reticolato, un'idea questa che ha contribuito a migliorare la loro precisione.

Si ritiene che il nostro cervello abbia un'architettura profonda e che decifriamo modelli proprio come una rete profonda: rileviamo modelli complessi prima rilevando e poi combinando, modelli più semplici.

C'è un aspetto negativo in tutto ciò: le reti neurali impiegano molto tempo nella fase di addestramento. La buona notizia è che i recenti progressi nel campo dell'informatica hanno ridotto di molto la quantità di tempo necessario ad allenare adeguatamente una rete. Le GPU ad alte prestazioni possono finire il training di una rete complessa in meno di una settimana, quando CPU veloci ci avrebbero messo settimane o addirittura mesi.

Tipologie di reti profonde

Ovviamente è indispensabile tenere in considerazione che scegliere il tipo giusto di rete, per affrontare uno specifico problema, non è affatto banale, andrebbe oltre lo scopo di questo volume entrare in dettagli troppo approfonditi, ma reputo utile fare una sorta di vademecum delle reti neurali per classe di problema da risolvere.

Un primo approccio potrebbe essere decidere se si sta cercando di costruire un classificatore o se si sta cercando di trovare dei modelli nei dati.

In un apprendimento non supervisionato uno degli approcci migliori e più usati è utilizzare una Restricted Boltzmann Machine (cfr. più avanti)

In un apprendimento supervisionato, nel caso in cui si debba definire un classificatore, ci sono molte opzioni a seconda dell'applicazione:

- Per le attività di elaborazione del testo come l'analisi della sintassi, il parsing e named entity recognition si può utilizzare una rete ricorrente (RNN), la RNN è ideale anche per il riconoscimento vocale.
- Per il riconoscimento delle immagini e degli oggetti l'ideale è la rete CNN.

Le reti profonde sono lo stato dell'arte del riconoscimento di modelli complessi.

Backpropagation e Vanishing gradient

Come ormai è chiaro uno dei problemi principali nell'utilizzo delle reti neurali profonde è la difficoltà che si incontra quando si cerca di addestrarle con un metodo chiamato **backpropagation**, infatti la sua applicazione va incontro ad una serie di problemi come la scomparsa del gradiente (**vanishing gradient**). Quando questo capita l'addestramento impiega troppo tempo e la precisione diminuisce.

La backpropagation è l'essenza dell'addestramento della rete neurale. È un metodo per mettere a punto i pesi di una rete neurale in base al tasso di errore ottenuto nello strato precedente. La corretta regolazione dei pesi consente di ridurre i tassi di errore e di rendere affidabile il modello aumentando la sua generalizzazione. La backpropagation è una forma abbreviata per "propagazione all'indietro degli errori". È un metodo standard per addestrare reti neurali artificiali. Questo metodo aiuta a calcolare il gradiente di una funzione di perdita con rispetto a tutti i pesi nella rete.

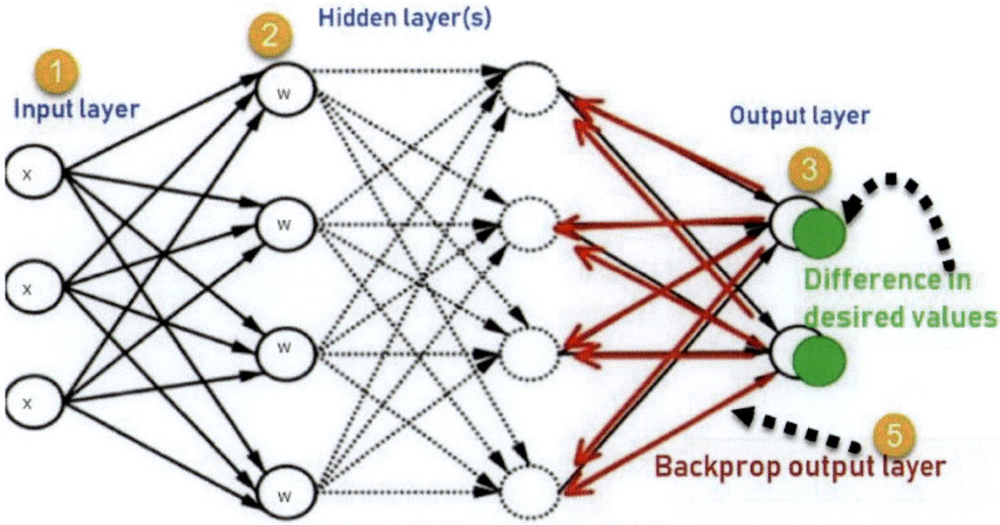

Come funziona Backpropagation

Provo a chiarire meglio il concetto: quando si allena una rete neurale, viene continuamente calcolato il valore di perdita (costo).

Il costo è tipicamente la differenza tra l'output previsto e quello effettivo rispetto ad un insieme di dati di addestramento già etichettati correttamente (i dati di training). Il costo viene quindi abbassato facendo lievi aggiustamenti ai pesi ed ai bias (soglie) molte volte nel corso il processo di training, fino al valore più basso possibile.

Il processo di training utilizza un **gradiente**, che misura il tasso per cui il costo cambierà rispetto ad un cambiamento in un peso o una soglia.

Tuttavia, fino alla metà degli anni 2000, non c'era modo di allenare le reti profonde con precisione a causa di un problema fondamentale: il **vanishing gradient** (scomparsa del gradiente).

Infatti, quando calcoliamo i gradienti risalendo la rete neurale e calcolando i gradienti di costo rispetto ai pesi, i gradienti tendono a diventare sempre più piccoli man mano che risaliamo nella rete. Ciò significa che i neuroni dei livelli precedenti imparano molto lentamente rispetto ai neuroni negli strati successivi della Gerarchia. I livelli precedenti nella rete sono più lenti da addestrare.

I livelli precedenti nella rete sono importanti perché sono responsabili di apprendere e rilevare i modelli semplici e sono in realtà i mattoni della nostra rete. Ovviamente, se danno risultati impropri e inaccurati, allora come possiamo aspettarci che i livelli successivi e la rete completa producano risultati accurati?

In questo modo Il processo di apprendimento richiede troppo tempo e la precisione della previsione del modello diminuirà.

Basta pensare a un modello di rete neurale profonda ed estremamente complicato che contiene milioni di strati, è semplice intuire quanto può essere problematico allenare una rete così profonda e produrre risultati precisi.

Fino al 2006, le reti profonde erano ancora poco efficienti rispetto a reti poco profonde e altri algoritmi di apprendimento automatico, nel 2006 tre distinte pubblicazioni (Hinton, LeCun e Bengio) hanno dato un contributo fondamentale per uscire dalla "situazione di stallo" che impediva alle reti profonde di esprimere il loro potenziale.

Restricted Boltzmann Machine (RBM)

L'aiuto principale, con conseguente cambio di approccio rispetto alla backpropagation, passa dall'utilizzo di un insieme di Restricted Boltzmann Machine.

Una RBM è un metodo che può trovare automaticamente i modelli nei dati ricostruendo l'input. Geoff Hinton all'Università di Toronto è stato uno dei primi ricercatori a ideare un'idea innovativa per la formazione delle reti profonde. Il suo approccio ha portato alla creazione delle Restricted Boltzmann Machine, conosciute anche come RBM. Grazie al suo lavoro pionieristico è indicato come uno dei padri dell'apprendimento profondo. Una RBM è una rete poco profonda a due strati; il primo strato è noto come lo strato visibile ed il secondo è chiamato strato nascosto. Ogni nodo nello strato visibile è collegato ad ogni nodo nello strato nascosto. Una RBM è considerata "Ristretta", perché non ci sono due nodi nello stesso strato che condividono connessioni.

Una RBM è l'equivalente matematico di un traduttore a due vie (two-way translator) nel passaggio in avanti, una RBM prende gli ingressi e li traduce in un insieme di numeri che li codificano. Nel passaggio all'indietro, prende questa serie di numeri e li traduce di nuovo per formare gli ingressi ricostruiti. Una rete ben addestrata sarà in grado di eseguire la ricostruzione all'indietro con un elevato grado di precisione. In entrambe le fasi, i pesi e le soglie hanno una grande importanza, essi consentono alla RBM di decifrare le correlazioni negli input, e aiutano anche la RBM a decidere quali caratteristiche dell'input sono le più importanti quando bisognerà rilevare dei modelli.

Attraverso parecchi passaggi in avanti e all'indietro, una RBM viene addestrata per ricostruire i dati in input.

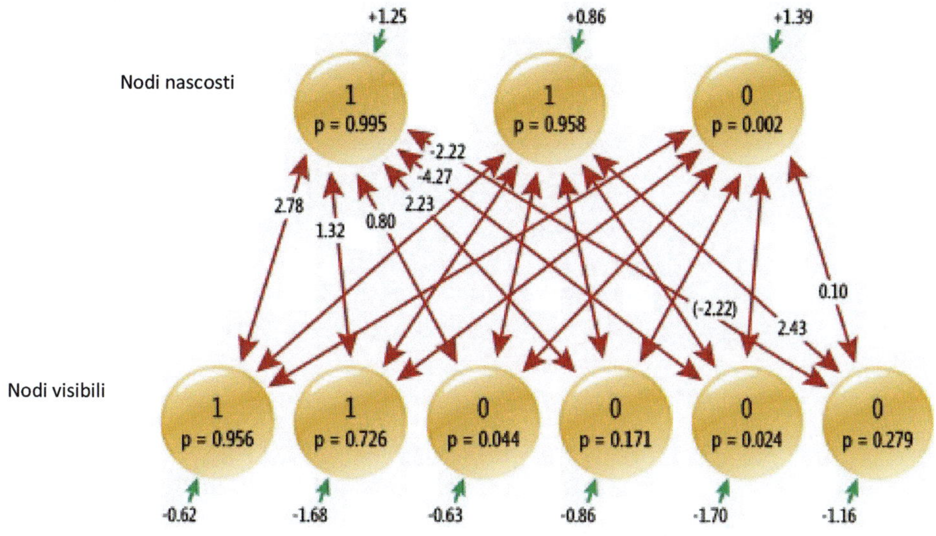

Per provare a esemplificare il funzionamento di una RBM analizziamo la figura sopra che rappresenta un RBM in fase di addestramento ad un tempo t: i nodi visibili agiscono come input. Vi sono sei nodi (di input) visibili e tre nodi (di output) nascosti. I valori dei nodi visibili sono (1, 1, 0, 0, 0, 0) e i valori calcolati dei nodi nascosti sono (1, 1, 0). Ci sono un totale di 6 * 3 = 18 pesi che collegano i nodi.

Ciascuna delle frecce del peso punta in entrambe le direzioni, indicando che l'informazione può fluire in entrambe le direzioni. All'interno della freccia è riportato il peso che collega i due specifici nodi. I valori di bias invece sono le piccole frecce che puntano su ciascun nodo. Il valore p all'interno di ogni nodo è la probabilità che il nodo abbia un valore di uno. Quindi, ad esempio, il nodo che ha p = 0.995, significa che il suo valore calcolato sarà quasi certamente uno (che è effettivamente il valore atteso).

Deep Belief Nets (DBN)

Una RBM può quindi estrarre le caratteristiche del modello ricostruendo l'input, ma come può contribuire al problema della scomparsa del gradiente?

Combinando varie RBM insieme e introducendo un metodo d'allenamento intelligente, si ottiene un nuovo e potente modello che finalmente risolve il nostro problema. Sto parlando del Deep Belief Network (DBN). Proprio come le RBM, le Deep Belief Nets sono state concepite da Geoff Hinton come alternativa alla backpropagation.

Una DBN può essere vista come una pila di RBM, dove lo strato nascosto di una RBM è lo strato visibile di un'altra RBM. Una DBN è addestrata come segue:

1. La prima RBM è addestrato per ricostruire suo ingresso con la massima precisione possibile.
2. Lo strato nascosto della prima RBM viene trattato come lo strato visibile della seconda e la seconda RBM è addestrato utilizzando le uscite della prima RBM.
3. Questo processo viene ripetuto fino a quando tutti gli strati nella rete sono addestrati.

Un aspetto importante di una DBN è che ogni strato di una RBM apprende l'intero input. In altri tipi di modelli - come le reti convoluzionali - i primi strati rilevano modelli semplici e gli strati successivi li ricombinano. Come nel caso del riconoscimento facciale, i primi strati rilevano i bordi dell'immagine, e gli strati successivi utilizzano questi risultati per formare le caratteristiche facciali.

Una DBN, d'altro canto, funziona elaborando l'intero input in successione e migliorando lentamente.

Dopo l'allenamento iniziale, le RBM avranno creato un modello che può rilevare i modelli nei dati. Per finire l'addestramento, è necessario introdurre etichette e mettere a punto la rete con l'apprendimento supervisionato. Per fare questo, fortunatamente, è necessario solo un piccolo set di campioni etichettati in modo che le caratteristiche e modelli possano essere associati ad un attributo. I pesi e le soglie vengono leggermente modificati, derivando piccoli cambiamenti nella percezione dei modelli di tutta la rete, e spesso ottenendo un piccolo aumento di precisione. Fortunatamente, come già evidenziato, il set di dati etichettati può essere ridotto rispetto al set di dati originale, la qual cosa è estremamente utile in applicazioni reali.

Quindi cerchiamo di ricapitolare i vantaggi di una DBN, abbiamo visto che:

- Una DBN ha bisogno solo di una piccola parte di dati etichettati.
- È importante per applicazioni del mondo reale.
- Il processo di addestramento può anche essere completato in una quantità ragionevole di tempo attraverso l'uso di GPU.
- La parte migliore è che la rete risultante sarà molto accurata rispetto ad una rete poco profonda.

In tema di validazione del modello una delle tecniche utilizzate è chiamata ***Cross Validation****: La Cross Validation è una tecnica utilizzata per assicurarsi che un modello non produca un eccessivo livello di overfitting rispetto ai dati campionari sui quali è sviluppato. Con tale tecnica, un modello viene costruito e adattato utilizzando solo una parte del campione di dati a disposizione, utilizzando la restante porzione per valutarne l'effettivo potere predittivo. In condizioni ideali, il modello funzionerà ugualmente bene su entrambe le porzioni di dati. In caso contrario, è probabile la presenza di un livello di overfitting non trascurabile. I dati campionari vengono solitamente suddivisi in proporzione 80-20, in cui l'80% viene utilizzato per adattare o "addestrare" il modello (training data set) e il restante 20% (validation data set) viene impiegato per valutarne la capacità predittiva. Esistono anche approcci più rigorosi alla Cross Validation, tra cui la k-fold Validation, che prevede che il processo sopra esposto venga ripetuto k volte con diverse suddivisioni dei dati campionari (generalmente con k=5)*

L'overfitting *si verifica quando un modello basa le sue previsioni su correlazioni spurie all'interno di un campione di dati anziché su relazioni autentiche esistenti all'interno della popolazione nel suo complesso (cfr. quarta parte del libro)*

RNN

Una rete neurale ricorrente (recurrent neural network, RNN) è una classe di rete neurale artificiale in cui i valori di uscita di uno strato di un livello superiore vengono utilizzati come ingresso ad uno strato di livello inferiore.

Quest'interconnessione tra strati permette l'utilizzo di uno degli strati come memoria di stato, e consente, fornendo in ingresso una sequenza temporale di valori, di modellarne un comportamento dinamico temporale dipendente dalle informazioni ricevute agli istanti di tempo precedenti. Ciò le rende applicabili a compiti di analisi predittiva su sequenze di dati, quali possono essere ad esempio il riconoscimento della grafia o il riconoscimento vocale.

Semplificando, la caratteristica principale delle RNN è la creazione di un vettore di output che non tiene solo conto dell'input ma è influenzato anche dall'intera storia degli input precedenti, in buona sostanza L'idea alla base delle RNN è quella di utilizzare le informazioni sequenziali. In una rete neurale tradizionale, assumiamo che tutti gli input (e gli output) siano indipendenti l'uno dall'altro. Ma per molte attività è una pessima idea. Se si vuole pronosticare la parola successiva in una frase (ad esempio), conviene sapere quali parole sono venute prima. Gli RNN sono chiamati ricorrenti perché eseguono lo stesso compito per ogni elemento di una sequenza, con l'output che dipende dai calcoli precedenti. Un altro modo di pensare agli RNN è che hanno una "memoria" che cattura informazioni su ciò che è stato calcolato fino a quel punto. In teoria le RNN possono fare uso di informazioni in sequenze arbitrariamente lunghe, anche se nella pratica si limitano a guardare indietro solo pochi passi.

LSM

L'algoritmo liquid state machine (LSM) è un particolare tipo di rete neurale a impulso. Un LSM consiste in una vasta collezione di unità (chiamate nodi o neuroni). Ogni nodo riceve il tempo variando l'input da fonti esterne (gli input) e da altri nodi. I nodi sono casualmente collegati tra loro. La natura ricorrente delle connessioni trasforma l'input variabile nel tempo in uno schema spazio-temporale di attivazioni nei nodi della rete. I modelli spazio-temporali di attivazione sono letti da unità discriminanti lineari.

L'insieme dei nodi connessi in modo ricorrente serve per calcolare una grande varietà di funzioni non lineari sull'input. Data una grande varietà di tali funzioni non lineari, è teoricamente possibile ottenere combinazioni lineari per eseguire qualsiasi operazione matematica necessaria per eseguire un determinato compito, come il riconoscimento vocale o la visione artificiale.

La parola liquido nel nome deriva dall'analogia della pietra che cade in un liquido. La pietra che cade genererà increspature nel liquido. L'input (movimento della pietra che cade) viene convertito in uno schema spazio-temporale di spostamento del liquido (increspature).

Le LSM sono state presentate come un modo per spiegare l'attività del cervello. Gli LSM sono considerati un miglioramento rispetto alla teoria delle reti neurali artificiali perché:

- I circuiti non sono programmati per svolgere un compito specifico.
- Gli input di tempo continuo vengono gestiti "naturalmente".
- I calcoli su varie scale temporali possono essere fatti usando la stessa rete.
- La stessa rete può eseguire più calcoli.

Le critiche alle LSM invece sono:

- Le LSM in realtà non spiegano come funziona il cervello. Nella migliore delle ipotesi possono replicare alcune parti della funzionalità cerebrale.
- Non esiste un modo sicuro per analizzare una rete di lavoro e capire come o quali calcoli vengono eseguiti.
- C'è pochissimo controllo sul processo nel suo complesso.

LSTM

Le reti a lunga memoria a breve termine, solitamente chiamate semplicemente "LSTM", sono un tipo speciale di RNN, in grado di apprendere le dipendenze a lungo termine. Funzionano molto bene su una grande varietà di problemi e sono ampiamente usate.

Gli LSTM sono esplicitamente progettati per evitare il problema della dipendenza a lungo termine.

Gli LSTM rispondono alle seguenti limitazioni degli RNN.

- **Memoria a breve termine**: ossia il problema di scartare le informazioni dalle fasi temporali precedenti, quando si passa a quelle successive, con conseguente perdita di informazioni importanti.
- **Gradiente di fuga**: Il gradiente è il valore utilizzato per aggiornare il peso utilizzato in una rete neurale. Se un valore del gradiente diventa estremamente piccolo, non contribuisce in maniera sufficiente all'apprendimento. Nel problema del gradiente di fuga, il gradiente si restringe man mano che si propaga nel tempo.
- **Gradiente di esplosione**: Si verifica quando la rete assegna un'importanza eccessiva ai pesi.

Gli algoritmi LSTM utilizzano il concetto di Gate (porta) per "decidere" come gestire le informazioni nella rete, definendo 3 diversi tipi di gate:

- **Forget gate**: Decide quali informazioni devono essere conservate e quali devono essere scartate.
- **Input gate**: Aggiorna lo stato della cella.
- **Output gate**: Decide quale dovrebbe essere lo stato nascosto successivo (contiene informazioni sugli ingressi precedenti).

GRU

L'algoritmo GRU (Gated Recurrent Unit) è stato sviluppato con lo scopo di risolvere il problema del gradiente di fuga, che viene fornito con una rete neurale ricorrente standard. GRU può anche essere considerato come una variante dell'LSTM perché entrambi sono progettati in modo simile e, in alcuni casi, producono risultati ugualmente eccellenti.

Il problema della scomparsa del gradiente (in lingua inglese vanishing gradient problem) è un fenomeno che crea difficoltà nell'addestramento delle reti neurali profonde tramite retropropagazione dell'errore, mediante discesa stocastica del gradiente.

Per risolvere il problema del gradiente di fuga di un RNN standard, GRU utilizza un gate di aggiornamento e un gate di reset. Fondamentalmente, questi sono due vettori che decidono quali informazioni devono essere trasmesse all'output. La cosa speciale è che possono essere addestrati a conservare le informazioni precedenti.

Perceptrons (MLP)

Un perceptron è un classificatore lineare; cioè, è un algoritmo che classifica l'input separando due categorie con una linea retta. Ingresso è tipicamente un vettore caratteristica x moltiplicato per pesi w e ha aggiunto ad un bias b:

y = w * x + b

Un perceptron produce un singolo output basato su diversi input a valori reali formando una combinazione lineare usando i suoi pesi di input (e talvolta passando l'output attraverso una funzione di attivazione non lineare).

Un percettore multistrato (MLP) è una rete neurale profonda e artificiale. È composto da più di un perceptron. Sono composti da un livello di input per ricevere il segnale, uno strato di output che prende una decisione o una previsione sull'input e, tra questi due, un numero arbitrario di livelli nascosti che sono il vero motore di calcolo dell'MLP. Le MLP con uno strato nascosto sono in grado di approssimare qualsiasi funzione continua.

I percettori multistrato vengono spesso applicati ai problemi di apprendimento supervisionati: si allenano su un insieme di coppie input-output e imparano a modellare la correlazione (o le dipendenze) tra tali input e output. La formazione comporta la regolazione dei parametri, o dei pesi e dei bias, del modello al fine di minimizzare l'errore. La backpropagation viene utilizzata per eseguire le regolazioni di pesi e bias relativi all'errore e l'errore stesso può essere misurato in vari modi, incluso l'errore quadratico medio (RMSE).

Generative adversial network (GAN)

Le reti generative avversarie (GAN) sono architetture di reti neurali profonde composte da due reti, che si contrappongono l'una all'altra (quindi il "contraddittorio").

I GAN sono stati introdotti in un lavoro di Ian Goodfellow e altri ricercatori dell'Università di Montreal, tra cui Yoshua Bengio, nel 2014. Riferendosi ai GAN, il direttore di ricerca di Facebook Yann LeCun ha definito l'allenamento contraddittorio "l'idea più interessante degli ultimi 10 anni in ML “.

Il potenziale dei GAN è enorme, perché possono imparare a imitare qualsiasi distribuzione di dati. Cioè, i GAN possono essere istruiti a creare mondi stranamente simili ai nostri in qualsiasi dominio: immagini, musica, parlato, prosa. Sono artisti robot in un certo senso, e la loro produzione è impressionante.

Sopra “opere d’arte” create da algoritmi GAN.

Per capire il funzionamento delle GAN, sarebbe utile conoscere come funzionano gli algoritmi generativi, e per questo, confrontarli con algoritmi discriminatori è utile. Gli algoritmi discriminanti cercano di classificare i dati di input; cioè, date le caratteristiche di un'istanza di dati, predicono un'etichetta o una categoria a cui appartengono quei dati.

Ad esempio, date tutte le parole in un messaggio di posta elettronica (l'istanza di dati), un algoritmo discriminante potrebbe prevedere se il messaggio è spam oppure se non è spam. Spam è una delle etichette e l'insieme di parole raccolte dall'e-mail sono le caratteristiche che costituiscono i dati di input.

Quindi gli algoritmi discriminanti mappano le caratteristiche delle etichette. Sono interessati esplicitamente a quella correlazione. Un modo per intuire come funzionano gli algoritmi generativi è pensare che facciano l'opposto. Anziché predire un'etichetta in base a determinate funzioni, tentano di prevedere le caratteristiche fornite da una determinata etichetta.

La domanda a cui un algoritmo generativo cerca di rispondere è: supponendo che questa e-mail sia spam, quanto sono probabili queste caratteristiche?

Mentre i modelli discriminanti si preoccupano della relazione tra y e x, i modelli generativi si preoccupano di "come si ottiene x".

Un altro modo di pensare al funzionamento dei GAN è distinguere il discriminativo dal generativo in questo modo:

- I modelli discriminatori imparano il confine tra le classi.
- I modelli generativi modellano la distribuzione delle singole classi.

Possiamo esemplificare la logica del GAN e pensare a un GAN come l'opposizione di un contraffattore e di un poliziotto in un gioco di guardie e ladri, in cui il contraffattore sta imparando a passare le note false e il poliziotto sta imparando a rilevarle. Entrambi sono dinamici; cioè anche il poliziotto è in addestramento, e ciascuna parte impara i metodi dell'altro in un'escalation costante.

Sopra un esempio di spartito musicale generato attraverso algoritmi GAN

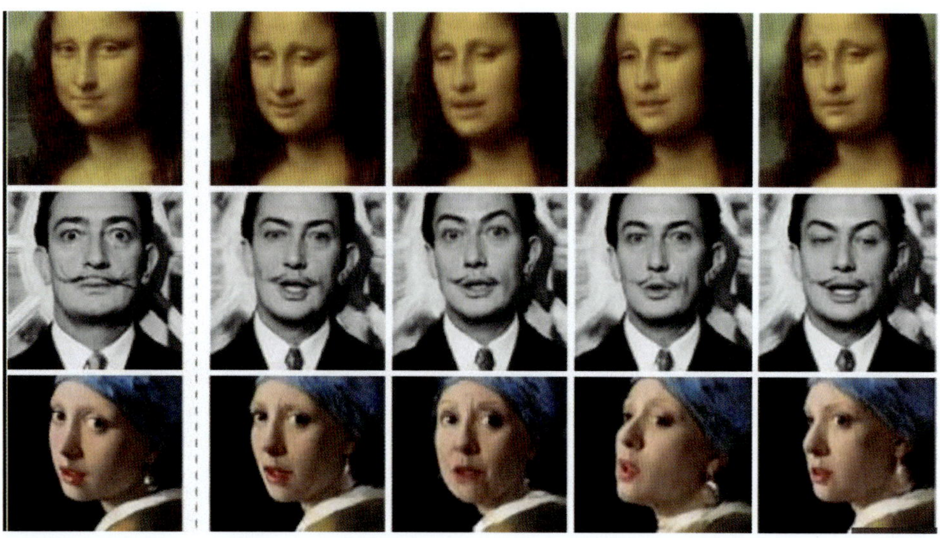

Sopra un altro esempio sull'utilizzo di GAN attraverso una tecnica per la sintesi di immagini umane combinando e sovrapponendo immagini e video esistenti su immagini o video di origine.

Autoencoders

Gli autoencoder sono algoritmi generativi che aggiungono un ulteriore vincolo alla codifica dei dati di input, ovvero che le rappresentazioni nascoste sono normalizzate.

Lo scopo di un autoencoder è di apprendere una rappresentazione (codifica) per un insieme di dati, in genere per la riduzione della dimensionalità, addestrando la rete a ignorare il "rumore" del segnale. Insieme al lato di riduzione, viene appresa una parte ricostruttiva, in cui l'autoencoder tenta di generare dalla codifica ridotta una rappresentazione il più vicino possibile al suo input originale, da cui il suo nome.

Seq2seq

Un modello sequenza-sequenza (SEQ) converte una sequenza da un dominio di input a una sequenza in un altro dominio di output. In generale, un modello seq2seq è implementato usando due reti neurali ricorrenti, una prima rete è un encoder e la seconda è un decodificatore.

Un buon esempio di utilizzo di un modello seq2seq è la traduzione neurale di una frase da una lingua di partenza a una lingua di destinazione.

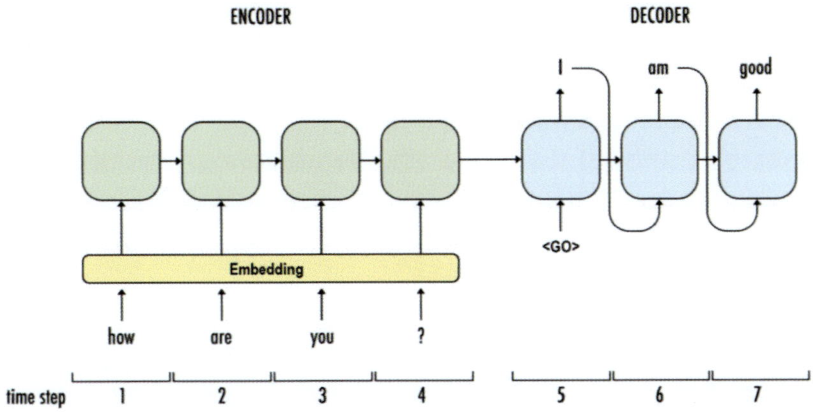

CNN

Le reti neurali convoluzionali (CNN) sono reti neurali artificiali profonde che vengono utilizzate principalmente per classificare le immagini (ad esempio, denominano ciò che vedono), raggrupparle per similarità (ricerca foto) ed eseguire il riconoscimento dell'oggetto all'interno delle scene. Sono algoritmi in grado di identificare volti, individui, segnali stradali, tumori, e molti altri aspetti dei dati visivi.

Le reti convoluzionali eseguono il riconoscimento ottico dei caratteri (OCR) per digitalizzare il testo e rendere possibile l'elaborazione in linguaggio naturale su documenti analogici e scritti a mano, in cui le immagini sono simboli da trascrivere. Le CNN possono anche essere applicate al suono quando è rappresentato visivamente come uno spettrogramma.

L'efficacia delle reti convoluzionali nel riconoscimento delle immagini è uno dei motivi principali per cui il mondo del business si è reso conto dell'efficacia dell'apprendimento profondo. Stanno infatti alimentando importanti progressi nella visione artificiale che ha applicazioni critiche nelle nuove frontiere come le auto a guida autonoma, la robotica, i droni, la sicurezza, le diagnosi mediche, ecc...

L’immagine sopra mostra un esempio di azione CNN, il volume iniziale memorizza i pixel dell'immagine grezza (a sinistra) e l'ultimo volume memorizza i punteggi delle classi (a destra). Ogni volume di attivazioni lungo il percorso di elaborazione è mostrato come una colonna. L'ultimo volume del livello contiene i punteggi per ogni classe, qui nell’esempio visualizziamo i top 5 classificati ordinati.

Sopra un altro esempio di individuazione e decodifica delle immagini opera di algoritmi CNN.

La convoluzione e lo strato convoluzionale sono i principali elementi costitutivi utilizzati nelle reti neurali convoluzionali.

Una convoluzione è la semplice applicazione di un filtro a un input che si traduce in un'attivazione. L'applicazione ripetuta dello stesso filtro come input produce una mappa di attivazioni chiamata **mappa delle caratteristiche**, che indica le posizioni e la forza di una caratteristica rilevata in un input, ad esempio un'immagine.

L'innovazione delle reti neuronali convoluzionali è la capacità di apprendere automaticamente un gran numero di filtri in parallelo, specifici per un set di dati di addestramento, sotto i vincoli di uno specifico problema di modellazione predittiva. Il risultato sono caratteristiche altamente specifiche che possono essere rilevate ovunque sui dati di input.

Uno dei casi di applicazione delle CNN che consente di descriverne in maniera piuttosto semplice il funzionamento, riguarda l'utilizzo delle CNN con dati di tipo immagini "bidimensionali".

Al centro della rete neurale convoluzionale c'è lo strato convoluzionale che dà il nome alla rete. Questo strato esegue un'operazione chiamata " convoluzione ".

Nel contesto di una rete neurale convoluzionale, una convoluzione è un'operazione lineare che comporta la moltiplicazione di un insieme di pesi con l'input, proprio come una rete neurale tradizionale. Dato che la tecnica è stata progettata per l'input bidimensionale, la moltiplicazione viene eseguita tra una matrice di dati di input e una matrice bidimensionale di pesi, denominata filtro o kernel.

Il filtro è più piccolo dei dati di input e il tipo di moltiplicazione applicato tra il filtro in input e il filtro in output è un prodotto di punti e poiché risulta in un singolo valore, l'operazione viene spesso definita "prodotto scalare".

L'uso di un filtro più piccolo dell'input è intenzionale poiché consente allo stesso filtro (set di pesi) di moltiplicare l'array di input più volte in punti diversi sull'input. Nello specifico, il filtro viene applicato sistematicamente a ciascuna parte sovrapposta ai dati di input, da sinistra a destra, dall'alto verso il basso.

Questa applicazione sistematica dello stesso filtro su un'immagine è un'idea potente. Se il filtro è progettato per rilevare un tipo specifico di funzionalità nell'input, l'applicazione di tale filtro in modo sistematico attraverso l'intera immagine di input, consente al filtro di scoprire questa caratteristica in qualsiasi punto dell'immagine. Questa capacità viene comunemente definita invarianza della traduzione, ad esempio l'interesse generale è stabilire se la funzione è presente piuttosto che dove è presente.

Poiché il filtro viene applicato più volte all'array di input, il risultato è una matrice bidimensionale di valori di output che rappresentano un filtraggio dell'input. In quanto tale, l'array di output bidimensionale di questa operazione è chiamato "mappa delle caratteristiche".

Una volta creata una mappa delle caratteristiche, possiamo passare ogni valore nella mappa delle caratteristiche attraverso una funzione di attivazione.

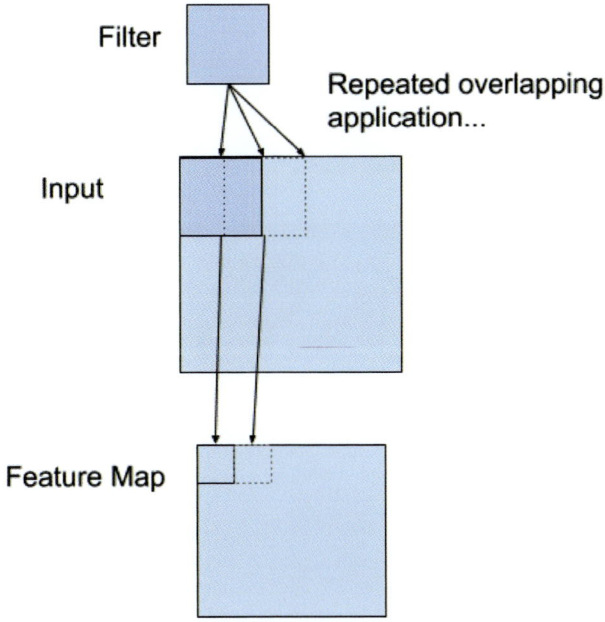

Esempio di filtro applicato a un input bidimensionale per creare una mappa di caratteristiche (credit: Jason Brownlee).

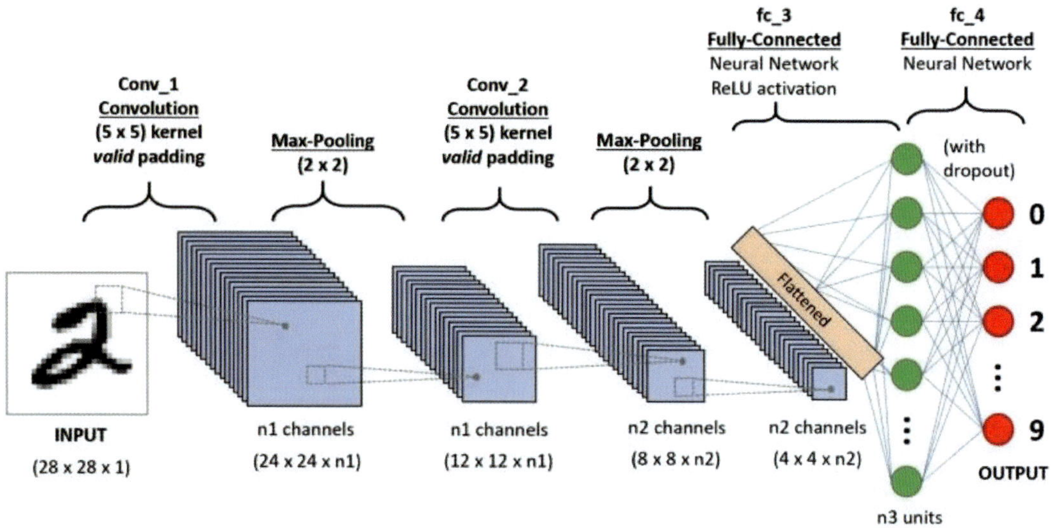

L'immagine sopra esemplifica l'architettura di una CNN e quella sotto esemplifica l'architettura con un esempio:

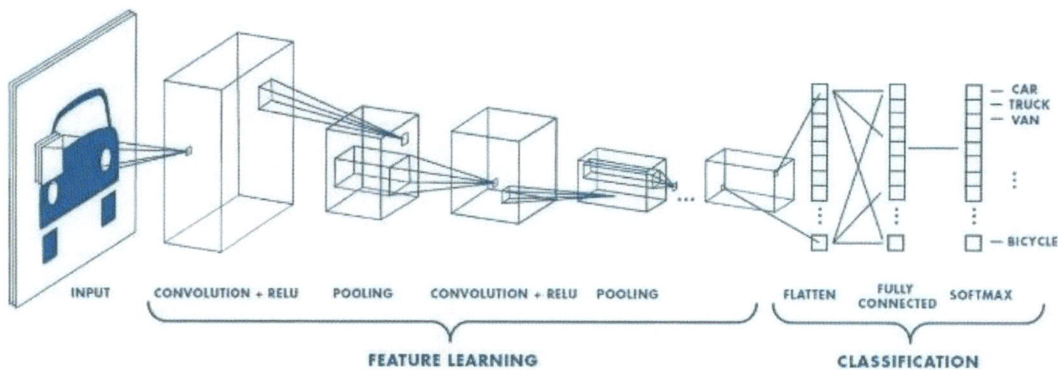

DCNN

Una rete neurale convoluzionale profonda (DCNN) è costituita da molti strati di reti neurali CNN.

PARTE IV

UNO SGUARDO "SOTTO IL COFANO"

Una sezione del libro più tecnica per i più curiosi che vogliono sapere cosa c'è "sotto il cofano", taglio simil-tecnico ma con lo sforzo di chiarire i concetti nella maniera più semplice e immediata possibile, per i lettori non specialisti della materia ma con una buona base matematica.

Technicalia

Premessa

Quest'ultima parte del libro ha come obiettivo quello di guardare con maggiore precisione sotto il cofano con alcuni esempi (anche di codice) di varia natura, con l'obiettivo di dare qualche spunto al lettore "tecnico" interessato a capire qualche dettaglio in più.

Questa parte non ha la pretesa di sostituire volumi dedicati e meglio strutturati disponibili sul mercato, ma (per completezza espositiva) ho ritenuto importante organizzare una parte del libro più tecnica, molti degli spunti di questa parte del libro arrivano dai lavori di A. Burkov, P. Jeffcock e T. Hardes.

"Sotto il cofano"

Come menzionato nel capitolo "un workflow di riferimento" prima di scrivere la prima riga di codice che consenta di chiamare le funzionalità di un algoritmo di ML o che consenta la costruzione di una struttura ANN, le attività propedeutiche da fare sono numerose e la pipeline di riferimento uno strumento indispensabile, per comodità la riporto nuovamente di seguito.

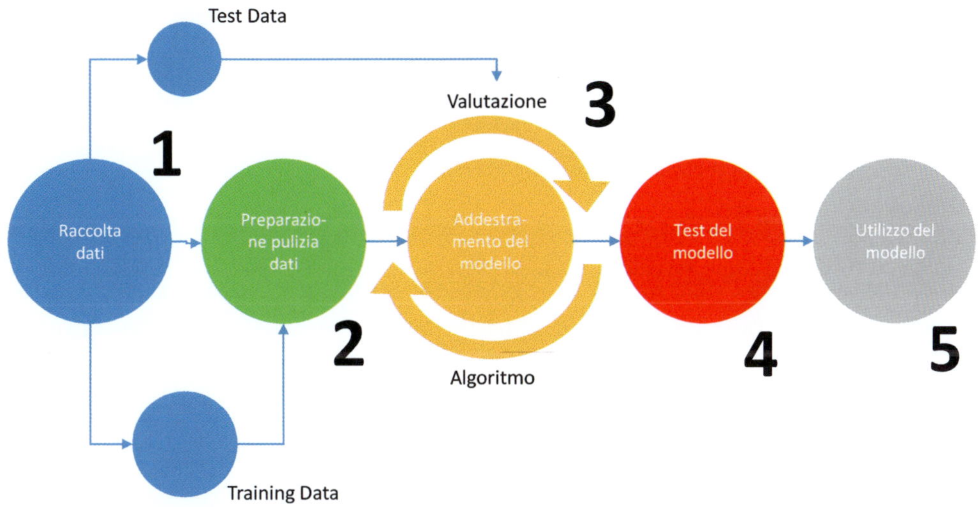

Accanto però al processo da seguire concorrono componenti tecniche che diventa rilevante comprendere e governare, alcuni di questi temi (come il bias e la varianza) sono già stati trattati da un punto di vista tecnico in parti del libro dove era più opportuno citarli, altri invece saranno analizzati e descritti ora.

Feature Engineering: le caratteristiche dei dati

Le caratteristiche dei dati sono importanti per i modelli predittivi e influenzeranno i risultati che sarà possibile ottenere. La qualità e la quantità delle funzionalità avranno una grande influenza sul fatto che il modello sia buono o meno.

Si potrebbe dire che migliori sono le caratteristiche, migliore è il risultato. Questo non è del tutto vero, perché i risultati ottenuti dipendono anche dal modello e dai dati, non solo dalle caratteristiche scelte. Detto questo, la scelta delle giuste caratteristiche è determinante. Funzionalità migliori possono produrre modelli più semplici e più flessibili e spesso producono risultati migliori.

Va da sé che quando un responsabile marketing chiede di predire se un cliente ha intenzione di abbandonare l'azienda per un competitor o rimanere per contribuire al successo garantendo acquisti futuri, non è sufficiente prendere i dati delle transazioni degli acquisti e magari i log relativi a come ha visitato il sito di e-commerce, inserirli in un database e fare previsioni.

È necessario prima costruire un dataset “adeguato”.

Un dataset è l'insieme di esempi etichettati dove ogni elemento è chiamato vettore della caratteristica e un vettore della caratteristica è un elemento in cui ogni dimensione contiene un valore che descrive l'esempio in una qualche forma intellegibile, questo valore è chiamato caratteristica.

Il problema di trasformare i dati grezzi in un dataset è chiamato feature engineering. Per problemi più pratici, l'ingegneria delle caratteristiche è un processo complesso e impegnativo che richiede da parte dell'analista dati una buona dose di creatività e, possibilmente, la conoscenza del dominio da cui origina il dataset, ad esempio, per trasformare i log di interazione dell'utente con un software.

Ad esempio, per trasformare i log di interazione del cliente con un sistema informatico, si potrebbero creare delle funzionalità che contengono informazioni sul cliente e alcune statistiche estratte dai logs. Per ogni utente, una caratteristica potrebbe essere il valore del servizio acquistato o sottoscritto, oppure la frequenza delle connessioni per giorno, settimana e anno; un'altra caratteristica potrebbe contenere la durata media della sessione in secondi o il tempo medio di risposta per una richiesta e così via. Tutto ciò che è misurabile può essere utilizzato come caratteristica. Il ruolo dell'analista dati è quello di creare caratteristiche informative: queste consentirebbero all'algoritmo di ML di costruire un modello che predice bene le etichette dei dati utilizzate per l'addestramento. Caratteristiche altamente informative sono chiamate anche “ad elevata potenza predittiva”. Ad esempio, la durata media della sessione di un utente ha un alto potere predittivo per il problema di predire se l'utente continuerà ad usare l'applicazione o il sito che genera quel tipo di caratteristica in futuro.

Possiamo affermare che un modello ha una bassa distorsione (bias) quando predice bene i dati di addestramento. Cioè, commette pochi errori quando si cerca di prevedere le etichette degli esempi utilizzati per costruire il modello.

One-Hot Encoding

Alcuni algoritmi di apprendimento funzionano solo con vettori numerici. Quando qualche caratteristica nel set di dati è di tipo categoriale, come gli attributi “mesi dell'anno” o “tipo prodotto” è possibile trasformare una simile caratteristica categorica in diverse caratteristiche binarie, più avanti in questa parte del libro potrete trovare il capitolo "Esempio di creazione di una semplice Rete Neurale" dove questo concetto sarà ripreso ed esemplificato.

Se, ad esempio, ci ritroviamo con una caratteristica categoriale che indica tre distinte "dimensioni" come: piccolo, medio, grande è possibile trasformare questa caratteristica in un vettore di tre cifre.

Piccolo=[1,0,0]
Medio=[0,1,0]
Grande=[0,0,1]

In questo modo, aumentano la dimensionalità dei vettori di caratteristiche. È importante però sottolineare che è opportuno non trasformare piccolo in 1, medio in 2 e grande in 3 perché ciò potrebbe implicare che esiste un ordine tra i valori di questa categoria e che questo ordine specifico potrebbe essere importante per il processo decisionale. Se l'ordine dei valori di una caratteristica non è importante, utilizzando l'opzione numeri ordinati come valori, il rischio di "confondere" l'algoritmo di apprendimento diventa alto, perché l'algoritmo cercherà di trovare una regolarità dove invece non esiste nessuna regolarità, il che potrebbe portare ad un problema di overfitting.

Binning (Quantization)

Una situazione opposta alla precedente è quando si ha un valore numerico continuo ma si desidera convertirlo in una caratteristica categorica. Binning (chiamato anche quantization) è il processo di conversione di una caratteristica continua in caratteristiche binarie multiple, tipicamente in base all'intervallo di valori. Per esempio, invece di rappresentare l'altezza di una persona come un valore in centimetri, l'analista potrebbe costruire fasce di altezza raggruppate in entità discrete:

- minore di 150 cm
- tra 151 cm e 175 cm
- tra 175 cm e 190 cm
- maggiore di 190 cm

In alcuni casi, un binning accuratamente progettato può aiutare l'algoritmo di apprendimento ad imparare usando meno esempi. Succede perché diamo un "suggerimento" all'algoritmo di apprendimento che se l'attributo di una caratteristica rientra in un intervallo specifico, il valore esatto dell'elemento non ha importanza.

Normalization

La normalizzazione è il processo di conversione di un intervallo effettivo di valori che un valore numerico può assumere, in un intervallo standard di valori, tipicamente nell'intervallo [-1,1].
Ad esempio, supponiamo che l'intervallo naturale di una particolare caratteristica sia compreso tra 630.000 e 1.900.000. Sottraendo 630.000 da ogni valore della caratteristica, e dividendo il risultato per (1.900.000-630.000), si possono normalizzare quelle nell'intervallo compreso tra 0 e 1.
La normalizzazione dei dati non è un requisito rigoroso. Tuttavia, nella pratica, può portare ad una maggiore velocità di apprendimento, è utile per garantire che i nostri input siano all'incirca nella stessa dimensione, relativamente piccola, per evitare alcuni dei possibili problemi che i computer hanno quando lavorano con valori molto piccoli o numeri molto grandi (noto come overflow numerico).

Standardization

La standardizzazione dei dati è il processo di ridimensionamento di uno o più attributi in modo che abbiano un valore medio di 0 e una deviazione standard di 1.

La standardizzazione presuppone che i dati abbiano una distribuzione gaussiana (curva a campana). Questo non deve essere necessariamente vero, ma la tecnica è più efficace se la distribuzione dell'attributo è gaussiana.

La standardizzazione è utile quando i dati hanno scale variabili e l'algoritmo che si sta utilizzando fa presupposizioni sui dati con una distribuzione gaussiana, come la regressione lineare, la regressione logistica e l'analisi discriminante lineare.

Alla domanda: "meglio utilizzare la normalizzazione o la standardizzazione" non è possibile dare una risposta definitiva. Di solito, se il set di dati non è troppo grande è utile provare entrambi i metodi e vedere quale funziona meglio per lo specifico compito, se invece non è percorribile la strada di una "doppia prova" ci si può attenere alla regola generale:

- Gli algoritmi di apprendimento non supervisionato generalmente beneficiano più spesso della standardizzazione che della normalizzazione.
- La standardizzazione è preferibile se i valori che questa caratteristica assume sono ripartiti come una distribuzione gaussiana (la cosiddetta curva a campana).
- Ancora una volta, la standardizzazione è preferibile per una caratteristica se a volte può avere un valore estremamente elevato o valori bassi (outliers), questo perché la normalizzazione "comprime" i valori normali in una gamma molto piccola;
- In tutti gli altri casi, è preferibile la normalizzazione.

Valori Mancanti

In alcuni casi i dati arrivano all'analista sotto forma di un insieme di dati con caratteristiche già definite, ma non è raro che in alcuni casi, i valori di alcune caratteristiche possano mancare.

I valori mancanti sono un problema per gli algoritmi di ML ed è opportuno individuare e applicare una strategia per gestirli.

Gli approcci tipici per trattare i valori mancanti per una specifica caratteristica sono:

- Rimozione degli esempi con caratteristiche mancanti dall'insieme di dati. Questo può essere fatto se il set di dati è abbastanza grande da poter sacrificare alcuni esempi di addestramento.
- Utilizzo di un algoritmo di apprendimento che può gestire i valori delle caratteristiche mancanti (dipende dall'attributo e dalla specifica implementazione dell'algoritmo).
- Utilizzando una tecnica di imputazione dei dati (utilizzando ad esempio una logica per "ricostruire" il dato mancante).

Alcune librerie di supporto forniscono una serie di funzioni in grado di dare un aiuto concreto nella gestione dei dati mancanti, ad esempio calcolando valori medi rispetto ai dati completi per fornire valori plausibili a quelli mancanti.

La scelta dell'algoritmo

La scelta di un algoritmo di apprendimento automatico può essere un compito difficile. Non limitarsi ad un unico algoritmo è in linea generale una buona idea, d'altra parte spesso per questioni di tempo e costi non è possibile provarne quanti se ne vorrebbe.
Prima scegliere l'algoritmo candidato è indispensabile iniziare a lavorare sul problema che i dati dovrebbero consentire di risolvere con l'algoritmo appropriato. A seconda delle valutazioni fatte è possibile selezionare alcuni algoritmi e provarli sui dati.

Comprensibilità

Quanto è comprensibile la logica che consente al modello di produrre un dato affidabile? il modello potrebbe essere spiegato ad una platea non tecnica? Spesso gli algoritmi di ML più accurati sono definiti "scatole nere". istruiscono modelli che fanno pochissimi errori, ma perché un modello fa una previsione specifica potrebbe essere molto difficile da capire e persino più difficile da spiegare. Esempi di tali modelli sono le reti neurali spesso estremamente difficili da "sezionare" per comprenderne la logica nel dettaglio, d'altra parte altri algoritmi più classici come k-NN, la regressione lineare o algoritmi di apprendimento ad albero decisionale producono modelli che non sono sempre i più precisi, tuttavia, il modo in cui fanno le loro previsioni è sempre più semplice da capire.

Numero di caratteristiche (feature)

Valutare la dimensione del dataset (migliaia, milioni o miliardi di righe di dati) e la numerosità delle caratteristiche (che può essere nell'ordine dei milioni una volta predisposti i dataset con le operazioni di one-hot encoding, standardization, normalization, ecc...) è fondamentale per coinvolgere l'algoritmo appropriato, nei casi di dimensioni rilevanti le reti neurali sono una scelta quasi obbligata rispetto ad altri algoritmi che non possono garantire il successo a causa della numerosità di dati e caratteristiche (ad esempio l'algoritmo SVM sarebbe inutilizzabile).

Caratteristiche categoriche vs. numeriche

Il dataset è composto da sole caratteristiche categoriali o numeriche o da un mix di entrambe?

A seconda della risposta, alcuni algoritmi non possono gestire direttamente il set di dati, e diventa necessario una data preparation per convertire le caratteristiche categoriche in caratteristiche numeriche, utilizzando alcune tecniche come il one-hot encoding.

Non linearità dei dati

I dati sono separabili linearmente o possono essere modellati utilizzando un modello lineare? In caso positivo l'algoritmo SVM, la regressione logistica o la regressione lineare possono essere una buona scelta. Altrimenti le reti neurali profonde o gli algoritmi ensemble potrebbero funzionare meglio per tali tipologie di dati.

Velocità di apprendimento e di predizione

Nella scelta dell'algoritmo non vanno sottovalutate le velocità di apprendimento e di predizione, infatti un algoritmo potrebbe essere molto più lento di un altro in fase di apprendimento e necessitare di capacità di calcolo rilevante, cosi come in un ambiente di produzione la rapidità di risposta del modello sollecitato per ottenere una predizione può essere critico, algoritmi come SVM, la regressione lineare e logistica e anche k-NN si dimostrano piuttosto veloci, mentre reti neurali ricorrenti e reti profonde possono essere decisamente più lente.

Il dataset: training e test set

Nel capitolo "un workflow di riferimento" ho affrontato il tema dell'addestramento dei dati suddividendo il set disponibili in un due parti: un dataset per il training contenente il 70/80% dei dati e un dataset di validazione/test con i restanti dati. Il motivo di tale necessità è piuttosto semplice: addestrare un modello in grado di effettuare previsioni necessità implicitamente la possibilità di verificare la bontà delle predizioni, utilizzare per questa parte il set di dati utilizzati per l'addestramento è estremamente rischioso, poiché il modello potrebbe predire uno specifico valore per il semplice fatto di averlo già "incontrato" nell'elaborazione dei dati durante l'addestramento, avere invece un set di dati dedicato per il test e "sconosciuto" al modello consente di verificare l'efficacia del modello, il quale potrà effettuare previsioni e consentirà di valutare quante predizioni sono state fatte correttamente rispetto ai dati disponibili nel test e quante invece non sono andate a buon fine, dando così un valore sull'accuratezza del modello.

Alcuni autori indicano che il set di dati di training nell'era dei big data può tranquillamente essere configurato anche al 90% e oltre dei dati disponibili, dato che il set di test anche con meno del 10% di dati potrebbe essere costituito da svariati milioni di dati, in molti casi è anche possibile suddividere ulteriormente i dati di test in due ulteriori set: uno per la validazione del modello, una sorta di "palestra" per provare il modello e ottimizzarlo e uno per il test finale del modello dopo la validazione.
Al di là di questa ulteriore distinzione il dataset deve sempre avere una parte di dati dedicata al test sul quale il modello non ha avuto modo di addestrarsi.

Overfitting e Underfitting

Ho già menzionato il concetto di **bias** ed è chiaro che un buon modello deve avere una bias bassa. Al contrario se il modello commette molti errori sui dati dell'allenamento, è possibile dire che il modello ha un'elevata bias oppure che il modello si adatta male, in tal caso parliamo di **underfitting**, in buona sostanza l'underfitting indica l'incapacità del modello di prevedere bene le etichette dei dati su cui è stato addestrato. Ovviamente potrebbero esserci diversi motivi che causano l'uderfitting, alcuni di quelli notoriamente più importanti sono:

- Il modello è troppo semplice per il tipo di dati presenti (per esempio un modello lineare può spesso non essere adeguato se immaginiamo i dati seguire una curva).
- Le caratteristiche individuate non sono sufficientemente informative rispetto al tipo di dati (per esempio definire un modello per predire l'altezza di una persona avendo come caratteristiche selezionate il peso e l'età).

Risolvere il problema dell'underfitting passa per l'individuazione di un algoritmo più complesso e la definizione di caratteristiche informative con un maggior potere predittivo.
L'**overfitting** è il problema opposto, un modello in overfitting prevede molto bene i dati di training ma non quelli di test, diversi motivi possono portare all'overfitting, alcuni di questi sono:

- Il modello è troppo complesso per i dati forniti (per esempio un albero decisionale molto grande o rete neurale molto ampia).
- Si hanno molte caratteristiche informative, ma un numero di esempi di addestramento troppo piccolo.

Diverse azioni vengono suggerite come possibile rimedio per l'overfitting:

- Provare un modello più semplice (ad esempio la regressione lineare invece della regressione polinomiale, o l'algoritmo SVM con un modello lineare, o una rete neurale con meno layer).
- Ridurre la dimensionalità degli esempi nel dataset (ad esempio, utilizzando uno degli algoritmi di riduzione della dimensionalità come PCA, SNE, ecc...).
- Aggiungere altri dati di addestramento, aumentando il dataset.
- Regolarizzare il modello (La regolarizzazione è un termine che comprende metodi che costringono l'algoritmo a costruire un modello meno complesso. Il prezzo da pagare è una bias più alta ma, al contempo, una varianza più bassa. Questo problema è conosciuto in letteratura come il compromesso bias-varianza)

Valutare le performance del modello

Come è facilmente intuibile è necessario dotarsi di alcuni indicatori che possano misurare in una modalità sufficientemente formale le performance del modello, infatti se un primo rilevante passo è verificare che il modello abbia una buona forza predittiva sui dati di test, i passi successivi sono dotarsi di metriche che contribuiscano a dare un giudizio sufficientemente quantitativo all'affidabilità del modello addestrato.

Confusion matrix

La matrice di confusione è una tabella che riassume il successo del modello di classificazione quando predice valori appartenenti a diverse classi.
Un asse della matrice di confusione è l'etichetta che il modello previsto, e l'altro asse è l'etichetta vera e propria dei dati reali.

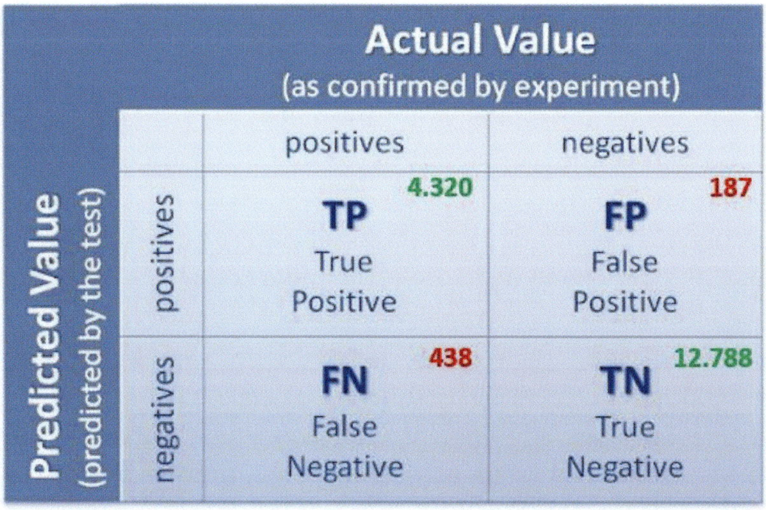

Predicted Value (predicted by the test)		Actual Value (as confirmed by experiment)	
		positives	negatives
	positives	4.320 **TP** True Positive	187 **FP** False Positive
	negatives	438 **FN** False Negative	12.788 **TN** True Negative

L'esempio di matrice sopra riportata indica che il modello (relativo ad una classificazione binaria: vero, falso) ha previsto i valori presenti nel set di dati ottenendo questi risultati, su un totale di 4.507 valori positivi (etichetta: Vero) nel set di test ne ha predetti 4.320 correttamente e 187 errati, mentre su un totale di 13.226 valori negativi (etichetta: Falso) ne ha predetti 12.788 correttamente, sbagliandone 438.

Una matrice di confusione può naturalmente avere più colonne e righe dipendentemente dal tipo di classificazione, con tale matrice è possibile calcolare due indicatori importanti come l'indicatore **precision** e l'indicatore **recall**.

L'indicatore **precision** è il rapporto tra le previsioni positive corrette e il numero complessivo di previsioni positive:

$$\frac{Veri\ positivi}{(Veri\ positivi) + (Veri\ negativi)}$$

L'indicatore Recall è il rapporto tra le previsioni positive corrette e il numero complessivo di esempi positivi nel set di test:

$$\frac{Veri\ positivi}{(Veri\ positivi) + (Falsi\ negativi)}$$

Per comprendere il significato e l'importanza della precision e del recall per la valutazione del modello è utile pensare i due indicatori in questi termini:

- La precision è il rapporto tra gli item rilevanti rispetto a tutti gli item "elaborati".
- Il recall è il rapporto tra gli item rilevanti rispetto a tutti quelli altrettanto rilevanti che sarebbero potuti essere "elaborati".

Va da sé che, proprio per la natura della formula di calcolo, è molto improbabile avere un modello che abbia contemporaneamente alta precision e alto recall.

Accuracy

L'accuratezza è data dal numero di esempi correttamente classificati diviso per il numero totale di esempi classificati. In termini di matrice di confusione, è data da:

$$\frac{(Veri\ positivi) + (Veri\ negativi)}{(Veri\ positivi) + (Falsi\ positivi) + (Falsi\ negativi) + (Veri\ negativi)}$$

L'accuratezza è una metrica utile quando gli errori di previsione di tutte le classi sono ugualmente importanti.

Nel caso in cui invece le classi abbiano importanza diversa è possibile assegnare un peso per ogni classe in modo da avere un'accuratezza "ponderata" rispetto ai pesi (importanza) delle classi.

ROC e AUC

La curva ROC (ROC sta per "caratteristiche di funzionamento del ricevitore") è un metodo comunemente usato per valutare le prestazioni dei modelli di classificazione. Le curve ROC utilizzano una combinazione del tasso positivo reale (la percentuale di esempi positivi previsti correttamente, definiti come recall) e del tasso di falsi positivi (la percentuale di esempi negativi previsti in modo errato) per ottenere un quadro riassuntivo delle prestazioni di classificazione.

Per chiarire meglio il concetto consideriamo un problema di predizione a 2 classi (positivo e negativo) e lo rappresentiamo con il grafico sotto riportato.

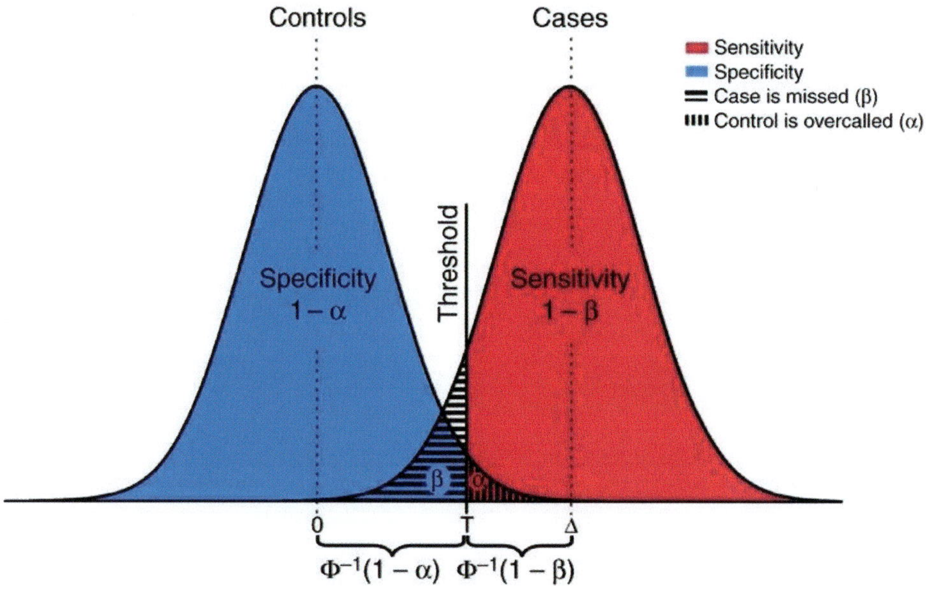

scelto un valore di soglia (threshold o cut-off), rispetto a cui decidere il risultato, ovvero se appartenente alla classe positiva (p) o negativa (n), dato che le due curve di distribuzione di probabilità risultano in parte sovrapposte, sono possibili quattro risultati a seconda della posizione del valore di cut-off, se il risultato della predizione è positivo p e il valore vero è anche positivo p, viene chiamato vero positivo (true positive - TP), se invece il valore vero è negativo, il risultato viene chiamato falso positivo (false positive - FP), al contrario, si ha un vero negativo (true negative - TN) quando entrambi, il risultato e il valore vero, sono negativi e un falso negativo (false negative - FN) invece si ha quando il risultato è negativo e il valore vero è positivo.

Questa rappresentazione altro non è che la matrice di confusione come si sarà facilmente intuito.

Un risultato qualitativo del test potrebbe essere quello di andare a valutare il numero di falsi positivi e negativi; come già specificato, meno ve ne saranno e maggiormente il test sarà valido.

Una curva ROC è il grafico dell'insieme delle coppie (FP, TP) al variare di un parametro del classificatore. Per esempio, in un classificatore a soglia, si calcola la frazione di veri positivi e quella di falsi positivi per ogni possibile valore della soglia; tutti i punti così ottenuti nello spazio FP-TP descrivono la curva ROC.

Attraverso l'analisi delle curve ROC si valuta la capacità del classificatore di discernere, ad esempio, tra un insieme di popolazione sana e malata, calcolando l'area sottesa alla curva ROC (Area Under Curve, AUC). Il valore di AUC, compreso tra 0 e 1, equivale infatti alla probabilità che il risultato del classificatore applicato ad un individuo estratto a caso dal gruppo dei malati sia superiore a quello ottenuto applicandolo ad un individuo estratto a caso dal gruppo dei sani.

Le curve ROC passano per i punti (0,0) e (1,1), avendo inoltre due condizioni che rappresentano due curve limite:

- una che taglia il grafico a 45°, passando per l'origine. Questa retta rappresenta il caso del classificatore casuale (linea di «nessun beneficio»), e l'area sottesa AUC è pari a 0,5.
- la seconda curva è rappresentata dal segmento che dall'origine sale al punto (0,1) e da quello che congiunge il punto (0,1) a (1,1), avendo un'area sottesa di valore pari a 1, ovvero rappresenta il classificatore perfetto.

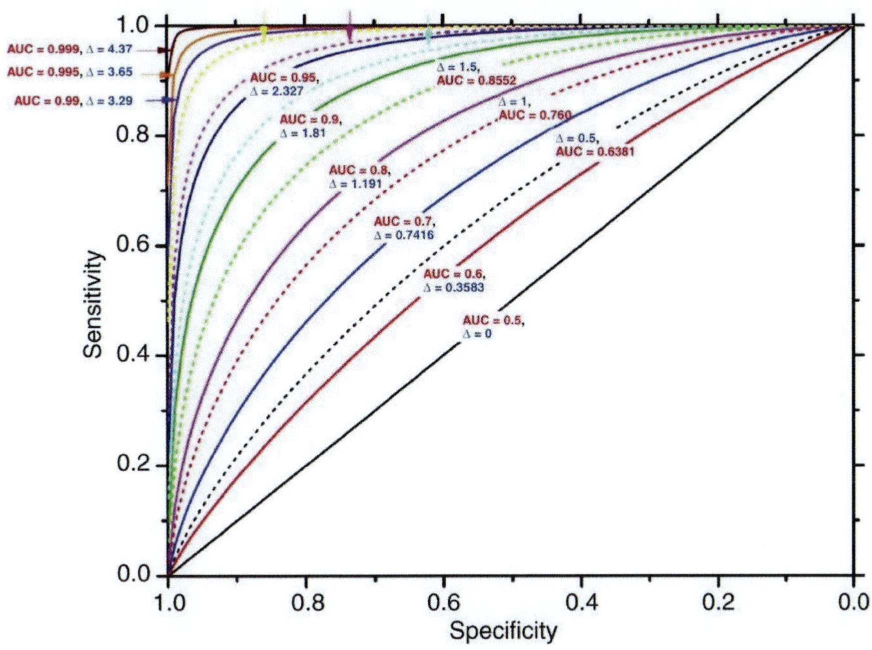

Più alta è l'area sotto la curva ROC (AUC), migliore è il classificatore. Un classificatore con un AUC superiore a 0.5 è migliore di un classificatore casuale. Se AUC è inferiore a 0,5 allora c'è qualcosa che non va nel modello. Un modello perfetto avrebbe un AUC di 1.
Le curve ROC sono ampiamente utilizzate perché sono relativamente semplici da capire, catturano più di un aspetto della classificazione (prendendo in considerazione sia i falsi positivi che i falsi negativi) e permettono di confrontare visivamente e con basso sforzo le prestazioni di diversi tipi di modelli.

Ottimizzare gli iperparametri

Gli iperparametri sono parametri regolabili scelti per il training di un modello, che regolano il processo di training stesso. Servono per eseguire il training di una rete neurale profonda, decidere, ad esempio, il numero di livelli nascosti nella rete e il numero di nodi in ogni livello. Questi valori in genere rimangono costanti durante il processo di training.
Negli scenari di Machine Learning/apprendimento avanzato, le prestazioni del modello dipendono in larga misura dai valori degli iperparametri selezionati. L'obiettivo dell'esplorazione degli iperparametri è eseguire ricerche nelle varie configurazioni degli iperparametri, per individuare una configurazione con le prestazioni migliori. In genere, il processo di esplorazione degli iperparametri viene eseguito manualmente, dato che lo spazio di ricerca è vasto e la valutazione di ogni configurazione può essere costosa.

Esempi di iperparametri sono:

- Il numero di neuroni in una rete neurale.
- Il numero di vicini k in un classificatore k-NN.
- Il grado di un polinomio utilizzato in una regressione.
- Il tipo di loss function.

Cross Validation

Come già anticipato precedentemente in tema di validazione del modello, una delle tecniche utilizzate è chiamata Cross Validation: La Cross Validation è una tecnica utilizzata per assicurarsi che un modello non produca un eccessivo livello di overfitting rispetto ai dati campionari sui quali è sviluppato. Con tale tecnica, un modello viene costruito e adattato utilizzando solo una parte del campione di dati a disposizione, utilizzando la restante porzione per valutarne l'effettivo potere predittivo. In condizioni ideali, il modello funzionerà ugualmente bene su entrambe le porzioni di dati. In caso contrario, è probabile la presenza di un livello di overfitting non trascurabile. I dati campionari vengono solitamente suddivisi in proporzione 80-20, in cui l'80% viene utilizzato per adattare o "addestrare" il modello (training data set) e il restante 20% (validation data set) viene impiegato per valutarne la capacità predittiva. Esistono anche approcci più rigorosi alla Cross Validation, tra cui la k-fold Validation, che prevede che il processo sopra esposto venga ripetuto k volte con diverse suddivisioni dei dati presi a campione (generalmente con k=5).

La regressione lineare, un test sul campo

Come riportato precedentemente, fra le tipologie di Machine Learning abbiamo il ML supervised (supervisionato) suddiviso in due ampie categorie (classificazione e regressione) ricche di algoritmi, di cui l'immagine sotto riporta i più noti:

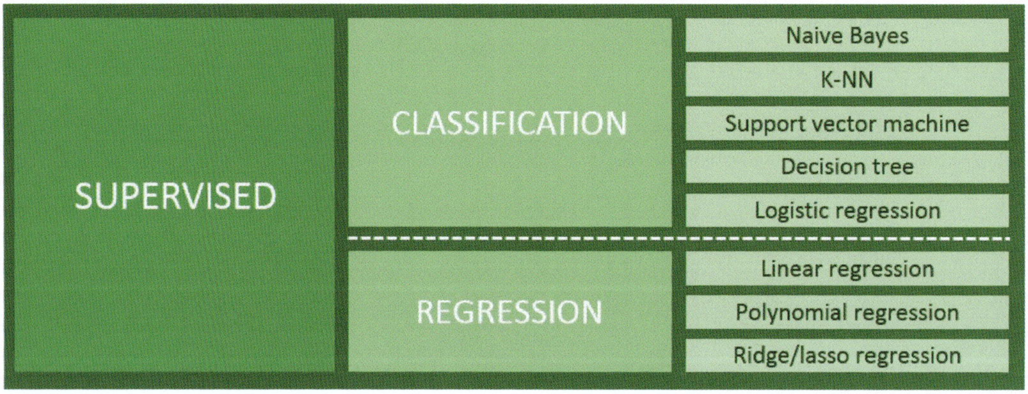

La complessità tecnica di alcuni algoritmi è materia per specialisti e anche fra gli specialisti esistono super specialisti verticalizzati solo su alcune tipologie di ML e alcuni algoritmi, ebbene sì, come in tutte le scienze anche nella scienza dei dati si può avere una visione d'insieme generalista, ma poi è necessario "specializzarsi", inutile dire che esistono ovviamente esperti e data scientist con competenze estese in molti ambiti, ma la specializzazione tecnica verticale è piuttosto normale...

Questo preambolo per dire che lo sforzo di spiegare ai non specialisti le logiche di funzionamento di alcuni algoritmi molto noti, è applicabile solo ad una piccola classe di algoritmi, d'altra parte se vi solletica l'interesse di capire perché e come un algoritmo funziona qui potrete trovare un tentativo di spiegazione ritagliato per non tecnici (che abbiano comunque una cultura matematica da scuole superiori...).

La regressione lineare è forse l'algoritmo statistico più noto da descrivere (e uno dei più diffusi in statistica).

Suggerisco per chi fosse interessato a questi "drill down sotto il cofano" di iscriversi al canale StatQuest di youtube, proprio da quel canale ho recuperato le info principali per questo capitolo.

Partiamo con un'immagine e una breve descrizione:

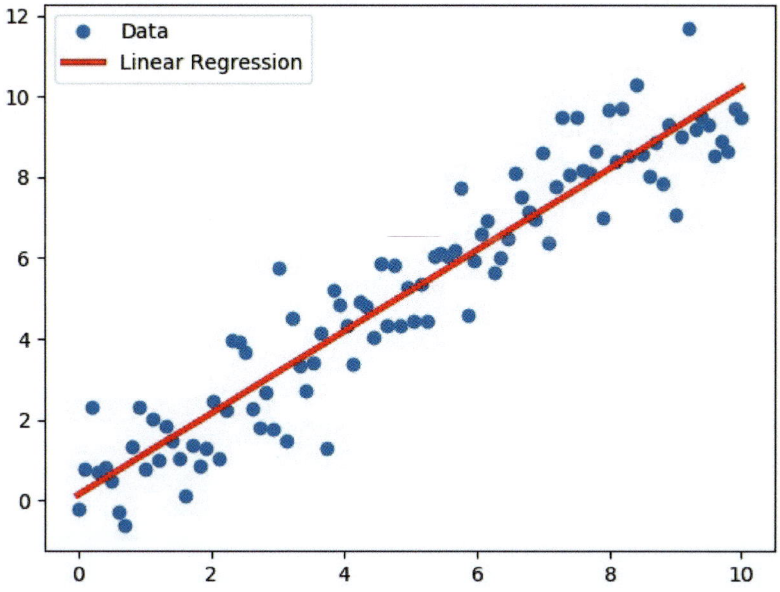

Volendo semplificare al massimo i concetti da comprendere per poter avere chiaro cosa sia e come funzioni la regressione lineare, si devono tenere in conto almeno questi tre "punti":

1. Utilizzare il metodo dei minimi quadrati per individuare la funzione della linea di regressione "migliore" tra tutte quelle possibili.
2. Calcolare R-quadrato (o coefficiente di determinazione) per avere un'indicazione che dica in che % "la nostra linea di regressione" consente di approssimare la realtà dei dati osservati.
3. Calcolare il valore-P (p-value) per R-quadrato per avere un'indicazione della significatività statistica dei dati osservati.

La regressione lineare ha come punto di riferimento l'utilizzo del metodo dei minimi quadrati. ci concentreremo esclusivamente su questa parte che aiuta ad intuire come la regressione lineare "funziona" a grandi linee e accenneremo solo in maniera "superficiale" al R-quadrato e al valore-P, dato che sarebbe pressoché impossibile una spiegazione senza riportare formule e senza il giusto background statistico, sarà però già un buon risultato intuire il funzionamento del metodo dei minimi quadrati.

il metodo dei minimi quadrati

Per il calcolo della regressione lineare, si dispone sempre di due variabili, che generalmente sono la "X" ed "Y" del piano cartesiano, tra le quali si ricerca la reazione di tipo lineare. "X" ed "Y" sono variabili di tipo deterministico. StatQuest spiega mirabilmente il metodo dei minimi quadrati senza utilizzare nessuna formula, i minimi quadrati solo indispensabili per poter individuare la funzione migliore (la linea di regressione) che consenta di fare previsioni X e Y con l'errore più basso possibile rispetto alla popolazione disponibile.

L'immagine seguente fornisce lo spunto per capire la logica di funzionamento dei minimi quadrati, immagine che descriverò di seguito:

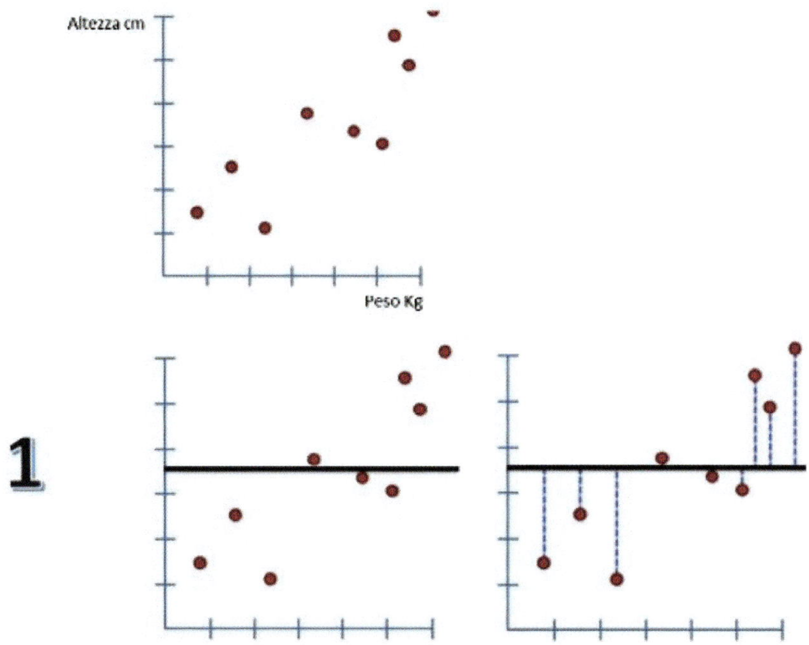

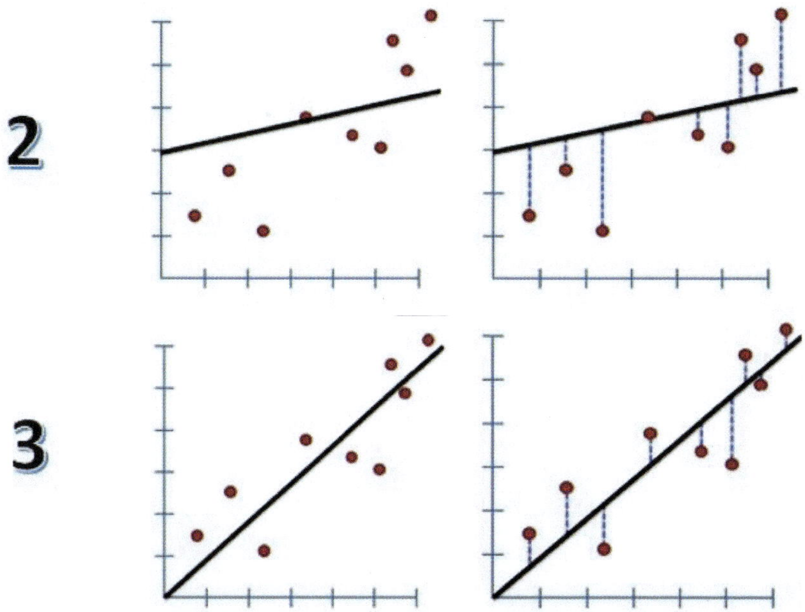

La parte in alto dell'immagine mostra un piano cartesiano con alcuni punti che riferiscono nel nostro esempio i valori di "peso in Kg" e "altezza in cm", i punti evidenziando il binomio (peso in Kg, Altezza in cm), la domanda alla quale la regressione lineare tenta di rispondere è quale altezza in cm corrisponderà uno specifico peso in Kg... la linea di regressione opportunamente calcolata consentirà di indicare il valore atteso con il minore errore possibile.

Iniziamo con la riga 1 dell'immagine sopra, non conoscendo l'esatta inclinazione e posizione della linea di regressione "improvvisiamone" una orizzontale (riga 1 immagine a sinistra) quindi tracciamo perpendicolarmente all'asse delle Y delle linee dai punti fino a intercettare la nostra linea orizzontale (queste distanze, indicate dal tratteggio si chiamano "residui"), il metodo dei minimi quadrati entra in gioco qui, una volta individuati tutti i residui è necessario fare la somma del quadrato di ogni singolo residuo.

Osserviamo nell'immagine anche la riga 2 e la riga 3 dove la linea orizzontale viene inclinata nella riga 2 e ulteriormente inclinata nella riga 3, i minimi quadrati sommati ovviamente saranno diversi a seconda dell'inclinazione della retta.

Appuntiamoci idealmente i risultati delle somme dei minimi quadrati per le linee riportate nelle tre righe dell'immagine sopra, anzi immaginiamo di avere altre linee oltre alle 3 disegnate e immaginiamo di avere fatto per tutte le possibili linee la somma dei minimi quadrati.

A questo punto disegniamo un grafico riportando i valori ottenuti:

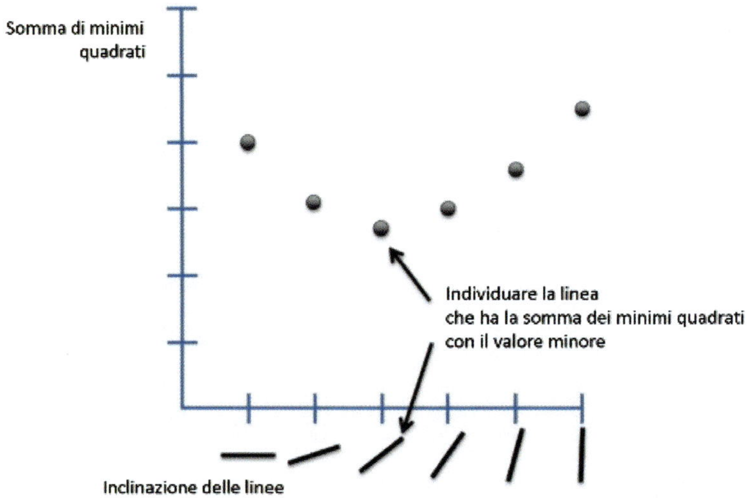

La linea candidata ad essere la linea di regressione è quella con i minimi quadrati con il valore minore.

R^2

Finito? non proprio, è necessario fare un ulteriore passo perché l'avere trovato la linea di regressione "migliore possibile" con il calcolo dei minimi quadrati non ci dà l'informazione di quanto "precisa" (ad esempio in termini percentuali) sia la predizione della linea di regressione, in buona sostanza è necessario sapere quanto percentualmente il peso in kg spiega l'altezza in cm:

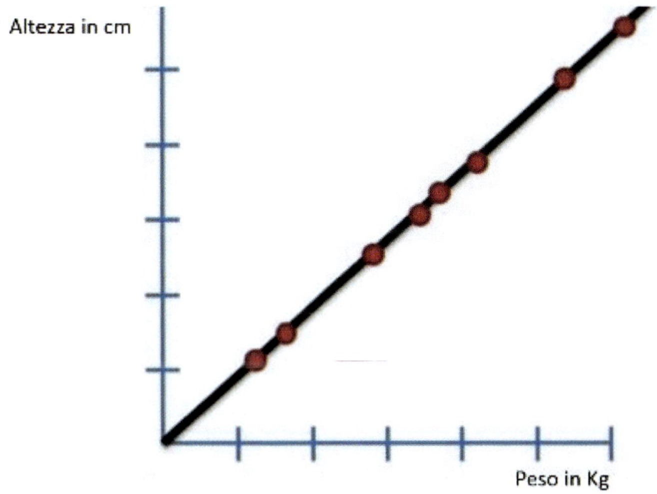

L'immagine sopra mostra una linea di regressione in cui il peso in kg "spiega" al 100% dell'altezza in cm.

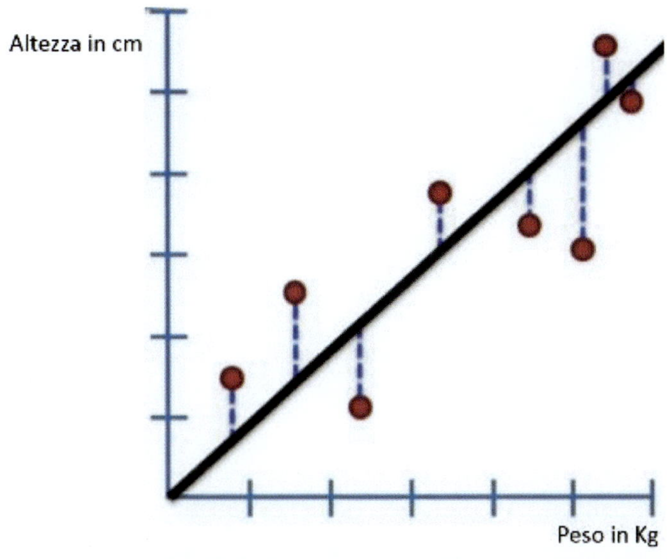

Questa immagine invece non mostra una linea di regressione in cui il peso in kg "spiega" al 100% dell'altezza in cm ed è quindi necessario trovate una modalità per capire quanto "buona" sia la nostra linea di regressione e questo si fa calcolando il R-quadrato (o coefficiente di determinazione).

Il coefficiente di determinazione non misura se effettivamente sussista una relazione (di qualsiasi tipo) tra le "variabili in gioco" (anche se sarebbe più corretto parlare di relazioni

tra le y e i regressori), ma soltanto fino a che punto un modello lineare consente di approssimare la realtà dei dati osservati.
Per esemplificare (ma anche semplificare molto...) potremmo dire la previsione che l'altezza in cm sarà 185 quando il peso in kg è 82 grazie alla linea di regressione è "corretta" al XX% (R-quadrato).

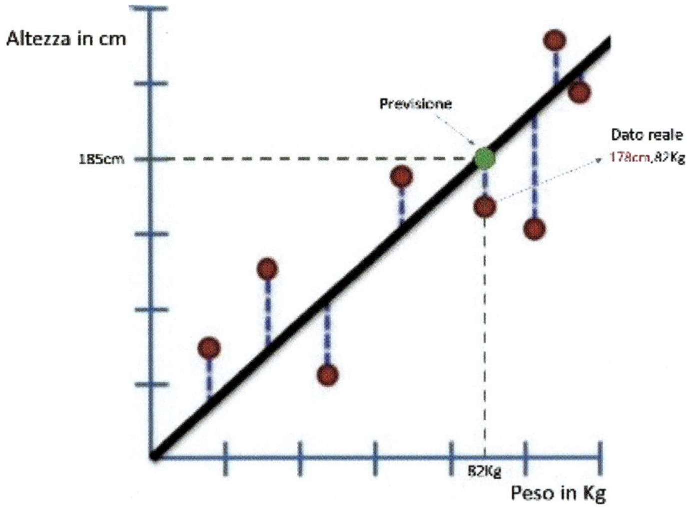

Valore-P

Ora che abbiamo intuito a cosa serve R-quadrato (saltando a piè pari tutte le complicazioni statistiche) provo a descrivere la parte del valore-P che, purtroppo, è ancora più complicato da spiegare.

Il valore-P è una grandezza statistica usata per stabilire la significatività dei risultati di una specifica ipotesi. Una discriminante, per dirla il più semplicemente possibile, tra un risultato positivo e uno negativo, si utilizza un valore soglia di riferimento.
La descrizione tecnica del valore-P è la seguente:
In statistica inferenziale il valore-P di un test di verifica d'ipotesi indica la probabilità di ottenere un risultato uguale o "più estremo" di quello osservato, supposta vera l'ipotesi nulla. Talvolta viene anche chiamato livello di significatività osservato.

Quando si effettua un test d'ipotesi si fissa un'ipotesi nulla e un valore soglia α (per convenzione di solito 0,05) che indica il livello di significatività del test. Calcolato il p-value relativo ai dati osservati è possibile comportarsi come segue:

- Se valore-P > α l'evidenza empirica non è sufficientemente contraria all'ipotesi nulla che quindi non può essere rifiutata.
- Se valore-P ≤ α l'evidenza empirica è fortemente contraria all'ipotesi nulla che quindi va rifiutata. In tal caso si dice che i dati osservati sono statisticamente significativi.

Tuttavia, se valore-P ~ α, cioè è vicino al valore soglia, è necessaria attenzione. Il valore-P viene utilizzato per fornire maggiori informazioni su un test rispetto all'accettazione o al rifiuto per un certo livello di significatività. Per questo le analisi statistiche devono sempre riportare il valore del p-value osservato, permettendo ai lettori di trarre le proprie conclusioni.

Per condurre un test statistico è importante fissare il livello di significatività (indicato di solito con la lettera greca α, alpha) prima di calcolare il valore-P. Se il valore-p venisse calcolato per primo, lo sperimentatore saprebbe quali valori per il livello di significatività conducono ad accettare o rigettare l'ipotesi nulla, e potrebbe scegliere il livello in funzione del risultato desiderato.
Ci sono diversi errori comuni riguardanti l'uso del valore-P.

- Il valore-P non è la probabilità che l'ipotesi nulla sia vera o la probabilità che l'ipotesi nulla sia falsa. Non è connessa con nessuna delle due.
- Il valore-P non è la probabilità che un'osservazione sia un caso. Il calcolo del valore-P è basato sull'ipotesi che ogni osservazione è un caso, un risultato aleatorio. Con la frase il risultato è dovuto al caso si intende di solito che l'ipotesi nulla è probabilmente corretta. Ma ricordiamo che il valore-P non può essere usato per rappresentare la probabilità che un'ipotesi sia vera.
- Il valore-P non è la probabilità di rifiutare l'ipotesi nulla quando questa è vera.
- Il valore-P non è la probabilità che replicando l'esperimento si otterrebbe la stessa conclusione. Per quantificare la replicabilità di un esperimento è stato introdotto il concetto di p-rep.
- Il livello di significatività α non è determinato dal valore-P. Il livello di significatività è deciso dalla persona che conduce l'esperimento prima di vedere i dati.

Un esempio sul campo

Esemplifichiamo i concetti riportati calcolando la regressione lineare di questa distribuzione, rimanendo sull'esempio della presunta relazione tra peso in Kg e altezza in Cm di un uomo adulto, questa volta però proponendo un campione di valori su cui costruire il nostro esempio.

Peso in Kg	Altezza in Cm
70	171
71	168
72	172
73	170
74	175
75	177
76	174
77	175
78	176
79	177
80	180
81	178
82	180
83	182
84	190
85	182
86	178
87	188
88	185
89	187
90	180
91	194
92	192
93	194
94	195
95	193
96	198
97	188
98	187
99	192
100	190

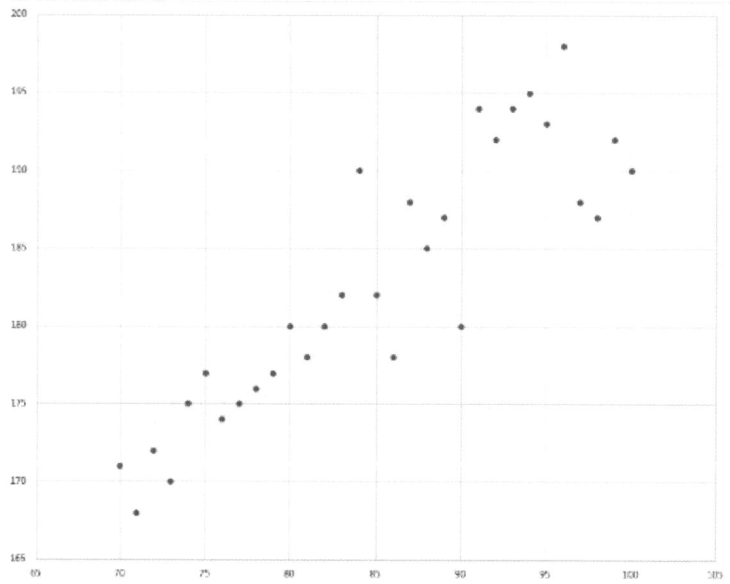

Inutile dire che l'esempio è solo per fare un test su quanto riportato, in nessun caso è possibile immaginare una relazione lineare tra il peso e l'altezza di una persona, visto i numerosi fattori che caratterizzano il binomio (peso, altezza).

In Excel

In excel è chiaramente un gioco piuttosto semplice, si crea sul set di dati un grafico e nelle funzionalità di excel, si seleziona l'opzione per definire la linea di regressione lineare, magari attivando anche l'opzione che riporta la funzione della retta definita:

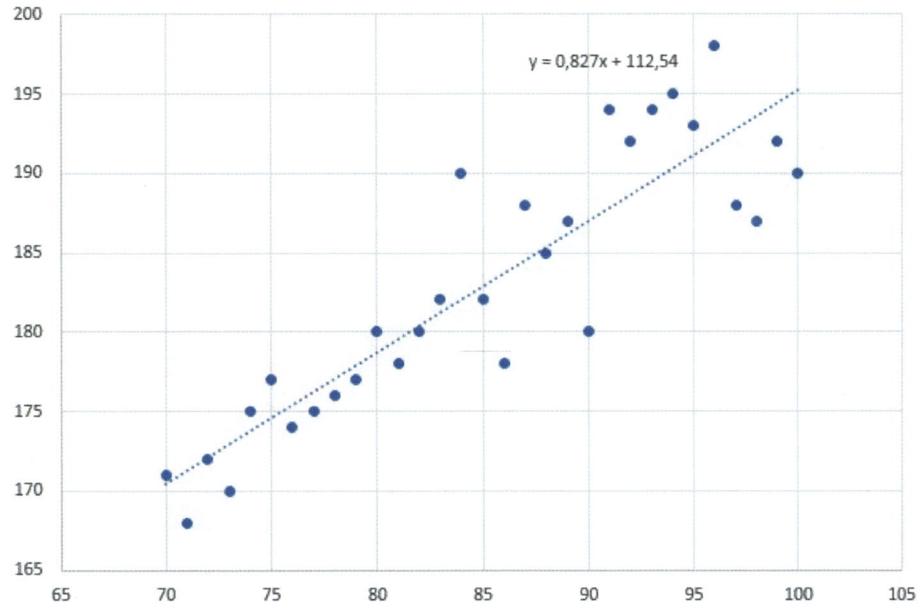

fatta questa operazione excel fornisce anche la formula per il il calcolo di R-quadrato: è sufficiente applicare ai dati X e ai dati Y la formula

```
RQ=y_note;x_note
```

e Excel ritornerà per il nostro esempio: 0,79 (ossia il 79% di "significatività")

In Python

Come riportato in un altro paragrafo consiglio di utilizzare google Colaboratory per sperimentare senza complicazioni in Python.

Gli step rispetto a Excel sono ovviamente completamente diversi, con Python è necessario recuperare i metodi necessari dalle librerie disponibili e importabili nell'ambiente e scrivere il codice necessario.

Per prima cosa creiamo un progetto in Colaboratory (selezionando dal menu "new Python 3 Notebook") e chiamiamolo Linear Regression e come prime righe del codice preoccupiamoci di importare le librerie e classi che ci servono:

```
import matplotlib.pyplot as plt
import numpy as np
from sklearn.linear_model import LinearRegression
```

Scikit-learn è una libreria open source di ML per il linguaggio di programmazione Python. Contiene algoritmi di classificazione, regressione e clustering e macchine a vettori di supporto, regressione logistica, classificatore bayesiano, k-mean e DBSCAN, ed è progettato per operare con le librerie NumPy e SciPy.

NumPy è un'estensione open source del linguaggio di programmazione Python, che aggiunge supporto per vettori e matrici multidimensionali e di grandi dimensioni e con funzioni matematiche di alto livello con cui operare.

Matplotlib è una libreria per la creazione di grafici per il linguaggio di programmazione Python e la libreria matematica NumPy. Fornisce API orientate agli oggetti che permettono di inserire grafici all'interno di applicativi usando toolkit GUI generici, come WxPython, Qt o GTK.

Dopo di che definiamo l'array dei dati che vogliamo analizzare:

```
x = np.array
([70,71,72,73,74,75,76,77,78,79,80,81,82,83,84,85,86,87,88,89,90,91,92,93
,94,95,96,97,98,99,100]).reshape((-1, 1))
y = np.array
([171,168,172,170,175,177,174,175,176,177,180,178,180,182,190,182,178,188
,185,187,180,194,192,194,195,193,198,188,187,192,190])
```

Per comodità forniamo l'array direttamente nella forma necessaria a Numpy ma naturalmente è possibile fare in modo che il dato sia letto da una sorgente dati specifica come un file di testo csv...

Con la libreria Matplot possiamo rappresentare l'array

```
plt.plot(x,y,'ro')
plt.axis([65, 120, 150, 210])
plt.show()
```

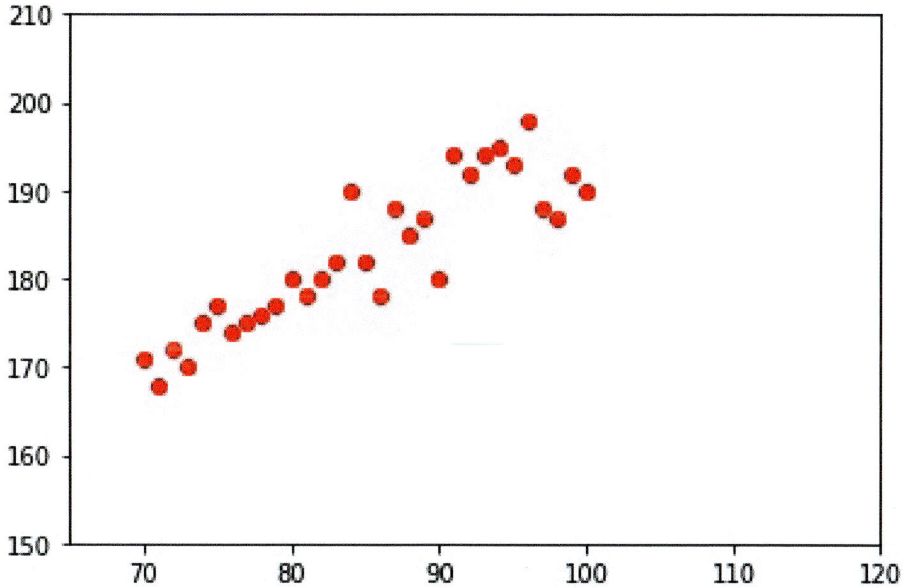

il secondo passo è la definizione dei dati con cui lavorare. Gli input (regressori, x) e output (variabile risposta, y) dovrebbero essere array (le istanze della classe numpy.ndarray) o oggetti simili. Questo è il modo più semplice di fornire dati per la regressione.

```
model = LinearRegression().fit(x, y)
```

Questa istruzione crea il modello variabile come istanza di LinearRegression. È possibile fornire diversi parametri facoltativi a LinearRegression ma nel presente esempio lasceremo i valori di default, disinteressandoci delle possibili parametrizzazioni.

L'output del modello è la linea di regressione, di cui possiamo vedere i valori con queste istruzioni:

```
print('intercetta:', model.intercept_)
print('pendenza:', model.coef_)
```

i risultati sono:

```
('intercetta:', 112.54233870967745) - ('pendenza:', array([0.82701613]))
```

Che ci consentono di creare la funzione della linea di regressione: y=0,827x+112,542 (esattamente come quella calcolata da excel ovviamente...).

Calcoliamo l'R-quadrato anche con Python con queste istruzioni:

```
r_sq = model.score(x, y)
print('coefficiente di determinazione R-quadrato:', r_sq)
```

con il risultato:

('coefficiente di determinazione R-quadrato:', 0.7985195) ossia il 79% riportato anche dalla funzione Excel.

A questo punto proviamo a prevedere un nuovo valore sapendo che il coefficiente di determinazione vale per questo "pacchetto" di dati il 79%, proviamo a vedere quale è l'altezza suggerita nel caso di un peso di 108 Kg.

```
y_pred = model.intercept_ + model.coef_ * 108
print('previsione altezza:', y_pred)
```

con il risultato:

```
('previsione altezza:', array([201.86008065]))
```

ossia quasi 202 Cm.
Per vedere il grafico con la linea di tendenza è sufficiente modificare leggermente lo script precedente aggiungendo la parte per il calcolo e disegno della linea di regressione.

```
xfit = np.linspace(0, 150, 50)
yfit = model.predict(xfit[:, np.newaxis])

plt.plot(x,y,'ro')
plt.axis([65, 120, 150, 210])
plt.plot(x_new)
plt.plot(xfit, yfit,'black')
plt.show()
```

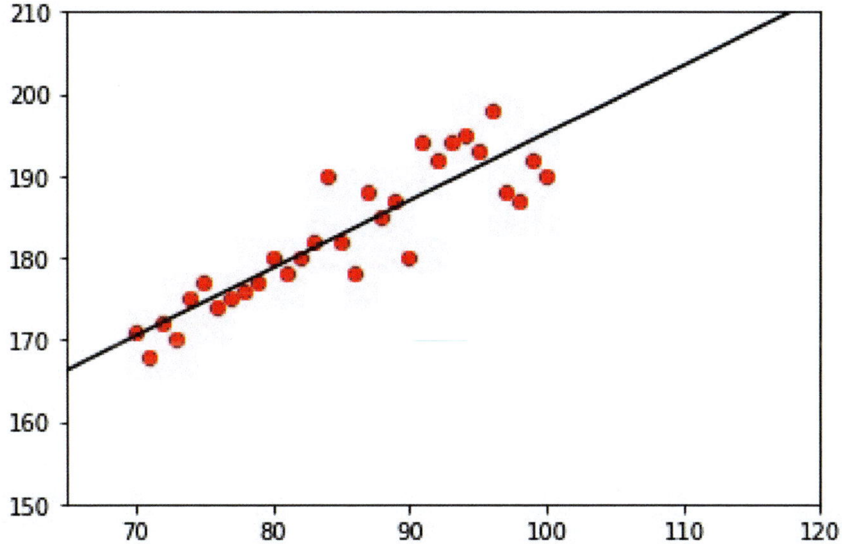
210
200
190
180
170
160
150
70
80
90
100
110
120

La Sentiment Analysis, qualche idea con Python

La sentiment analysis è un tipo di analisi esplorativa del dato che misura l'inclinazione delle opinioni delle persone attraverso l'elaborazione del linguaggio naturale (NLP), la linguistica computazionale e l'analisi del testo, utilizzate per estrarre e analizzare le informazioni soggettive da reti come il Web (in particolare social media, social network e fonti simili)

I dati analizzati quantificano i sentimenti o le reazioni del pubblico generale verso determinati prodotti, persone o idee e rivelano la polarità contestuale delle informazioni.

La sentiment analysis è considerata parte dell'intelligenza artificiale e del machine learning proprio per le attività di costruzione di informazioni, grazie a metodologie come l'elaborazione NLP.

È un tema molto ampio che può essere dettagliato e sezionato da molti punti di vista, in questo capitolo il mio obiettivo è provare a semplificarlo e esemplificarlo con qualche riga di codice.

Mi concentrerò su due (fra i diversi) output che un'analisi del genere può produrre:

La polarità e la soggettività dell'enunciato analizzato:

- Polarità: la polarità è compresa in un intervallo di valori (ad esempio da -1 a 1) e indica un giudizio negativo (-1), neutro (0) o positivo (1)
- Soggettività: la soggettività (che si muove tra 0 e 1) invece indica quanto il giudizio esprime un pensiero soggettivo (1) piuttosto che un pensiero oggettivo (0)

di seguito qualche esempio:

- *Il prodotto è estremamente costoso e per nulla utile* (esempio di polarità negativa)
- *Prodotto perfetto, fantastico da utilizzare* (esempio di polarità positiva)
- *Mi piace moltissimo* (esempio di pensiero soggettivo)
- *È disponibile in diversi colori ed è molto leggero* (esempio di pensiero oggettivo)

L'elaborazione di tali valori è il risultato dell'applicazione di specifici modelli NLP al testo da analizzare, importante è la qualità del modello e ovviamente la lingua utilizzata, ad oggi oltre alla lingua inglese molte altre lingue possono essere trattate con successo nell'applicazione di modelli per il calcolo della sentiment analysis.

Esemplifico questi concetti piuttosto semplici con un esercizio (classico nel mondo del sentiment analysis): il compito è analizzare il "sentiment" di una serie di tweet rispetto ad un hashtag o una specifica parola, scriverò per questo del semplice codice Python che si preoccuperà di:

- Richiamare le librerie corrette (per accedere ai tweet, per inizializzare le librerie NLP e grafiche per poter rappresentare i risultati).
- Importare i tweet.
- Applicare il modello di analisi e memorizzare i dati di polarità e soggettività.
- Rappresentare su un grafico scatter i risultati di qualche parola chiave.

Come sempre utilizzerò Google Colaboratory per la creazione e l'esecuzione dello script, importiamo le librerie necessarie:

```
!pip install python-twitter
import numpy as np
import matplotlib.pyplot as plt
import twitter
from textblob import TextBlob
import nltk
nltk.download('punkt')
nltk.download('averaged_perceptron_tagger')
nltk.download('brown')
```

Vale la pena sottolineare l'utilizzo di TextBlob che è la libreria che utilizzerò per la sentiment analysis, importate le librerie potremo accedere a twitter per recuperare i tweet, su questo punto è necessario evidenziare alcuni prerequisiti per poter accedere a twitter:

- È necessario avere un'utenza twitter attiva.
- È necessario registrare un app twitter per recuperare chiavi e token indispensabili per poter utilizzare le API di twitter (sarà sufficiente fare una rapida ricerca in google per trovare le indicazioni precise su come registrare un app twitter).
- La versione gratuita della parte dev di twitter consente di recuperare solo 100 tweet, ma per il nostro esperimento è più che sufficiente.

Instanziamo quindi twitter per poter accedere alle API (sostituire A, B, C e D con i valori che Twitter fornirà all'atto della definizione della App twitter).

```
api = twitter.Api(consumer_key="AAAAAAAAA",
                      consumer_secret="BBBBBBBBB",
                     access_token_key='CCCCCCCCC',
                     access_token_secret='DDDDDDDDDD')
print(api.VerifyCredentials())
```

Definiamo il termine da ricercare (nel nostro caso utilizziamo "Apple") e alcune variabili, e recuperiamo i 100 tweet (nel mio caso lingua inglese) inserendoli in una lista

```
tag_tweet="apple"
search = api.GetSearch(tag_tweet,count=100, result_type="mixed",
lang="en")
array_tweet=[""]
incrnum=0
x=[]
y=[]
for tweet in search:
        incrnum=incrnum+1
        array_tweet.append([tweet.text])
        print(incrnum, array_tweet[incrnum])
```

Per analizzare tweet in un'altra lingua la libreria TextBlob espone anche una funzione di traduzione, si potrebbe quindi (un po' artificiosamente) recuperare tweet in italiano tradurli in inglese e quindi calcolare polarità e soggettività, usando queste righe di codice:

```
tweet_tradotto=""
testimonial=TextBlob(str(array_tweet[incrnum]))
tweet_tradotto=testimonial.translate (from_lang='it',to='en')
print(testimonial.translate(from_lang='it',to='en'))
```

A questo punto passiamo i tweet al modulo NLP in modo che possa calcolare polarità e soggettività, polarità e soggettività saranno assegnate a X (polarità) e Y (soggettività) che serviranno per la rappresentazione grafica.

```
           testimonial = TextBlob(str(array_tweet[incrnum]))
        testimonial.tags
        testimonial.noun_phrases

        #calcolo del sentiment
        testimonial.sentiment
```

```
        x.append(testimonial.sentiment.polarity)
        y.append(testimonial.sentiment.subjectivity)
```

A questo punto possiamo create uno scatterplot che mostri la distribuzione dei risultati

```
plt.scatter(x, y)
plt.xlim([-1, 1])
plt.ylim([0, 1])
plt.title('Sentiment analysis per il termine: '+tag_tweet)
plt.xlabel('x')
plt.ylabel('y')
plt.show()
```

Il risultato dell'elaborazione per il termine "Apple iphone"

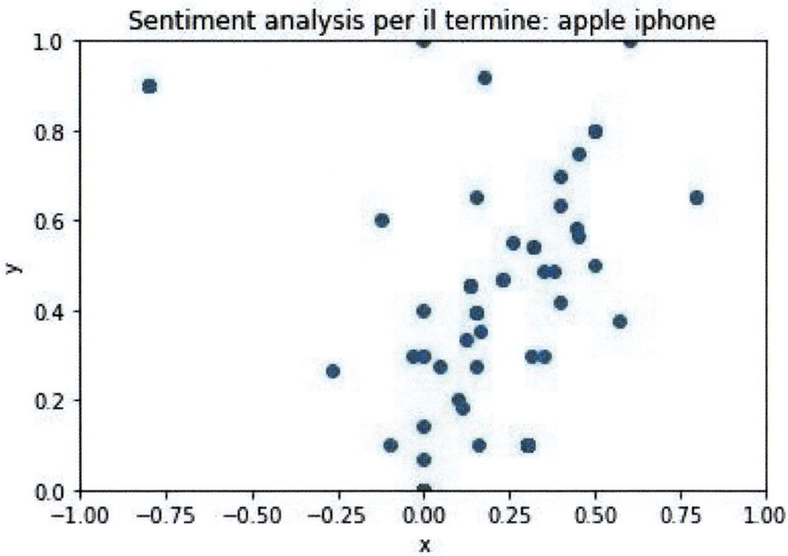

ed un esempio (per par condicio) con il termine "Samsung galaxy"

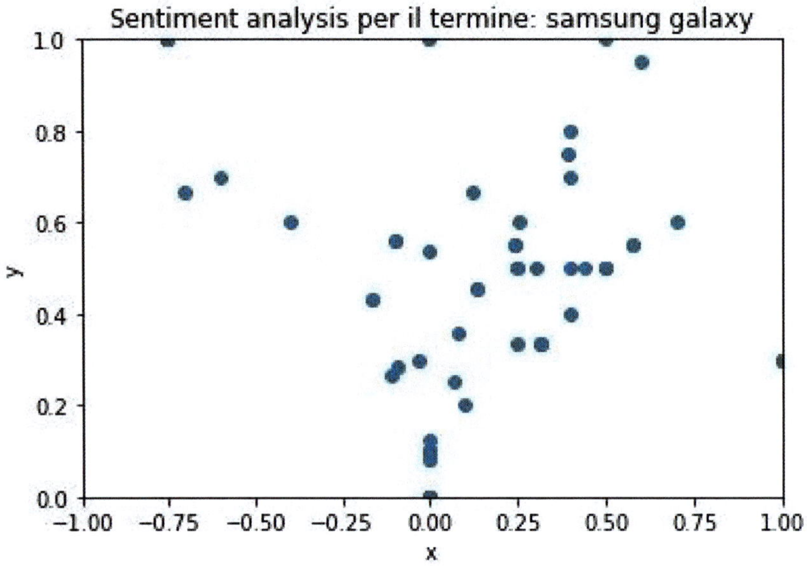
Sentiment analysis per il termine: samsung galaxy
1.0
0.8
0.6
0.4
0.2
0.0
y
−1.00
−0.75
−0.50
−0.25
0.00
0.25
0.50
0.75
1.00
x

Fare arte con il deep learning

Il continuo miglioramento delle tecnologie e dei modelli di deep learning stanno producendo alcuni lavori di taglio artistico veramente notevoli.

Non entro in polemica (sterile a mio avviso) sulla sostituzione uomo-artista con macchina-artistica (che non ha senso) mi limito semplicemente ad apprezzare cosa il machine learning è in grado di produrre anche in ambito artistico, provando a capire un po' meglio cosa c'è dietro le quinte.

L'area più nota (e anche di più facile e veloce consumo) è quella visiva, alcuni modelli ML come i GAN (generative adversial network) producono a tutto campo risultati incredibili.

Il potenziale dei GAN è enorme, perché possono imparare a imitare qualsiasi distribuzione di dati. Cioè, i GAN possono essere istruiti a creare mondi stranamente simili ai nostri in qualsiasi dominio: immagini, musica, parlato, prosa. Sono artisti robot in un certo senso, e la loro produzione è impressionante.

L'area artistica non è prerogativa dei GAN (anche se obiettivamente sono il modello che meglio risponde al concetto di creazione artistica) altri modelli posso dare il loro contributo e, se usati efficacemente, con risultati notevoli.

La musica, per le sue caratteristiche (anche) matematiche ben si presta ad esercizi con il ML: le note, le tonalità, il ritmo, le regole della composizione sono tutte componenti che danno ad un pezzo musicale (strumentale) precise connotazioni "geometriche", e quando si parla di schemi e regole gli algoritmi, con la loro fredda precisione, sono imbattibili.

In questo paragrafo esploreremo, per quanto possibile, le potenzialità del ML nella generazione automatica di musica, in particolare l'idea è quella di far "carpire" all'algoritmo di ML un particolare stile e di fargli generare un pezzo originale che tenga conto delle "regole" che intrinsecamente ha scovato in un set di pezzi musicali noti utilizzati come training data.

I pezzi musicali avranno alcune caratteristiche:

- Saranno in formato MIDI.

- Saranno pezzi per pianoforte.
- Saranno pezzi originali composti da compositori classici (come Mozart, Haydn, Clementi).
- Saranno pezzi piuttosto brevi (al massimo 3/4 minuti).

Questo ci consentirà di provare ad addestrare delle reti neurali artificiali senza avere bisogno di giorni di elaborazione e capacità di calcolo troppo impegnativa, ovviamente pagheremo il prezzo della qualità del risultato, difficilmente sarà prodotto un minuetto classico degno di tal nome.

Per chi non ha idea di cosa sia un file MIDI è sufficiente una breve ricerca su google per trovarne a migliaia.

Per darvi una semplice idea di cosa sono in grado di fare le Reti Neurali Artificiali vi riporto un riferimento per poter ascoltare la musica prodotta da un sistema di AI che si chiama AIVA che basa la propria capacità di comporre musica partendo dai concetti che descriverò in questo paragrafo, naturalmente quello che ascolterete in AIVA è il risultato di un training impressionante in termini di numero di pezzi e iterazioni eseguite.

Per lo scopo istruirò una RNN (rete neurale ricorrente) LSTM utilizzando gli approcci e i lavori prodotti da alcuni ricercatori come: D. Johnson, C. Nguyen, R. Hoff, S. Malcolm, W. Lee, A. Khan.

Per prima cosa ho fatto una ricerca sul web e recuperato 60 file MIDI di Mozart, Haydn e Clementi, in particolare sonate per pianoforte, questo sarà il set per il training data della rete neurale.

Google Colaboratory può essere utilizzato con successo per i vari test creando un progetto Python 3 e impostando il tipo di runtime su GPU, dato che utilizzeremo una libreria Python che necessita dell'accelerazione delle GPU per effettuare i propri calcoli, se non attiveremo questa opzione incorreremo in un errore durante l'esecuzione.

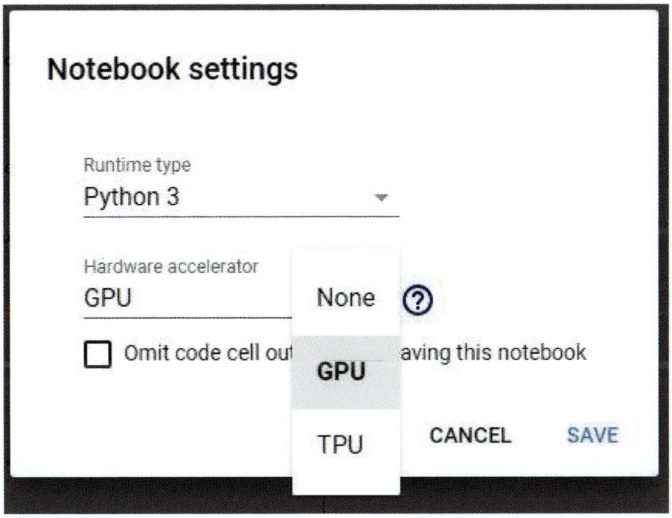

Diverse sono le librerie che dovremo importare, alcune sono di supporto altre invece presentano il core di funzionalità per la rete LSTM.

```
import glob
import numpy as np
import pandas as pd

from music21 import converter, instrument, note, chord, stream
from keras.models import Sequential
from keras.models import load_model
from keras.layers import Dense
from keras.layers import Dropout
from keras.layers import CuDNNLSTM, LSTM, Bidirectional
from keras.layers import Activation
from keras.utils import np_utils
from keras.callbacks import ModelCheckpoint, History
```

Vale la pena evidenziare la libreria music21 che è un toolkit Python che fornisce una semplice interfaccia per acquisire la notazione musicale dei file MIDI. Inoltre, consente di creare oggetti Note in modo da poter creare i file MIDI; e la libreria Keras che è un'API di reti neurali di alto livello che semplifica le interazioni con Tensorflow. È stato sviluppato con l'obiettivo di consentire una rapida sperimentazione.

La libreria Music21 sarà utilizzata per estrarre il contenuto del set di dati e prendere l'output della rete neurale e tradurlo in notazione musicale generando un MIDI di output.

La libreria Keras sarà utilizzata per creare e addestrare il modello LSTM. Una volta che il modello è stato addestrato, lo userò per generare la notazione musicale e passarla quindi alle funzionalità di Music21 in modo che possa generare il file MIDI.

In colaboratory è opportuno avere i file direttamente su google drive, per fare ciò utilizzo poche righe di codice in modo che possa copiare i file MIDI per l'addestramento in una specifica directory del mio google drive.

```
from google.colab import drive
drive.mount('/content/drive')
```

Quando si eseguirà lo script Python verrà riportato un link di autorizzazione per consentire all'istanza di Colaboratory di accedere al proprio google drive.

```
def train_network():
    """ Addestra un RNN per generare la musica """
    # recupera le note dai file MIDI
    notes = get_notes()

    # recuperà le info di tonalità
    n_vocab = len(set(notes))

    # converte le note in dati numerici
    network_input, network_output = prepare_sequences(notes, n_vocab)

    # inizializza il modello RNN
    model = create_network(network_input, n_vocab)
    history = History()

    # Adatta il modello
    n_epochs = 120
    model.summary()
    model.fit(network_input, network_output,
              callbacks=[history],
              epochs=n_epochs,
              batch_size=64)
    model.save('LSTMmodel.h5')

    # Utilizza il modello per generare il MIDI
    prediction_output = generate_notes(model, notes,
```

```
                        network_input,
                        len(set(notes)))

    create_midi(prediction_output, '/content/drive/My
Drive/<PATH>/MIDINAME')
```

Il codice sopra mostra il cuore della procedura di generazione, il punto focale è la parte legata all'inizializzazione del modello e al suo addestramento, il parametro n_epochs è critico perché più è alto meglio la rete impara e produce un output di maggiore qualità, nel codice è riportato un numero estremamente basso che produce MIDI semplicemente inascoltabili (poche note diverse ripetute per interminabili secondi), consideriamo che per i 59 MIDI colaboratory impiega 25 minuti per addestrare il modello con 5 generazioni (epochs), impostando il numero a 120 serviranno 10 ore per un'elaborazione più approfondita e un apprendimento che dovrebbe fornire un MIDI di migliore qualità. Sotto l'output durante il training dei data in cui ogni generazione impiega circa 5 minuti.

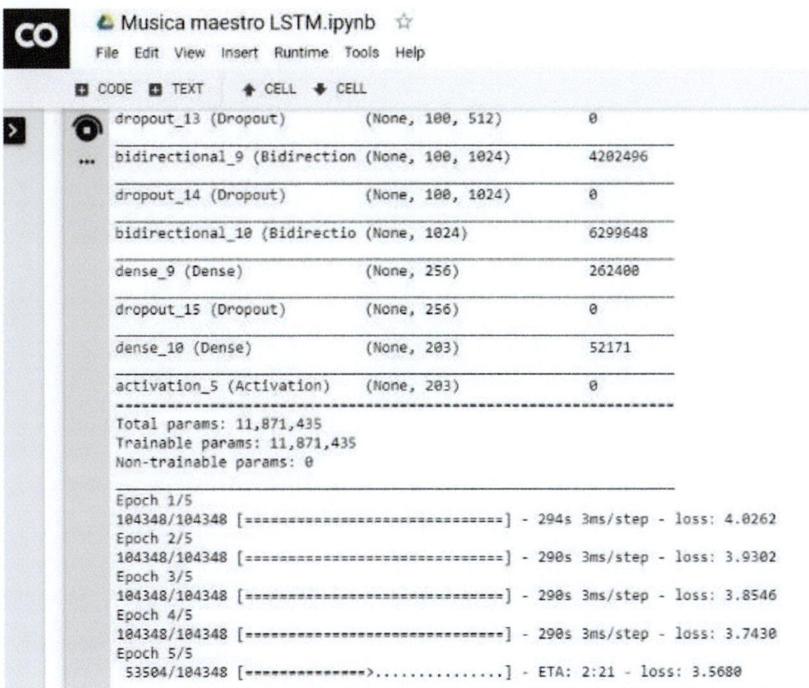

Come anticipato, il risultato dopo 5 generazioni è questo inquietante spartito.

Mentre dopo 120 generazione l'aspetto è questo:

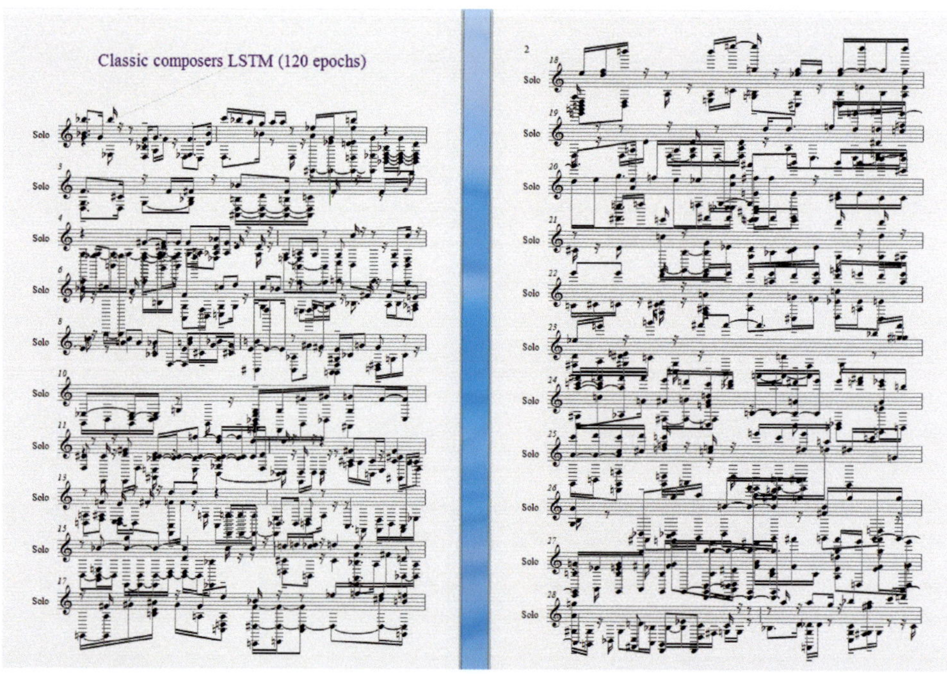

È evidente come la ripetitività delle note sia pressoché scomparsa e come siano rilevabili un qualche tipo di disegno anche se all'ascolto sembra più un pezzo dodecafonico che del 1700... e solo 59 MIDI con solo 120 generazioni è veramente poco per un addestramento che possa produrre qualcosa che risulti gradevole ed equilibrato all'orecchio che conosce i capolavori di Mozart & Co. inoltre lo script è piuttosto semplice e indaga e gestisce solo una minima parte delle "regole" della musica.

Interessante abbozzare un approfondimento sulla funzione che genera la Rete Neurale.

```
def create_network(network_input, n_vocab):
    """ crea la struttura della rete neurale """
    model = Sequential()
    model.add(CuDNNLSTM(512,input_shape=(network_input.shape[1],
            network_input.shape[2]),
            return_sequences=True))
    model.add(Dropout(0.3))
    model.add(Bidirectional(CuDNNLSTM(512, return_sequences=True)))
    model.add(Dropout(0.3))
    model.add(Bidirectional(CuDNNLSTM(512)))
    model.add(Dense(256))
    model.add(Dropout(0.3))
    model.add(Dense(n_vocab))
    model.add(Activation('softmax'))
    model.compile(loss='categorical_crossentropy', optimizer='adam')


    return model
```

Il modello è suddiviso in layer, il primo layer (CuDNNLSTM) è un layer LSTM che è legato all'elaborazione GPU, consentendo di essere così molto più veloce di una normale LSTM. Questo livello è la chiave del modello che apprende come prevedere le note in una determinata sequenza.

Il layer di dropout è una tecnica di regolarizzazione che previene l'overfitting rimuovendo una percentuale di neuroni a caso in ogni iterazione. Ciò costringe il modello a generalizzare i neuroni rimanenti suddividendo i concetti appresi tra loro. Questo è fondamentale per la generazione di musica poiché l'overfitting rischia che l'output generato suoni quasi identico a uno o più brani originali.

I layer LSTM bidirezionali contestualizzano la nota corrente utilizzando sia le informazioni passate che quelle future. Questo strato allena due LSTM in parallelo con uno che legge gli ingressi in ordine inverso. Per capire veramente perché un certo accordo è stato usato in un determinato luogo e momento, dobbiamo contestualizzarlo rivedendo ciò che è accaduto **prima e dopo** quel particolare accordo. I livelli bidirezionali imitano questo approccio per imparare dall'ordinamento e mettere insieme le note più opportune.

I layer densi contengono uno strato di neuroni che hanno tutti i nodi connessi dagli ingressi alle uscite. Ogni neurone calcola una somma ponderata dei suoi input e aggiunge un vettore di polarizzazione. Tuttavia, potrebbe essere attivato o meno a seconda della funzione di attivazione. Questa funzione definisce l'output di un nodo dati gli input e mappa i risultati a valori compresi tra 0 e 1. in questo caso è stata scelta la funzione di attivazione Softmax che fa esattamente questo e divide ciascun output di un fattore in modo che la somma sia 1.

Il modello può quindi produrre una distribuzione di probabilità per prevedere quali note accodare nell'output.

Lo schema della rete neurale è rappresentato di seguito:

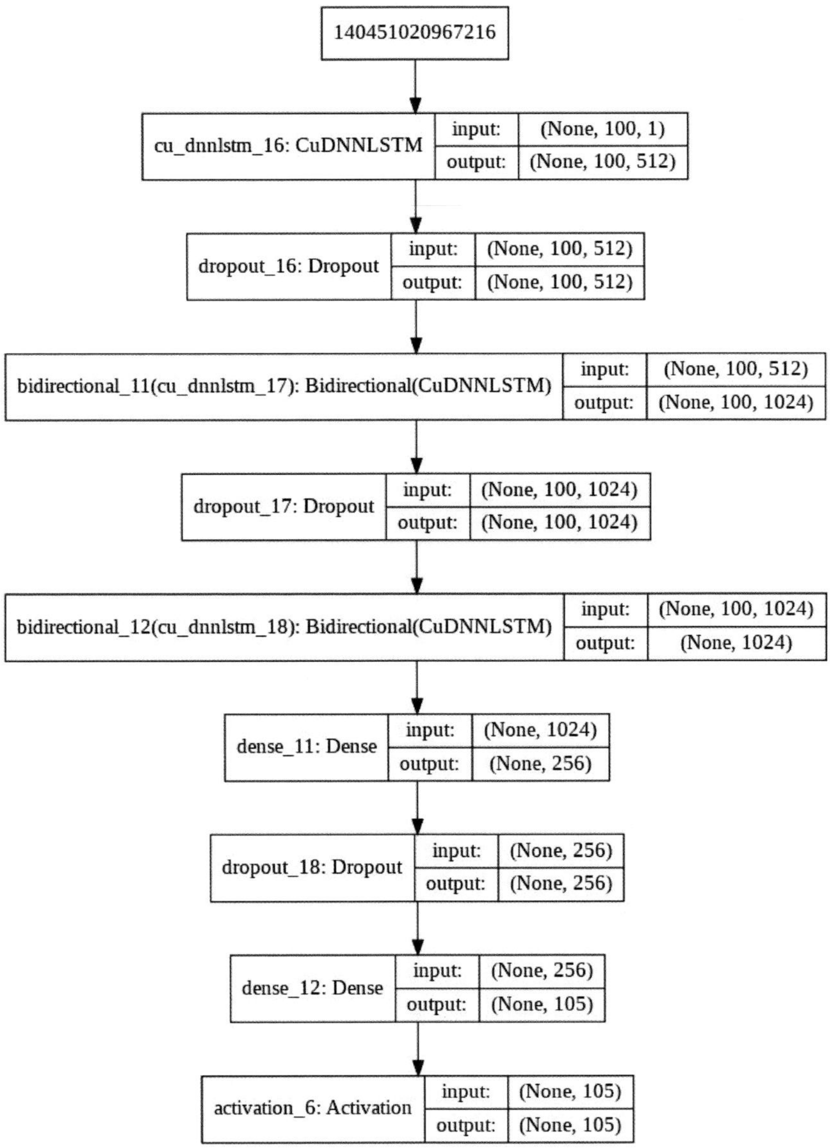

Naturalmente questo esercizio è una via piuttosto semplice che non tiene ed esempio conto della durata delle note e delle pause musicali, rendendo lo script più "sofisticato"

sarebbe possibile migliorare ulteriormente la capacità di "comprensione" delle reti neurali, ma al netto di questo aspetto il punto interessante è l'incredibile duttilità che le reti neurali hanno nell'affrontare tipologie di problemi estremamente ampi.

Esempio di creazione di una semplice Rete Neurale

Vediamo ora passo passo la costruzione di una semplicissima ANN con un singolo strato nascosto che sarà costruita per risolvere una specifica esigenza di business già descritta nella parte terza del libro:

Un'azienda raccoglie attraverso un software i ticket di supporto quando gli utenti vogliono segnalare delle anomalie (incident) su un parco applicativo ampio con cui interagiscono quotidianamente, queste anomalie vengono raccolte in un database e riportano diversi dati, come l'area applicativa di appartenenza dell'incident, il settore di riferimento su cui insiste la specifica applicazione, il fornitore che deve dare il supporto, se collegato a quel ticket ce ne sono altri, se il ticket prima di essere risolto ha avuto dei solleciti (e quanti), se il ticket ha rispettato o meno vincolo di SLA e in quante ore è stato risolto, il peso dell'incident rispetto alla criticità dell'applicazione.

L'idea di fondo è addestrare una ANN per verificare se è possibile predire se un ticket (con una serie di caratteristiche) sarà risolto nel rispetto dello SLA oppure no, se una ANN del genere riuscisse a fare "un buon lavoro" potrebbe essere utilizzata per "accendere alert" o innescare direttamente gruppi di supporto di secondo livello, qualora le caratteristiche del ticket, nell'atto stesso in cui viene creato, dovessero indicare il superamento dei vincoli di SLA.

Preparazione dei dati

Affinchè la ANN possa dare il meglio è necessario "parlare la sua lingua" il più possibile e la lingua di una ANN è fatta di numeri, quindi tutti i dati di tipo categoriale vanno "adeguati" e i dati numerici presenti vanno opportunamente "scalati" per evitare il rischio di avere un modello non efficace.

Fortunatamente esistono molte librerie che possono dare un forte contributo a queste attività.

ID	INCIDENT_NUMBER	AreaApp	Settore	Fornitore	TICKET_COLLEGATI	SOLLECITI	PesoIncident2	SLA
1	4017922	AMBITO BLU	Settore Alfa	ACME SPA	0	0	650	1
2	4017921	AMBITO ROSSO	Settore Alfa	SUPPORTO INTERNO	0	0	223	1
3	4017920	AMBITO VERDE	Settore Delta	SUPPORTO INTERNO	0	0	221	1
4	4017919	AMBITO BLU	Settore Delta	SUPPORTO INTERNO	0	0	224	1
5	4017918	AMBITO BLU	Settore Gamma	SUPPORTO INTERNO	3	0	322	1
7	4017917	AMBITO GIALLO	Settore Alfa	SUPPORTO INTERNO	0	0	122	0
10	4017916	AMBITO BLU	Settore Alfa	SUPPORTO INTERNO	0	0	222	1
11	4017915	AMBITO BLU	Settore Gamma	ACME SPA	0	0	654	1
12	4017914	AMBITO ROSSO	Settore Alfa	ACME SPA	0	12	222	0
13	4017913	AMBITO VERDE	Settore Alfa	NNNN & CO	0	0	124	1
14	4017912	AMBITO VERDE	Settore Beta	ACME SPA	0	0	544	0

Sopra l'esempio di struttura dei dati per la ANN, per l'addestramento saranno usati circa 36.000 ticket generati nell'arco di un anno di attività di supporto.

La prima attività da fare (una volta ben chiaro il problema di business sopra riportato), per addestrare una ANN perché possa prevedere il valore del campo SLA vero o falso (1 o 0) è individuare i campi che concorrono alla creazione della ANN e importarli nell'ambiente di sviluppo

ID	INCIDENT_NUMBER	AreaApp	Settore	Fornitore	TICKET_COLLEGATI	SOLLECITI	PesoIncident2	SLA
1	4017922	AMBITO BLU	Settore Alfa	ACME SPA	0	0	650	
2	4017921	AMBITO ROSSO	Settore Alfa	SUPPORTO INTERNO	0	0	223	
3	4017920	AMBITO VERDE	Settore Delta	SUPPORTO INTERNO	0	0	221	
4	4017919	AMBITO BLU	Settore Delta	SUPPORTO INTERNO	0	0	224	
5	4017918	AMBITO BLU	Settore Gamma	SUPPORTO INTERNO	3	0	322	
7	4017917	AMBITO GIALLO	Settore Alfa	SUPPORTO INTERNO	0	0	122	
10	4017916	AMBITO BLU	Settore Alfa	SUPPORTO INTERNO	0	0	222	
11	4017915	AMBITO BLU	Settore Gamma	ACME SPA	0	0	654	
12	4017914	AMBITO ROSSO	Settore Alfa	ACME SPA	0	12	222	
13	4017913	AMBITO VERDE	Settore Alfa	NNNN & CO	0	0	124	
14	4017912	AMBITO VERDE	Settore Beta	ACME SPA	0	0	544	

- In azzurro (campi 1 e 2) i campi da non considerare perché ininfluenti sulla previsione (il fatto che il ticket abbia un numero non influisce certo sulle sue caratteristiche).
- In giallo (campi da 3 a 8) i campi che alimenteranno lo strato di input.
- in rosso (campo 9) il campo da prevedere e che sarà il campo di output della nostra ANN.

sarà possibile, ad esempio, addestrare due modelli: il primo che esclude il peso dell'incident nell'addestramento della ANN, il secondo invece che lo include, in modo da vedere questo quanto incide sulla capacità previsionale del modello... infatti utilizzare anche il peso (che è legato alla specifica applicazione) obbliga l'utente che vuole fare un'ipotesi per una certa area applicativa, a scegliere anche l'applicazione di riferimento (visto che il peso dell'incident è legato alla criticità dell'applicazione), d'altra parte immaginando il modello di ML in produzione il peso sarà sempre disponibile perché è noto nel momento stesso in cui il ticket viene aperto.

Il doppio modello ci consentirà in base alla forza predittiva di poter dare uno strumento di previsione che non necessita di indicare anche l'applicazione, piuttosto che di doverla indicare quando si simula un possibile incident per generare una previsione.

Si importano i dati escludendo dal set di importazione la colonna con il peso degli incident in modo da avere un modello che non ne tenga conto.

```
import numpy as np
import pandas as pd
# importa il dataset
dataset = pd.read_csv('Dataset_incident.csv')
X = dataset.iloc[:, 2:7].values
y = dataset.iloc[:, 8].values
```

sfruttando i metodi della libreria pandas il dataset viene caricato e nella variabile *X* vengono messi i 5 campi in giallo della tabella sopra ad eccezione del peso incident, in *y* invece viene caricato il campo SLA, *X* sarà il nostro riferimento ai valori di input e *y* invece all'output.

Come noto i tre campi categoriali che abbiamo nel dataset non vanno bene e devono essere trasformati in campi numerici, fortunatamente esistono funzioni della libreria Scikit Learn che fanno al caso nostro, è importante chiarire che (purtroppo) trasformare le categorie in numeri non significa semplicemente sostituire (ad esempio) Ambito Blu con 1, Ambito Verde con 2, ecc... ma è necessario creare una specie di matrice di 0 e 1 che possa identificare univocamente tutte le occorrenze... questo aumenta il numero di parametri da considerare

Categorie	Categorie codificate			
AMBITO BLU	0	0	0	1
AMBITO ROSSO	0	0	1	0
AMBITO VERDE	0	1	0	0
AMBITO GIALLO	1	0	0	0

Ad esempio, se le categorie sono 4 le funzionalità di "label-encoding" di Scikit Learn le trasformeranno in 4 colonne con 0 e 1 per poter identificare la corretta categoria, cosi AMBITO ROSSO diventerà 0,0,1,0.

Nei nostri dati abbiamo 3 campi categoriali che hanno molti valori distinti, le funzionalità di label-encoding faranno tutto il lavoro per noi, trasformando un dataset di pochi campi in un voluminoso dataset in cui le occorrenze delle categorie vengono trasposte in colonne.

Il codice sotto per le tre colonne (che sono in pozione 0,1 e 2) effettua l'encoding.

```
from sklearn.preprocessing import LabelEncoder, OneHotEncoder
labelencoder_X_0 = LabelEncoder()
X[:, 0] = labelencoder_X_0.fit_transform(X[:, 0])
labelencoder_X_1 = LabelEncoder()
X[:, 1] = labelencoder_X_1.fit_transform(X[:, 1])
labelencoder_X_2 = LabelEncoder()
X[:, 2] = labelencoder_X_2.fit_transform(X[:, 2])
onehotencoder   = OneHotEncoder(categorical_features = [0,1,2])
X = onehotencoder.fit_transform(X).toarray()
X = X[:,1:]
```

Dopo l'encoding la X passa da 5 campi originari a 63 seguendo la logica di quanto sopra esposto.

A questo punto possiamo prendere l'intero set di dati e dividerlo in un gruppo per l'addestramento (training) e un gruppo per la verifica (test), diciamo 80% per il training e 20% per il test

```
from sklearn.model_selection import train_test_split
X_train, X_test, y_train, y_test = train_test_split(X, y, test_size =
0.2,
random_state = 0)
```

l'operazione suddivide cosi il dataset in due: il training con 29mila righe e il test con 7mila righe:

Name	Type	Size
X	float64	(36459, 63)
X_test	float64	(7292, 63)
X_train	float64	(29167, 63)
dataset	DataFrame	(36459, 9)
y	int64	(36459,)
y_test	int64	(7292,)
y_train	int64	(29167,)

Ultima operazione prima di costruire la ANN è quella di scalare i valori in modo che eventuali disparità nel range dei dati non possano influire sui risultati del modello (ad esempio se un dato è compreso tra 5.000 e 50.000 mentre un altro tra 0,5 e 0,95 lo scaling dei dati armonizza tutto in scale più opportune per il tipo di operazioni che esegue l'ANN)

```
from sklearn.preprocessing import StandardScaler
sc = StandardScaler()
X_train = sc.fit_transform(X_train)
X_test = sc.transform(X_test)
```

lo script "uniforma" tutti i valori dei dataset di training e test.

Costruzione della ANN

A questo punto possiamo creare e addestrare la nostra ANN, risottolineo come i dati siano passati da 5 colonne con valori di vario tipo a 63 colonne con dati rinormalizzati e tutti numerici, è un punto molto importante senza il quale la ANN non potrebbe funzionare.

Ecco sotto lo script che crea la ANN

```
import keras
from keras.models import Sequential
from keras.layers import Dense
from keras.layers import Dropout

classifier = Sequential()
classifier.add(Dense(output_dim = 32, init = 'uniform',
                     activation = 'relu', input_dim=63))
classifier.add(Dense(output_dim = 32, init = 'uniform',
                     activation = 'relu'))
classifier.add(Dense(output_dim = 1, init = 'uniform',
                     activation = 'sigmoid'))
classifier.compile(optimizer = 'adam', loss = 'binary_crossentropy',
                     metrics = ['accuracy'])

classifier.fit(X_train, y_train, batch_size = 10, epochs = 100)
```

vediamolo nel dettaglio:

- Le prime 4 righe servono per importare il modello ML Keras che utilizzerà Tensorflow come "motore" ML.
- Le righe successive inizializzando la ANN, creano lo strato di input, lo strato "nascosto" e lo strato di output, per lo strato di input vengono specificati i parametri di entrata che in questo caso sono 63 (input_dim) e i parametri di uscita verso lo strato successivo che sono 32, sono 32 perché generalmente è prassi indicare nella media tra l'input iniziale e l'output finale il numero di parametri di uscita intermedi, quindi 63+1 (la *y* finale) diviso 2 = 32, altri parametri importanti sono la funzione di attivazione che vedete definita come "relu" per gli strati iniziali e intermedi e "sigmoid" per quello finale, si vedano le descrizioni riportate nelle parti precedenti del libro per un dettaglio maggiore su funzioni di attivazione, ecc...
- La riga di compilazione indica quale ottimizzatore utilizzare (in questo caso "adam") e il tipo di perdita (in questo caso "binary_crossentropy")
- L'ultima riga esegue l'addestramento iterando il modello 100 volte (epochs)

Ed ecco il risultato dopo il training con 100 epoche:

```
Epoch 98/100
29167/29167 [==============================] -
- acc: 0.7043
Epoch 99/100
29167/29167 [==============================] -
- acc: 0.7047
Epoch 100/100
29167/29167 [==============================] -
- acc: 0.7046
```

Il modello ha una capacità predittiva del 70%... non eccezionale ma teniamo conto che stiamo dando pochi parametri di alto livello (siamo a livello area applicativa senza indicare l'applicazione che genera l'incident) indicando quindi l'area applicativa, il settore, il fornitore, gli eventuali incident collegati e l'eventuale numero di solleciti il sistema avrà il 70% di probabilità di rispondere correttamente sul fatto che lo SLA sia o meno rispettato (vero o falso), vediamo come:

```
new_prediction =
classifier.predict(sc.transform(np.array([[0,0,0,0,0,0,0,
0,0,0,0,0,0,0,0,1,0,0,0,0,0,0,0,0,0,0,0,0,0,0,0,0,0,0,0,0,0,0,0,0,0,0,0,0,1
,
0,0,0,0,0,0,0,0,0,0,0,1,0,0,0,0,0,0,0]])))
new_prediction = (new_prediction > 0.5)
```

Passiamo un dato di esempio indicando area applicativa, settore, fornitore, 0 incident collegati e 0 solleciti, un incident con queste caratteristiche ha il 70% di probabilità di essere risolto NON rispettando lo SLA

new_prediction	bool	(1, 1)	[[False]]

Il secondo test tiene in considerazione anche il peso dell'incident che è legato alla criticità della singola applicazione, questo consente di addestrare il modello e arrivare al 78% di accuratezza, dando così la possibilità di aumentare la certezza della previsione con un dato in più tutto sommato accessibile dall'utente.

Ovviamente è possibile agire sugli iperparametri per poter migliorare il modello intervenendo con azioni di ottimizzazione cambiando ad esempio le funzioni di attivazione o ottimizzazione, aggiungendo un dropout per obbligare la rete a "escludere" casualmente alcuni "neuroni", ecc...

È veramente interessante pensare come uno strumento come questo (benché non sofisticato per esigenze espositive) potrebbe in un ambiente produttivo migliorare la gestione di ticket e incident, grazie ad una buona capacità predittiva in grado di allertare in anticipo i rischi di uno specifico ticket.

Uno sguardo all'AutoML

L'auto Machine Learning (AutoML) sta diventando sempre più importante, perché promette di superare (automatizzare) alcuni task nella preparazione dei dati e nella scelta dei modelli, con risparmio di tempo e (auspicata) miglior qualità nel modello creato.

Naturalmente questo non decreta la fine del data scientist ne può promettere di essere la panacea di ogni "male" legato alla definizione di un modello efficace di ML, tuttavia anche un banale miglioramento della pipeline di creazione di una soluzione di ML non può che essere ben accetta e il futuro prossimo riserverà su questo tema molte utili e interessanti novità.

Di cosa stiamo parlando

L'Automated machine learning (**AutoML**) è il processo di automazione della componente end to end dell'apprendimento automatico, infatti ogni fase del processo di creazione di un modello dei dati (acquisizione dei dati, preelaborazione, ottimizzazione e previsione) è controllata ed eseguita da ingegneri e data scientist. L'AutoML si concentra essenzialmente su due aspetti principali: acquisizione dei dati e previsione dei dati. Tutti gli altri passaggi che si svolgono in mezzo possono essere automatizzati fornendo al contempo un modello ottimizzato e pronto a fare previsioni.

La domanda di sistemi di ML è aumentata vertiginosamente negli ultimi anni. Ciò è dovuto al successo di ML in una vasta gamma di applicazioni oggi. Tuttavia, anche con questo evidente successo molte aziende hanno difficoltà a implementare modelli ML.

In primo luogo, lo skill shortage di competenze è una barriera eccezionalmente alta da superare, inoltre anche avendo le competenze disponibili scegliere il modello corretto è spesso più legato all'esperienza che non alla competenza tecnica.

Il successo dell'apprendimento automatico, in una vasta gamma di applicazioni, ha portato a una domanda sempre crescente di sistemi di apprendimento automatico che possono essere utilizzati dai non esperti, per lo meno nelle parti tecniche più facilmente automatizzabili. AutoML tende ad automatizzare il numero massimo di passaggi in una pipeline ML, con una quantità minima di sforzo umano e senza compromettere le prestazioni del modello.

Naturalmente la tentazione di immaginare che tutto possa essere automatizzato è molto forte ma anche molto pericoloso: il controllo e la validazione devono forzatamente essere presidiate da persone con la giusta competenza ed esperienza in ambito AI e ML, pena l'alto rischio di "ipotizzare" corretto un modello che in realtà non lo è affatto.

un test drive

Veniamo ad un test drive sul campo, fra i diversi sistemi di AutoML (come H2O, MLBox, AutoSKlearn, AutoKeras, Google Cloud AutoML) ho utilizzato Google Cloud AutoML con un piccolo esempio di dati e con l'obiettivo di prevedere una classica classificazione binaria, i dati riguardano l'ambito HR e riguardano l'elenco (per profili professionali) della storia dei dipendenti evidenziando ruolo, anzianità lavorativa, RAL, unità operativa di appartenenza, media ore lavorate mensili e se quella risorsa è in forza oppure se si è dimessa...

Forzerò un po' la mano sulla natura del dato per chiedere al sistema di AutoML di prevedere se, date certe caratteristiche, quella risorsa ricade tra quelle in forza o tra quelle dimesse, diciamo che è un approccio semplificato per fare una sorta di analisi predittiva sulla rischiosità di turnover di una risorsa rispetto ad alcuni attributi specifici.

Trattandosi di un sistema AutoML, anche la console che ci guida attraverso la definizione dello schema dati del modello è estremamente user friendly.

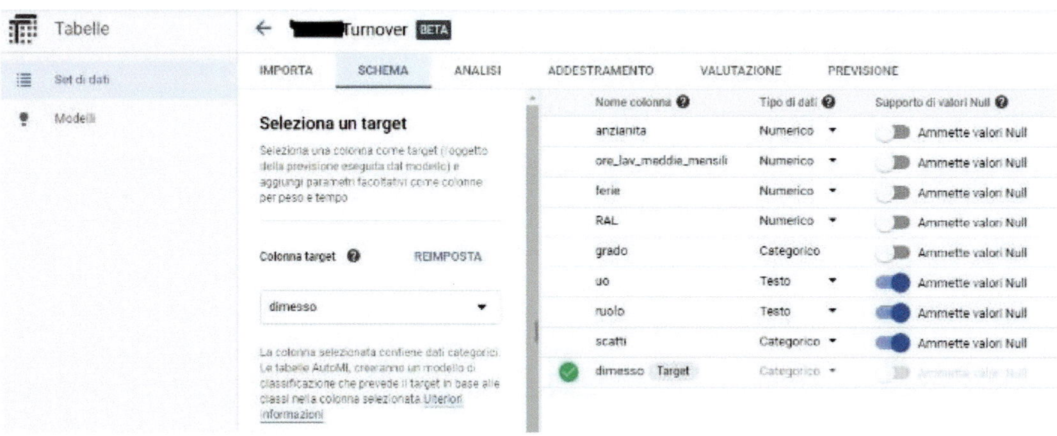

Nello schema dopo aver caricato i dati indichiamo al sistema quale campo dovrà essere previsto, naturalmente le opzioni non coprono tutte le esigenze possibili, ma le attività di classificazione ben si prestano...

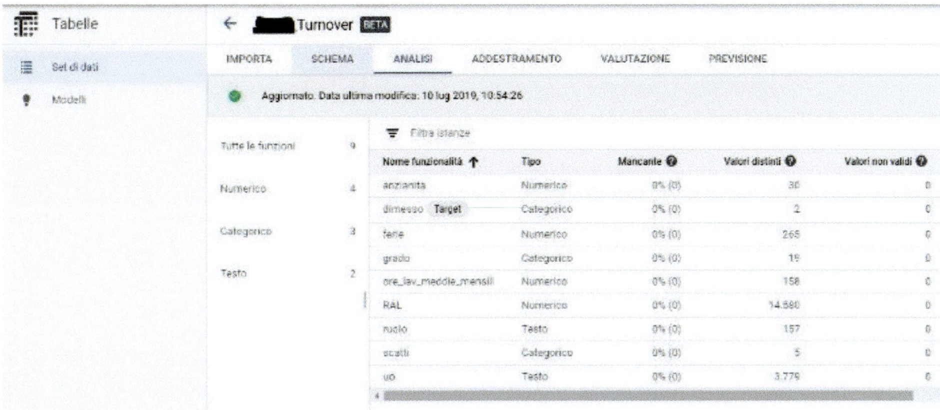

Un'apposita scheda consente di avere un'idea delle caratteristiche salienti dei dati che si stanno caricando, in modo da poter valutare la correttezza dei campi e delle loro caratteristiche, come più volte ricordato la parte di preparazione del dato è la parte critica che merita il giusto tempo.

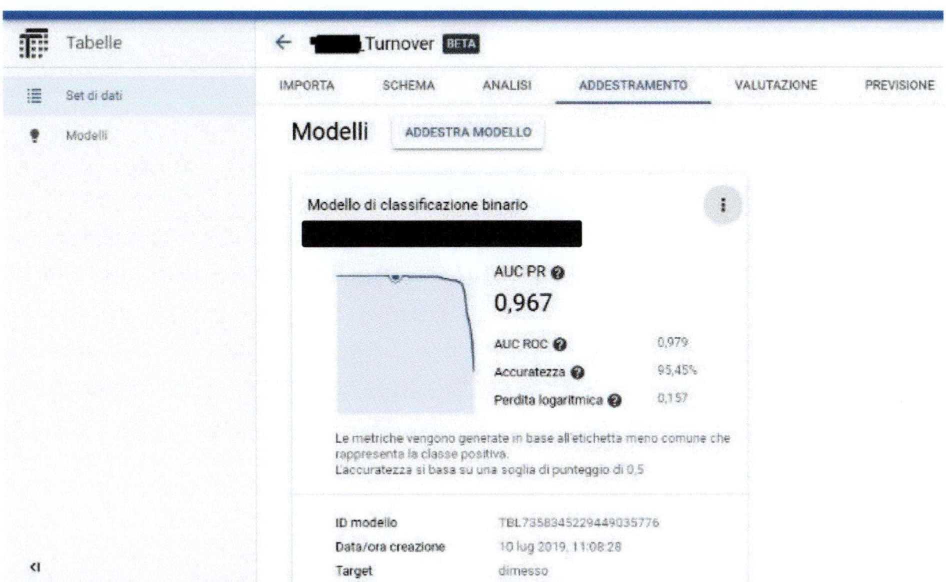

Il modello viene addestrato indicando alcuni parametri come le ore di addestramento (che impatta sulle epoche e sull'addestramento... e sui costi che dovrete pagare a google!) e produce un output con la valutazione dell'elaborazione eseguita, con i dettagli come la matrice di confusione, l'importanza delle funzionalità, precisione, perdita logaritmica, ecc...

Infine, il sistema consente (in diverse modalità, anche batch) di effettuare previsioni con un tab apposito in cui è possibile popolare una scheda con le funzionalità che faranno da predittori e verificando poi la probabilità che il risultato sia "dimesso/in forza".

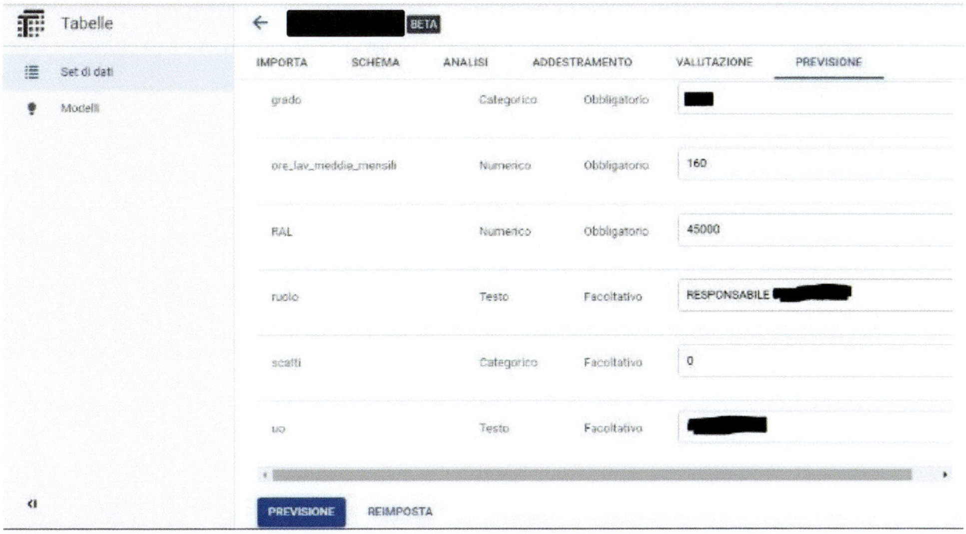

compilando i campi e chiedendo la previsione il sistema produce un risultato probabilistico che indica la % che la risorsa con tali caratteristiche sia dimessa o in forza.

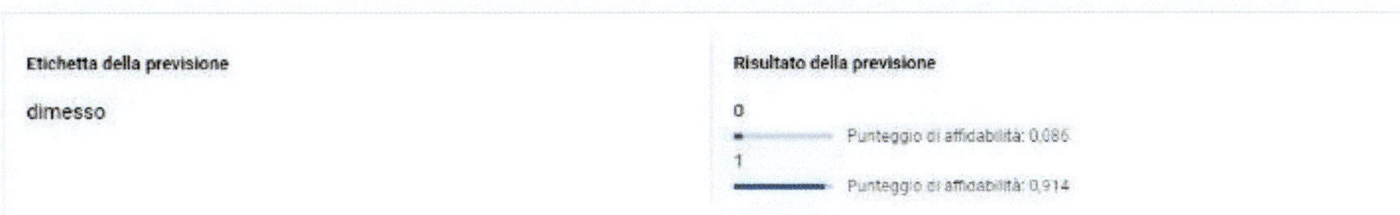

Ammetto, onestamente, che fornire i dati a un sistema di AutoML e attendere l'addestramento senza poter contribuire alla costruzione delle logiche su cui basare l'apprendimento automatico, lascia un po' inquieti e da un senso di impotenza nel momento in cui si deve (o meno) prendere per buono il risultato di un simile addestramento, in cui non è necessario alcun intervento (se non alcuni banali parametri iniziali).

Di certo però la strada delle soluzioni AutoML è spianata e sicuramente interessante e utile, il tutto poi va sempre utilizzato cum grano salis, ma questo non vale solo per il ML e le sue derivazioni.

Riferimenti

Web, risorse, paper, tutorial, libri, articoli hanno dato un contributo determinante all'organizzazione dei contenuti e alla stesura di questo libro, di seguito, in forma sparsa, i crediti verso i contributori principali:

- Bruno Stecanella
- Tavish Srivastava
- Chirag Sehra
- Ciccio Napolitano
- Noel Bambrick
- Peter Jeffcock
- Apoorva Dave
- Animesh Agarwal
- Statistics How To
- Anuja Nagpal
- Alejandro Correa Bahnsen
- Sergio Villegas
- Kelvin Salton do Prado
- Siddharth Agrawal
- Saravanan Thirumuruganathan
- Bing Liu
- Tobias Hardes
- Dale Schuurmans
- Karim T. Abou-Moustafa
- Laurens van der Maaten
- Zakaria Jaadi
- Keitakurita
- Patrick Luboobi
- Thushan Ganegedara
- Moustafa Alzantot
- Anish Phadnis
- Thomas Simonini
- Skymind
- Amir Mosavi
- Abdullah Bahmani
- Andrew Ng
- James McCaffrey
- Karl Wirth
- K. Eremenko
- Alessandro Cucci
- Wikipedia (!)
- Jason Brownlee
- Irhum Shafkat
- Andriy Burkov

Printed by Amazon Italia Logistica S.r.l.
Torrazza Piemonte (TO), Italy

11559071R00130